HISTOIRE

DE LA

BOURGEOISIE

DE

PARIS

DEPUIS SON ORIGINE JUSQU'A NOS JOURS

PAR

M. FRANCIS LACOMBE

TOME PREMIER

LA BOURGEOISIE AUX PRISES AVEC L'ARISTOCRATIE
ET LA ROYAUTÉ

PARIS : AMYOT, RUE DE LA PAIX

DE L'IMPRIMERIE DE CRAPELET
RUE DE VAUGIRARD, 9

HISTOIRE
DE LA
BOURGEOISIE
DE
PARIS

DEPUIS SON ORIGINE JUSQU'A NOS JOURS

PAR

M. FRANCIS LACOMBE

TOME PREMIER

LA BOURGEOISIE AUX PRISES AVEC L'ARISTOCRATIE
ET LA ROYAUTÉ

PARIS : AMYOT, RUE DE LA PAIX

INTRODUCTION.

L'ouvrage que nous publions aujourd'hui, à la veille, peut-être, de la crise la plus formidable qui ait menacé, non-seulement la République actuelle, mais encore le monde civilisé ; nous l'avons presque entièrement préparé ou écrit durant les années les plus calmes et les plus prospères de notre dernière Monarchie.

L'*Histoire de la Bourgeoisie de Paris* ne pouvait offrir alors qu'un intérêt purement critique et scientifique. Si les événements qui se sont précipités depuis cette époque, et qui nous ont fait ajourner la publication de notre livre, lui ont donné un autre intérêt ; nous ne devons pas moins, en le revoyant et en le refondant, lui conserver son caractère primitif, au nom même de la vérité.

Maîtresse de toutes les positions morales et matérielles qui émanent de l'État, ou mieux, qui le constituent, la Bourgeoisie avait naguère ses courtisans et ses flatteurs, comme autrefois l'Aristocratie et la Royauté; maintenant, aux prises avec le Prolétariat égalitaire, elle se voit entourée d'ennemis qui cachent le vol et le pillage sous le masque du Communisme. La classe moyenne semblait protéger, il y a quelques jours à peine, les hautes classes et les classes inférieures avec un orgueil présomptueux, parce que les pouvoirs publics, redoutant ses caprices à l'égal de ses colères, la traitaient en reine de l'opinion; maintenant, humble, réduite à se défendre, elle accepte des secours de tous les côtés, parce que l'esprit révolutionnaire prétend conclure à son anéantissement suprême, en l'honneur de je ne sais quelle république démocratique et anti-sociale dont le dernier terme serait la décadence absolue de notre patrie!

C'était du courage, peut-être, sous le dernier règne, que de mettre la Bourgeoisie en présence de ses propres œuvres : aujourd'hui, c'est devenu un devoir.

On l'a compris déjà : si nous énumérons, un à un, les innombrables renversements qu'elle a opérés, ou qu'elle a laissé opérer, dans les mœurs et dans les lois, dans l'intelligence publique et dans l'industrie, dans la politique et dans la sociabilité humaine, c'est qu'une pensée générale doit en ressortir, presqu'à chaque page de notre livre. Cette pensée, loin de servir d'aliment aux partis et à la guerre sociale, peut devenir,—nous le croyons du moins, — un terrain de conciliation et de paix où toutes les nobles opinions finiront par se rencontrer.

Pour la développer avec plus de calme, nous nous isolerons, autant que possible, de la lutte ardente qui agite le monde. Tandis que des accents de colère et de menace retentissent autour de nous, essayons d'abattre, d'une main ferme, le mur de séparation que le Socialisme élève entre les propriétaires, qu'il désigne perfidement sous le nom de *Bourgeois*, et les ouvriers, qu'il nomme *Prolétaires*. Ces deux membres opposés de la société industrielle n'existent évidemment, l'un et l'autre, qu'à la condition de se réunir, car, dès qu'ils se séparent, le chômage arrive, la prospérité cesse et la civilisation s'évanouit.

Nous en avons fait la cruelle expérience, lors de la révolution de Février. Dans quel but sinistre, veut-on donc renouveler, au sein de la France contemporaine, un cataclysme d'autant plus redoutable, qu'il est sans sujet? La loi ne reconnaissant plus, en effet, que des citoyens égaux et libres, il n'y a plus réellement de Prolétariat; mais bien, pour ainsi parler, une Bourgeoisie universelle.

C'est donc rapetisser étrangement le vaste problème, que de chercher un misérable conflit d'égoïsme, là où il y a une lutte d'humanité.

Telle est notre conviction profonde, et nous espérons la faire partager à nos lecteurs : aussi devons-nous, avant même de retracer l'*Histoire de la Bourgeoisie* en déterminant où elle va, dire en peu mots, ce qu'elle est et d'où elle vient.

Le mot *bourgeois* signifie *habitant d'un bourg, homme libre*. On chercherait en vain son équivalent dans les langues antiques ou païennes, car cette expression est tout-à-fait moderne et chrétienne. Ducange et quelques autres savants ont cru qu'elle dérivait du latin ou de l'anglo-saxon *Burgus, Burg;* c'est, au contraire, l'anglo-saxon qui dérive du français. La signification de ces termes ne s'applique d'ailleurs qu'à une tour, à un camp fortifié, à une petite ville murée ou à une petite ville ouverte: mais *burg,* dans la Loi Salique (1), signifie *tombeau* : symbole d'égalité qui prouve que les hommes du bourg doivent être égaux pendant leur vie, comme ils le seront après leur mort.

Le mot *bourgeois* est donc le résultat d'une de ces déductions philosophiques qui sont propres au génie des peuples dont ils indiquent une grande transformation. En effet, ce titre a une toute autre acception que celui de *civis*, par lequel les civilisations païennes et latines ont désigné le citoyen ou l'habitant de la cité. Pris dans son extension la plus complète, le mot *bourgeois* est un composé du terme *burgus*, *burg*, et de l'idée exprimée par le terme *civis*. Puisqu'il renferme une double désignation, celle du lieu où le citoyen a fixé son domicile et celle de son affranchissement, il entraîne donc, avec lui, un fait et une idée : l'organisation et la puissance.

Il suit de là, que la Bourgeoisie est une condition générale par laquelle tout homme libre jouit de sa liberté, selon les limites de la civilisation.

On ignore l'époque précise où le mot *bourgeois* a été créé ; mais il est évident qu'il n'a pu être mis en usage que dans un temps où la démocratie

---

(1) Titre LVIII, loi IV.

avait acquis un certain degré d'émancipation, c'est-à-dire, sous l'influence du Christianisme. S'il en était autrement, l'existence de la Bourgeoisie aurait pour nous toute l'importance d'un fait primitif. Née avec l'homme, cette condition sociale se serait développée simultanément avec lui-même ; elle aurait le caractère d'une affirmation ; rien de plus : tandis qu'au contraire, elle est à la fois une protestation universelle contre l'esclavage et une affirmation en faveur de la liberté! — La Bourgeoisie, considérée au point de vue le plus général, exprime, à notre sens, le dogme de la rédemption humaine.

Jetons un coup d'œil rapide sur l'état des personnes dans l'antiquité, avant de signaler une à une les transformations sociales qui se sont opérées dans les temps modernes, puisque notre intention n'est pas seulement de classer les faits, mais d'en chercher la signification et de demander souvent à la philosophie l'intelligence de l'histoire. Lorsque nous connaîtrons la constitution des sociétés païennes et les luttes des maîtres et des esclaves, des patriciens et des plébéiens, nous pourrons mieux apprécier la constitution des sociétés chrétiennes et les luttes de l'aristocratie et de la Bourgeoisie ; car si les événements de tous les peuples semblent toujours les mêmes, en l'absence de l'idée, sa présence, au contraire, marque la différence des hommes, des actions humaines et des siècles eux-mêmes : par elle, enfin, on peut mesurer les immenses progrès qui ont été réalisés dans le monde.

Cette différence des siècles, des événements et des hommes qui les ont accomplis, indique tour-à-tour les divers âges de la civilisation universelle. Il est incontestable que les peuples ne se développent qu'en se transformant, et ne se transforment que par la pensée. Ainsi, les nations ont vécu sous l'influence des idées chrétiennes, autrement qu'elles n'avaient vécu sous l'empire du paganisme. L'homme n'est l'esclave que de ses passions ou de ses sens ; il n'est libre que par son âme. Or, le Paganisme, qui divinisait chaque passion et chaque sens, ne devait produire que l'esclavage; le Christianisme qui mortifie la chair pour vivifier l'esprit, ne devait produire que la liberté.

Principe générateur de l'esclavage, le polythéisme n'a-t-il pas divisé les hommes à force de créer des Dieux, et anéanti le type universel de l'unité? Nier cette proposition, c'est affirmer qu'il n'y a jamais eu d'inégalité entre les conditions humaines, non pas seulement sous le rapport matériel, mais encore sous le rapport moral : en d'autres termes, c'est affirmer que la Bourgeoisie a existé durant toutes les époques ; et, par conséquent, qu'elle a pu faire alliance avec l'esprit de tous les siècles.

Sans doute, il y a eu, durant toutes les civilisations et chez tous les peuples, ainsi que nous le démontrerons plus bas, autant de groupes commerciaux divers qu'il a existé d'industries ; mais les artisans qui faisaient partie de ces groupes, n'étaient connus dans la cité que sous le nom de *clients*, expression née de la servitude et de la déchéance humaine ; tandis que les corporations industrielles qui constituent, ou qui doivent constituer la Bourgeoisie proprement dite, ne renferment ou ne doivent renfermer que des artisans connus dans la cité sous le nom de *Bourgeois*, expression née de la liberté et de la réhabilitation universelle. L'existence de ces associations au sein de toutes les nations antiques, nous prouve seulement que la société, sous l'empire de la liberté comme sous l'empire de l'esclavage, n'a qu'une manière d'être ou de se manifester, par elle-même.

S'il a été autrefois plusieurs époques où les hommes, quoique constitués à l'état de société, et, par suite, obligés de participer collectivement au travail de la civilisation exploitée par l'égoïsme de quelques individus, n'avaient point généralement l'exercice de la liberté; une pareille situation ne peut plus exister de nos jours. Sous le rapport matériel, on distinguera, sans doute, deux grandes classes sociales, celle qui possède et celle qui ne possède pas; mais c'est là précisément ce qui provoque les nobles luttes engendrées par l'émulation, élément générateur du progrès dans l'humanité, depuis que tout le monde y est libre, moralement parlant.

Admettons un instant, avec les Socialistes, que l'esclavage antique se soit reproduit au xixe siècle. Eh bien! faudra-t-il en conclure que ce qui a vécu dans un temps et selon un principe, doive absolument revivre dans un autre temps et selon un autre principe? nullement. C'est, au contraire, parce qu'on aura voulu, en pleine religion chrétienne, comme au sein des civilisations représentées par le Paganisme, expliquer la société générale au profit de l'individu; parce que l'intérêt moral d'un seul n'est plus l'intérêt de tous.

Cet antagonisme fatal remonte, en quelque sorte, à l'origine des sociétés. Chacun n'obéissant qu'aux inspirations individuelles de l'égoïsme, on ne vit déjà que pour l'exploitation ; il n'y a plus dans le monde que des maîtres et des esclaves ; et, de la sorte, vous voyez se former successivement la famille, la cité, la patrie.

Ces trois manières différentes d'exister dans la société appartenaient exclusivement aux maîtres, qui s'identifiaient avec la terre, et adhéraient, par conséquent, à toutes ses institutions. Les esclaves, au contraire, ne tenaient à rien. Toutes les législations étaient stériles pour ces hommes qui exprimaient, par leurs travaux, la fécondité universelle. Pour eux, point de mariage, et, par conséquent, point de religion ; aussi les appela-t-on : *profanes;* — pour eux, point de cité, et, par conséquent, point d'existence propre ; aussi étaient-ils obligés d'anéantir leur personnalité dans celle de leurs maîtres, qui devenaient leurs patrons, et ne les autorisaient à porter que leur nom générique ; — pour eux, enfin, point de patrie, et, par conséquent, point de propriété : qu'auraient-ils pu posséder, puisqu'on leur déniait toute liberté, et qu'ils ne se possédaient pas eux-mêmes ? La famille, base générale de la société, donnait seule quelques droits à une tombe, et par suite, à un berceau, c'est-à-dire au mariage légal ; à des héritages, et, par suite, à des aïeux, c'est-à-dire à la tradition et à la propriété : toutes choses qui constituaient le patriciat. Un anneau rompu de cette chaîne, et l'esclavage des hommes n'existait plus ; aussi les maîtres eurent-ils soin de leur interdire la connaissance des choses divines et humaines, et proclamèrent-ils dans l'Inde cette formule sociale : « Tous les hommes » sont des anges qui expient sur la terre une faute » commise dans le ciel. Le degré de leur misère ici-» bas, est mesuré sur la grandeur de leur faute là-» haut. »

Afin d'éviter les conséquences que le principe de l'égalité d'origine devait produire tôt ou tard, les maîtres formulèrent dans l'Inde, premier centre politique de la civilisation, une Genèse absurde, mais nécessaire, puisqu'on voulait justifier l'inégalité humaine : ils dirent qu'il existait une race individuelle pour chaque fonction générale.

Selon eux, Brahma, créateur universel, a fait sortir tous les hommes de sa tête, de ses bras, de son corps ou de ses pieds, selon leur destination particulière. La caste des prêtres est sortie de sa tête ; la caste des guerriers, de ses bras ; et la caste des *clients,* du corps : mais la caste des esclaves est sortie des pieds, pour prouver qu'elle doit rester au-dessous de tout le monde, sans espoir de changement. A cette époque primitive, on ne savait pas encore que la tête du corps social prend quelquefois la place des pieds et qu'elle y reste.

Dans les villes, une lutte dut s'engager nécessairement entre les castes privilégiées et celle des artisans : les prêtres et les guerriers possédant tout par le droit de liberté d'où ils concluaient à l'esclavage ; les seconds ne possédant pas même leurs bras qui appartenaient à leurs patrons, mais cherchant à former cependant une organisation industrielle, afin de constituer, en vertu de l'association, une individualité morale capable d'agir, et, par conséquent, d'acquérir peu à peu le droit de propriété. Groupés selon la spécialité de leurs travaux et n'ayant encore aucune espèce de priviléges, ils s'efforçaient de se constituer en corporations pour sortir du néant de la servitude et devenir quelque chose, non pas dans la famille, non pas dans la cité, non pas dans la patrie, mais dans leur profession ; ils ne tendaient enfin qu'à devenir membres d'une communauté quelconque, suivant en cela une loi mystérieuse qui appelle toutes les affinités humaines à se confondre, pour ne former qu'une seule agrégation.

Or, les pères et les maîtres, c'est-à-dire les prêtres et les guerriers, qui jusqu'alors n'avaient point nié la communauté d'origine et s'étaient contentés d'enseigner seulement une différence dans le mode primitif de production, s'effrayèrent de cette tendance et changèrent le principe universel de la genèse. Les artisans pouvaient dire aux prêtres et aux guerriers : Vous êtes nés de la tête de Brahma, c'est-à-dire pour dominer, — gouvernez; — vous êtes nés de ses bras, c'est-à-dire pour lutter et combattre, — possédez les richesses, par le droit de la victoire;— mais nous qui sommes nés de son corps, laissez-nous être ce que nous sommes, le centre des forces actives d'un même être collectif, et la représentation du corps social. C'est alors que les patriciens répondirent aux artisans et aux esclaves proprement dits : Vous êtes fils des hommes; nous, au contraire, nous sommes fils des dieux.

Il résulte de cela que, pour détruire la notion de l'unité humaine, les prêtres furent obligés de détruire l'unité divine. Ce fut l'œuvre des Égyptiens qui abandonnèrent le culte de Brahma et anéantirent sa genèse. D'autres peuples allèrent au-delà de leur système, et nous retrouvons encore les traces de leurs usurpations violentes dans la religion et dans leur propre langue. Ce n'était point assez pour les castes privilégiées que d'être richement vêtues, ni de manger le froment, afin de constituer leur force morale en disant qu'elles *étaient nourries par les dieux,* tandis que les artisans et les esclaves, misérablement vêtus, ne pouvaient manger que du porc, de l'ail, des pois, des noix et de l'oignon : aliments qui ruinaient leur force physique ; ce n'était point assez que de leur interdire toute participation à l'état religieux comme à l'état politique ; au lieu de dire *homme,* terme universel applicable à chaque individualité vivant dans l'une ou l'autre caste, et qui était encore l'expression de l'unité au milieu de cette effroyable division, ce mot général, on le fit disparaître du langage, et on le remplaça par deux mots particuliers : la *race,* qui désigna les castes privilégiées, et l'*étranger,* qui désigna la caste des artisans ou des esclaves, pour montrer, sans doute, qu'ils étaient hors des lois de l'humanité.

Les révélations de la science moderne sur les luttes antiques des castes privilégiées et des castes esclaves sont extrêmement restreintes ; mais il nous suffit de savoir que les artisans, ayant recours aux armes, firent plusieurs guerres à leurs patrons, et que, vaincus souvent, jamais terrassés, ils combattirent toujours leurs oppresseurs et conquirent ainsi peu à peu le droit de vivre dans l'humanité, c'est-à-dire d'être hommes.

Dès qu'ils eurent obtenu ce droit, les artisans affranchis ou émancipés formèrent, à l'égard de leurs anciens maîtres, une espèce de *clientelle*, comme cette condition s'appela plus tard à Rome, où le nom de *clients*, qu'ils y portèrent longtemps après, rappelait encore leur sujétion primitive et l'obéissance qu'ils devaient aux prêtres et aux guerriers. Ces divers groupes industriels furent autant de centres d'activité civilisatrice. Les esclaves étaient exclus des associations, car il fallait s'appartenir soi-même avant d'appartenir aux communautés distinctes où l'on jouissait de certains droits et où l'on rendait certains devoirs aux chefs de la société politique. Ces communautés de l'antiquité, identiques aux jurandes du Moyen-Age et de la civilisation moderne, s'appelaient chez les Grecs :

etaireïa c'est-à-dire *compagnonnage;* et chez les Romains : *collegium* ou *corpus, collége* ou *corporation;* institutions générales et universelles sans lesquelles la démocratie de l'ancien monde n'eût pu accomplir son immense destinée.

Quoique le sphinx semble vouloir garder le secret de toutes les constitutions orientales, type du gouvernement primitif qui fut imposé au genre humain, nous pouvons admettre comme suffisamment prouvée l'existence de ces corporations en Égypte, puisque nous les trouvons déjà établies à l'origine des villes ou États de la Judée, de la Perse, de la Phrygie, de la Grèce, de l'Italie et des Gaules, qui adoptèrent la discipline des cités égyptiennes. Cette société industrielle, fondée à côté de la société civile, fut toujours l'apanage exclusif des artisans qui conquirent, après une autre émancipation progressive, le titre de citoyens. Tous ceux qui vivaient d'un labeur quotidien s'associèrent donc avec les artisans de leur condition, de leur métier et faisant usage des mêmes instruments de travail ; chaque profession eut, de la sorte, son organisation propre et distincte, ses mœurs, ses usages, sa tradition, sa bannière et son type du beau, représenté par un dieu spécial, comme si l'expression du beau et tout ce qui constitue l'art, participait de la divinité.

Les artisans eurent, dès lors, à l'égal de leurs patrons, mais autrement qu'eux, en se réunissant pour accomplir leur œuvre commune, la révélation intime de la forme et de l'idée, éléments essentiels du progrès social. C'est pour cela, sans doute, qu'ils invoquèrent généralement Isis, la déesse voilée, symbole de la nature universelle qui gémissait en voyant l'oppression des hommes; qui les protégeait au nom d'une civilisation future; et qui leur donnait à la fois le mariage et les sépultures, le blé et les lois : ouvrant ainsi les quatre grandes voies de l'émancipation, la famille et l'industrie corporative, la cité et l'État.

Entre la Phénicie et la Haute-Égypte, d'une part, et entre la Phénicie et la Syrie, d'autre part (1), s'élevaient deux montagnes désignées par le seul nom de *Cassius*. Tous les commerçants ou trafiquants s'y réunissaient annuellement, à une époque déterminée, pour célébrer la fête du grand Thot, ou Mercure, ou Hermès Trismégiste, ministre et conseiller d'Isis, qui, à ce titre, avait lui-

---

(1) Court de Gébelin, *Monde primitif*, tom. Ier, pag. 134.

même fixé les jours de foire, et donné son nom aux *marques*, aux *marchés*, aux *marchandises*, aux *marchands* eux-mêmes ; et enfin, au *commerce* en général. Isis, comme nous l'avons dit, était le symbole de l'univers en tant qu'infini; Mercure, au contraire, était le symbole des chemins et des bornes : il protégeait les grands échanges, de nation à nation, qui se faisaient ordinairement sur leur frontière (1). On lui donnait encore une foule d'attributs au nombre desquels nous distinguons un coq, emblème de vigilance ; une bourse, emblème de richesses, — espèce d'enseigne sous laquelle tous les marchands se réunissaient autrefois et se réunissent encore, car la Bourse, ayant passé de l'état symbolique à l'état réel, n'en est pas moins restée le centre des opérations industrielles ; — enfin un caducée avec lequel Mercure, ce dieu des limites, ouvrait au commerce, source de toute fortune, un champ sans bornes, comme au soleil, source de toute fécondité ; et lui donnait, dans l'univers, la même direction avec un mobile différent.

Toutes ces grandes conquêtes réalisées par l'esprit de la liberté dans le monde de l'esclavage, eurent lieu progressivement, et ne tendirent à

(1) Court de Gébelin, *Vide suprà*.

rien moins qu'à prendre un caractère d'universalité. Ce qui est l'apanage d'un seul homme constitue, en effet, le droit de tous; même privilége pour les nations que pour les individus. C'est en favorisant cette tendance que Moïse fonda la nationalité de son peuple, et groupa, sur un seul rocher de la Judée, plus d'hommes libres qu'il n'en existait encore sur toute la surface du globe. Il divisa les Juifs en trois tribus : la première, celle des prêtres ou lévites; la seconde, celle des citoyens ou propriétaires du sol, des artisans ou hommes de divers métiers et des guerriers; la troisième, celle des esclaves qui étaient affranchis tous les sept ans; mais il réunit ces trois tribus distinctes au sein de l'unité universelle, manifestée à la fois par l'unité d'origine, l'unité de tradition et l'unité de culte: formule indispensable, puisque Moïse avait pour mission, en restaurant la véritable Genèse, de faire marcher les humains vers une progression infinie.

On s'étonnera peut-être de trouver le fait de l'esclavage, là où domine l'idée de l'égalité; mais les institutions de Moïse étaient entièrement symboliques : le dualisme entre l'homme libre et l'homme esclave, et par conséquent la négation de l'homme, devait avoir lieu jusqu'à la réalisation complète de l'unité par le Christ.

Il résulta, sans doute, des affranchissements d'esclaves qui eurent lieu depuis Moïse jusqu'à l'ère chrétienne, qu'un grand nombre d'artisans libres vinrent remplir les corporations industrielles. Dans la Judée et dans la Syrie, tous les citoyens qui en faisaient partie jouissaient des droits civils et politiques; ils avaient donc, en s'associant, un double but de commerce et de civilisation. Quatre-vingt mille maçons furent employés à bâtir, à reconstruire, ou seulement à réparer le temple de Salomon; et Flavius Josèphe assure que trois mille deux cents maîtres dirigeaient les ouvriers qui appartenaient aux différents corps de métiers. Lorsque Thésée partagea les citoyens d'Athènes en groupes distincts, il donna aux mêmes corporations le titre général de *compagnonnage*, ainsi que nous l'avons dit plus haut, et créa des fêtes religieuses en l'honneur des *patrons de navires*. Toutes ces créations de la royauté furent plus tard conservées par la République. Solon, législateur de ce nouveau gouvernement, régularisa les établissements des classes ouvrières, et leur permit même d'en fonder de nouveaux, pourvu que ces associations privées ne commissent aucune hostilité contre la société générale.

Numa, le représentant de la législation de Rome, s'occupa, dit-on, avec une sollicitude admirable, des règlements qui intéressaient toutes les corporations. Les commerçants du même négoce et les ouvriers de la même profession avaient donc fait, sous Romulus, ce qu'ils firent aux époques primitives de chaque nationalité : ils s'étaient réunis ; ils avaient déterminé les rapports qui devaient exister entre eux et leurs patrons ; ils avaient élu, parmi eux, en vue de l'œuvre commune, certains citoyens probes et dignes pour juger leurs différends et appliquer une législation librement consentie par chaque associé ; ils avaient enfin formulé la constitution typique et absolue du monde commercial. Ces sociétés démocratiques, où revivait l'esprit des républiques grecques plutôt que celui de la monarchie égyptienne, ne furent jamais hostiles à la royauté romaine qui succomba sous l'opposition des patriciens.

Ceux-ci ne pouvaient, en aucun cas, s'unir aux classes esclaves ou excommuniées, ni à leurs *clients*, pour faire changer les formes de la religion sociale ; mais ils redoutèrent bientôt que les corporations ne retournassent les armes de la révolte contre la République : aussi le sénat, et plus tard les Césars, voulurent-ils être les *patrons et les commanditaires des colléges de travailleurs*. Maîtres de l'administration générale du monde, eux seuls pouvaient leur faire entreprendre, au milieu des pays conquis, tant de constructions architecturales qui nous paraissent encore aussi hautes que la pensée romaine. Ainsi les chefs de ces corporations, transformés en espèce de *fermiers-généraux*, se chargèrent de recueillir les impôts, de créer partout une administration, c'est-à-dire l'ordre ; d'approvisionner Rome et ses immenses entrepôts, et de donner enfin à ce corps universel, formé de tant de membres épars, de cités, de provinces et d'Empires, le lien absolu de l'unité.

Mais, quelque puissants que soient les hommes, ils ne peuvent jamais accomplir une œuvre de cette nature dont la réalisation n'appartient qu'à Dieu ; lui seul devait faire cesser le dualisme général du fait et du droit, de l'esclavage et de la liberté, par le triomphe de l'unité universelle. Cependant, malgré la marche progressive des sociétés vers l'affranchissement, l'esclavage semblait s'immobiliser. Les villes-*asiles* étaient fondées par le génie de l'émancipation humaine ; et, toutefois, on les voyait pleines d'esclaves. Ainsi, l'État éminemment démocratique d'Athènes, faisait vivre vingt mille hommes libres à côté de quatre cent mille esclaves. Au dire de Sénèque, le jour où les sénateurs de Rome entendirent un patricien demander que tous les esclaves de la République fussent contraints de porter un vêtement semblable, ils chargèrent un orateur de lui répondre qu'il *fallait bien se garder de leur donner un moyen de se compter et de compter leurs maîtres.*

Au reste, les républiques grecques et romaines avaient bien pour mobile souverain le principe de la démocratie ; mais le mot *démocratie* était loin d'avoir, dans l'antiquité, la signification que lui ont donnée les temps modernes. Les hommes libres constituaient seulement ce qu'on appelait *démos,* peuple (1). Dans Athènes, où les artisans des corporations et leurs patrons formaient les plébéiens et les patriciens, il était impossible de déterminer, même approximativement, le nombre du peuple affranchi par l'industrie ; mais nous savons positivement quel était celui des esclaves auxquels

---

(1) Adams, *Roman antiquities*, in-8°, London, pag. 35.

l'État faisait apprendre toutes sortes de professions, afin qu'ils pussent exécuter les travaux d'une communauté sociale dont ils se trouvaient exclus. On cite plusieurs riches *capitalistes* de la race privilégiée, qui se construisirent des ateliers pour faire concurrence à la République, les remplirent d'esclaves et multiplièrent infiniment leur fortune par cette exploitation des misères humaines.

« On allait chez eux louer des esclaves tailleurs, » cordonniers, grammairiens, maîtres de danse, » philosophes, qui revenaient le soir chez le capi- » taliste lui rapportant le prix de leur journée (1).» C'est ainsi que les maîtres, selon le témoignage de Xénophon, se servaient des esclaves qu'ils avaient achetés fort jeunes, sur les marchés publics, et auxquels ils avaient fait apprendre tous les métiers. Nicias en possédait mille qu'il louait à un entrepreneur de travaux des mines, moyennant une obole par jour et par tête.

Les mêmes usages dominaient à Rome où, comme partout ailleurs, il était défendu *aux hommes libres d'exercer les arts mécaniques; c'était le partage des esclaves* (2), dont le nombre était im-

---

(1) M. Granier de Cassagnac, *Hist. des Classes Ouvrières.*
(2) Bodin, *de la République*, liv. 1ᵉʳ, chap. x.

mense, puisque les statisticiens antiques disent, que sur une population de 450,000 habitants, la ville éternelle en comptait à peine 2,000 riches ou aisés : tout le reste, classe indigente et ne pouvant vivre par son industrie, était nourri aux frais des particuliers ou de l'État. Marcus Caton, ayant à son service une multitude d'ouvriers dont il était propriétaire, leur prêtait de l'argent pour acheter des enfants auxquels ils devaient apprendre un métier : leur éducation industrielle faite, ils étaient chargés de les revendre moyennant un gros bénéfice ; et Caton percevait ce produit de l'esclavage universel, cinquante ans avant que son arrière-petit-fils se rendît immortel en se tuant pour la liberté romaine.

Que si l'on voulait donner une mesure exacte de la dégradation morale des hommes d'alors, il faudrait en dresser une statistique générale. Au commencement des temps historiques, les esclaves formaient déjà plus des trois quarts de l'humanité. Loin de menacer le patriciat avec leurs propres chaînes, ils se laissaient crever les yeux chez les Scythes et massacrer, par centaines, dans une seule maison, en vertu d'une loi épouvantable qui ordonnait à Rome, lorsqu'un citoyen était tué chez lui, de mettre à mort tous les esclaves logés sous le même toit (1); ou bien ils se laissaient exposer tranquillement sur tous les marchés du monde, car ils vivaient dans leur esclavage comme nous vivons dans notre liberté.

Les progrès du genre humain s'opéraient alors individuellement, et non collectivement. La liberté apparente n'était qu'une illusion; l'esclavage seul, une réalité ! L'indépendance de quelques-uns ne pouvait exister, en fait et en principe, qu'en vertu de l'asservissement de la multitude. Le nom de citoyen était un privilége; et la condition de servitude, un droit commun. On le sait : pour produire cette effroyable division sur les débris de l'unité, il avait fallu d'abord dénaturer la Genèse humaine, ensuite nier l'unité divine. Enfin, le Christ vint dire aux hommes qu'ils avaient tous été portés dans les mêmes flancs, et que les fleuves des peuples sortaient tous de la même source; et soudain il se fit dans le monde moral comme une seconde création. Un déluge de barbares inonda l'Europe pour transformer l'univers. L'esprit de Dieu plana au-dessus de ces flots humains; et la lumière descendit ainsi dans le chaos; et les

(1) Tacite, *Annales*, XIV, 43.

temps modernes commencèrent, en faisant, de la cité terrestre, l'image de la cité céleste, ouverte à tous par la Rédemption!

Puisqu'on avait proclamé, au nom du Christianisme, religion du sacrifice individuel, le dogme de l'affranchissement général, il fut nécessaire de relever la dignité morale de l'homme; de délivrer les classes ouvrières de l'injuste réprobation qui pesait sur elles, par cela seul qu'elles vivaient dans le néant de l'esclavage; de les appeler à l'industrie corporative qui appartenait exclusivement aux citoyens et aux affranchis; de créer le Prolétariat, c'est-à-dire une manière de vivre librement dans la société, qu'on fût propriétaire, ou qu'on ne le fût point; et de constituer enfin la *Bourgeoisie,* symbole social de la communion universelle.

Cette nouvelle condition humaine, complétement inconnue de l'antiquité, parce que l'unité sociale n'avait pas encore eu sa révélation divine, dut suivre toutes les transformations progressives, développées sans relâche, selon les temps et les lieux, par les conquêtes pacifiques de la science et de l'industrie. Le monde ancien avait eu des patriciens, des clients et des esclaves; le monde nouveau n'eut plus moralement que des hommes libres. Le monde ancien n'avait eu que des artisans associés, c'est-à-dire membres d'une communauté industrielle, quoique frappés d'excommunication ; le monde nouveau n'eut plus que des *Bourgeois,* c'est-à-dire des hommes de communion qui ne peuvent vivre que par la communion. Pour eux, plus de ces noms à la signification honteuse : — *Clients* ou *affranchis*.—Transformés d'abord en cette expression : — *Serfs,* — avant de s'éteindre pour jamais comme tous les termes qui rappellent l'esclavage, la dégradation morale et la chute de l'homme, il ne restera ensuite que le mot : — *Bourgeois,* — symbole de rédemption, de réhabilitation et de liberté.

Il est donc vrai de dire que si les civilisations antiques étaient représentées par le Patriciat; la Bourgeoisie, ainsi définie, devait exprimer toutes les tendances des civilisations modernes.

L'éternelle gloire de la monarchie française et de la Bourgeoisie sera d'avoir été, l'une le centre, l'autre l'instigatrice de cette régénération providentielle qui identifia, pendant tant de siècles, leur double destinée. Il leur était réservé, en effet, de résoudre, dans le monde chrétien, le problème héroïquement posé par Aristote, mais que le monde païen ne put jamais comprendre.

« Toute société politique, disait le précepteur
» d'Alexandre, se divise en trois classes : les riches,
» les pauvres et les citoyens aisés qui forment la
» classe intermédiaire... Si le gouvernement tombe
» entre les mains de ceux qui ont trop ou trop peu, il
» sera ou une fougueuse démagogie, ou une oligar-
» chie despotique, et, dans l'un ou l'autre cas, il
» tombera dans la tyrannie. La classe moyenne peut
» seule préserver la société de ces excès. C'est elle
» qui, en se rangeant d'un côté, fait pencher la
» balance, et empêche l'une ou l'autre classe de
» dominer. La classe moyenne est la base la plus
» sûre d'une bonne organisation sociale ; *elle seule*
» *ne s'insurge jamais; partout où elle est en majorité,*
» *on ne connaît ni ces inquiétudes, ni ces réactions*
» *violentes qui ébranlent le gouvernement* (1). »

Cette théorie de l'état social et politique, ayant pour but de concilier des forces, des principes, des intérêts diamétralement opposés, et de substituer, à l'égoïsme d'une seule classe de citoyens, le vrai sentiment de l'humanité progressive, fut ad-

(1) *Politique*, liv. IV, chap. 4.

mirablement mise en pratique par les premiers rois de la race capétienne. L'abbé Suger, seul ministre de trois d'entre eux, en fit pour ainsi dire son œuvre personnelle, qu'il transmit ensuite à Saint-Louis et à Philippe-le-Bel. Ces monarques, reconnaissant, en principe, que « toute créature formée » à l'image de Nostre-Seigneur doibt généralement » estre franche par droit naturel (1), » constituèrent en fait la Bourgeoisie et les classes populaires, sur *les bases de ceste naturelle liberté ou franchise* dans la famille, dans la cité et dans l'État.

A dater de ce jour, Paris devint et resta, presqu'immuablement, le centre politique de la civilisation chrétienne, emblème de l'affranchissement universel que la royauté française exprima tant qu'elle eut conscience de ses destinées et qu'elle conserva son libre-arbitre. De là, toutes ces chartes émancipatrices, octroyées de règne en règne, qui introduisirent peu à peu le droit commun dans le domaine du privilége, et qui fondèrent, au sein des Trois-Ordres, réunis sous le nom d'*États-Généraux*, la liberté de la tribune, ou mieux, la liberté de la pensée, en faveur de la Bourgeoisie et des classes populaires dont les opinions purent

(1) *Ord...*, XII, 387, ann. 1311.

bientôt réagir souverainement contre l'épée du baronnage.

Cette lutte entre l'aristocratie et la **démocratie** n'est, en quelque sorte, que le développement des évolutions humaines, commencées depuis la formation des communes et qui ont pour but de fixer, dans leur marche régulière, les divers problèmes de la civilisation. L'idée transformatrice de l'égalité domine déjà tous les événements. Étienne Marcel paraît à la tête de la Bourgeoisie pour contenir la féodalité qui se relève dans la personne de Charles-le-Mauvais, et lui oppose le peuple des Halles, en poussant ainsi la société du xive siècle jusqu'aux dernières limites de la démocratie absolue. Dans cette voie fatale où les Maillotins n'ont fait que se montrer, Jean-sans-Peur cherche à s'établir en compagnie des Cabochiens et des Bouchers, devenus, avec leur couteau sanglant, le vrai type de la liberté illimitée. La France tombe alors, de révolution en révolution, entre les mains de l'Angleterre. Elle cesse moralement d'exister, parce que la Bourgeoisie, passant tour-à-tour d'un camp à un autre, éparpillant ses forces au lieu de les résumer, heureuse de vivre matériellement et au jour le jour, se contente du provisoire, aux échéances formidables, qui la dispense de chercher une solution définitive aux problèmes d'où dépend le salut du pays!

Disons-le tout de suite : artisan passif de nos catastrophes publiques, le bourgeois de Paris n'a fait preuve d'activité, en de certaines circonstances, que pour abuser de son libre-arbitre, au point de détruire l'équilibre social et de faire pencher la balance politique, soit du côté de l'aristocratie, soit du côté de la démagogie, quoiqu'il soit toujours victime du despotisme et de l'anarchie. Cette dictature immorale passe donc à tour de rôle, des mains de la multitude à celles d'un seul homme. On l'accepte avec bonheur lorsqu'elle porte le nom de Louis XI, de Louis XIV ou de Napoléon, car elle sert de fondement à une monarchie absolue après avoir été le principe de quelque République subversive.

Les mêmes errements et les mêmes passions éclatent pendant les guerres de religion où la Bourgeoisie devait se laisser entraîner. N'osant plus troubler désormais la société matérielle, elle éprouve je ne sais quelle ivresse à bouleverser la société morale, jusqu'à ce qu'elle tombe elle-même, fatiguée de ses propres excès. Mais bientôt, elle se relève fièrement et déploie une grandeur héroïque dans les combats de l'intelligence. Conservant avec une pieuse ardeur, l'unité du dogme catholique en regard de toutes les sectes protestantes, elle dégage, de tant d'événements désastreux, le principe salutaire de la liberté d'examen, et se rend digne de présider encore à l'éducation religieuse du monde, parce qu'elle se donne pour but de faire cesser l'antagonisme subversif de la foi et de la raison, en voulant réaliser la communion suprême de tous les esprits et de tous les cœurs, au sein de l'Église universelle.

La Bourgoisie dénouait ainsi la seconde phase de son histoire et de nos révolutions. Elle fixait, dans cette région supérieure, le sentiment du libre-arbitre d'un grand peuple, sous l'œil ébloui du despotisme royal. Mais à peine la lutte de l'Église et de l'État est-elle finie, qu'un nouveau combat, plus formidable que ceux qui l'ont précédé, puisqu'il les résume tous, recommence et se développe avec une intensité sans pareille, de l'un à l'autre bout du monde civilisé.

Jusqu'à présent, la Bourgeoisie ne s'est préoccupée que d'un seul principe mis en discussion : celui de l'État, ou de la société matérielle, dans la première période historique; celui de l'Église, ou de la société morale, dans la seconde : mais, dans la troisième, les deux sociétés, symboles de l'affirmation universelle, se trouvent attaquées au nom de la négation absolue de toutes les religions et de tous les gouvernements. La Bourgeoisie résiste d'abord ; on la désorganise matériellement, afin de mieux la subjuguer moralement. L'individualisme est inauguré dans la civilisation moderne ; et nul ne prévoit que le Communisme sera son correctif infaillible. En effet, son esprit démoralisateur n'a jamais cessé de planer au-dessus de la Révolution, qui a fait bien des haltes barbares, depuis plus d'un demi-siècle, mais qui n'a pas encore fourni toute sa carrière, parce que les partis semblent ignorer la signification qu'elle doit avoir dans l'histoire générale de l'humanité.

Ils savaient autrefois que pour vaincre l'opposition de la Bourgeoisie, l'intérêt matériel devait la séduire. Dès les premières luttes dirigées contre l'État et contre l'Église, tout semble tourner à son avantage. Elle triomphe à l'origine de la Révolution, dont elle ignore encore le terme. On lui livre d'abord toutes les dépouilles de la royauté, de la noblesse et du clergé ; ensuite, lorsqu'elle fait litière de tant de richesses en regard du paupérisme qui se développe avec une intensité providentielle ou fatale, et lorsqu'elle croit jouir tranquillement du fruit de ses orgies, un convive inattendu entre dans la salle du festin, comme la statue du Commandeur.

C'est le Prolétariat!

Il se présente, muet et sombre, devant la Bourgeoisie stupéfaite, ne lui donnant à choisir que le *Manifeste des Égaux* ou le glaive de Spartacus! Vainement les classes moyennes ont-elles cherché un refuge à l'ombre de tous les gouvernements qu'elles ont essayé de constituer, ou qui se sont constitués d'eux-mêmes, sur le sol mouvant de la Révolution, et non dans la voie des grands principes sociaux; les prolétaires aguerris par des insurrections périodiquement triomphantes, renouvellent sans cesse leur apparition sinistre sur la scène politique et sociale, armés des idées subversives qui servent d'expression au Socialisme, cet arsenal de l'anarchie contemporaine.

La Constitution de 1848, dont la révision préoccupe diversement chaque parti, n'a été acceptée par le Prolétariat que comme une lettre de change tirée sur la Bourgeoisie, et dont l'échéance est fixée au 4 mai 1852. Nous sommes loin de cette époque; mais on craint de toutes parts que la Révolution, toujours semblable à Saturne, le dieu fatal, ne dévore le temps, ainsi qu'autrefois les hommes, et ne précipite les événements pour mieux subjuguer la société !

En présence de cette crise suprême et, peut-être, inévitable, la Bourgeoisie a d'immenses devoirs à remplir, envers la civilisation comme envers elle-même, car elle doit perdre ou sauver la sociabilité humaine, selon qu'elle disposera de ses propres destinées.

« Étrange situation que celle de la France! » s'écriait naguère M. Guizot, avec l'autorité de sa magnifique intelligence, « elle ne veut plus de ré-
» volutions; elle ne demande que la stabilité, et
» quatre ou cinq questions, qui toutes impliquent
» une révolution, sont incessamment dans tous les
» esprits et sur toutes les lèvres... Si elle ne croit
» pas à la stabilité de ce qui est, que ne fait-elle
» son choix entre les solutions des questions qu'elle
» agite? (1) »

Ce noble langage s'adressait, il y a six mois, à la Bourgeoisie; elle a donc eu le temps d'y réfléchir

(1) *Préface de Monk.*

jusqu'à ce jour, marqué par la Providence pour l'accomplissement d'un grand acte patriotique. Mais quel choix fera-t-elle, en supposant qu'elle se prononce, et qu'elle ne se laisse pas aller à la dérive, comme durant certaines époques de son histoire, pour mieux attendre qu'une inspiration soudaine lui arrive au milieu de l'action, c'est-à-dire, lorsqu'elle sera submergée par le flot des événements?

Voilà le problème.

Quoi qu'il en soit, l'ouvrage que nous publions, au milieu des préoccupations actuelles, a été écrit dans le but de répandre quelques lumières sur cette situation de la Bourgeoisie. En voyant de quelle manière elle est tant de fois sortie du provisoire révolutionnaire ou désordonné, pour rentrer dans l'ordre durable ou définitif, elle comprendra, sans doute, de quel esprit politique elle doit s'animer aujourd'hui, si elle veut prévenir sa ruine probable et s'assurer le véritable succès.

La France est avertie. Elle a appris, par bien des désastres, qu'on ne sauve pas un peuple malgré lui-même. Son avenir lui appartient; qu'elle en dispose donc, sans compromettre sa fortune. Dieu veuille qu'elle ait acquis assez d'expérience, durant ses longues vicissitudes, pour être convaincue que l'empirisme gouvernemental a fait son temps, et qu'elle ne peut désormais garantir ses destinées qu'en vertu des principes et des nobles croyances ! La force matérielle conserve moins qu'elle ne détruit ; mais la force morale est seule appelée à créer une ère progressive aux intérêts de toute l'humanité.

Un dernier mot. — La Bourgeoisie a commencé la Révolution ; il lui appartient donc de la finir. Puisqu'elle a inauguré la guerre sociale, au détriment de ses intérêts et de la prospérité publique, attendons-nous à lui voir rétablir elle-même la paix. Elle a trop chèrement payé ses folies et ses fautes pour ne pas revenir à la sagesse ; mais alors, par ce qui a été renversé dans notre civilisation, elle jugera de ce qu'il y a à reconstruire. La politique ne doit plus être une affaire de sentiment, mais un acte de haute raison.

Paris, avril 1851.

TABLE DES CHAPITRES

DU PREMIER VOLUME.

	Pages.
CHAP. Ier. Constitution primitive de Paris.	1
II. Établissement de la Hanse parisienne dans les bureaux de la Marchandise.	31
III. Autorité du roi des Merciers pendant la formation des communes et des Bourgeoisies.	67
IV. Organisation populaire de la société monarchique au XIIIe siècle.	109
V. Transformation de la Bourgeoisie en Tiers-État.	154
VI. La Bourgeoisie de Paris sous la Prévôté d'Étienne Marcel.	198
VII. Les Bourgeois de Paris et les Maillotins.	240
VIII. Les Bourguignons et les Armagnacs au sein de la Bourgeoisie de Paris.	276
IX. La Bourgeoisie de Paris sous la domination anglaise.	322

FIN DE LA TABLE DU PREMIER VOLUME.

HISTOIRE
DE LA
BOURGEOISIE
DE PARIS.

CHAPITRE PREMIER.

CONSTITUTION PRIMITIVE DE PARIS.

Le génie symbolique des temps primitifs a présidé à la fondation de Lutèce, comme à celle de toutes les villes fatidiques de l'antiquité. Quoique la critique moderne ait fait justice de la généalogie fabuleuse que les chroniqueurs du moyen-âge ont donnée aux Parisis (généalogie suivant laquelle ils sortiraient des flancs d'un monstre venu de Franconie, compteraient Hector au nombre de leurs aïeux, et auraient vécu sous les lois d'une puissante monarchie fondée par Samothès, fils de Japhet, premier-né de la race d'Hercule, dont Francus, successeur de Rémus, serait le dernier roi), on n'a pas assez étudié les symboles qui forment les titres primordiaux de notre histoire.

Ces titres ne nous apprennent point l'époque précise où Lutèce a été fondée ; mais ils nous donnent la signification positive de cette cité, bâtie, sans doute, par une colonie égyptienne, qui apporta, sur les bords de la Seine, toutes les traditions orientales. En effet, comme les villes d'Égypte, Paris commença par n'être qu'une ligne étroite de huttes de roseaux, confusément construites au milieu d'un marais insalubre, pour servir d'abri à de pauvres pêcheurs. Peu à peu, l'ordre et la régularité sortirent de cette confusion, après le défrichement du sol et le desséchement des eaux stagnantes, ainsi que cela avait eu lieu, primitivement, sur les bords du Nil. Enfin, Lutèce, ainsi que Memphis, adorait la déesse universelle.

Il nous semble donc impossible de ne point reconnaître les liens de parenté, qui unissent les Parisiens aux anciens peuples de la Haute-Égypte. Leur consanguinéité a, pour nous, toute la puissance d'un fait irrévocable, puisqu'en l'admettant, nous nous expliquons l'origine de notre capitale, sa religion, le vaisseau emblématique dont on a formé le blason, et le nom même de Paris, résultat d'une de ces déductions philosophiques qui sont propres à l'esprit de l'antiquité.

Paris est le diminutif de Parisis. Or, *Parisis* signifie textuellement *vaisseau d'Isis*. Ce mot vient du celtique *bar*, ou *var*, ou *war*, qui désigne un fort, une ville, de l'eau, un fleuve, une barque, tout ce qui s'élève au bord de l'eau et tout ce qui va sur l'eau. — La même étymologie est vivante dans une infinité de lieux où l'on trouve de l'eau. Il en résulte une innombrable famille de mots et de noms dérivés des langues celtiques, parmi lesquels nous citerons seulement : *Bar-le-Duc, Bar-sur-Aube* et le *Var*.

Lutèce, bâtie au milieu de la Seine, dans l'*île des Corbeaux*, ne put se développer que lorsque ses habitants eurent conquis le sol riverain par leur industrie; aussi se livrèrent-ils à la navigation et consacrèrent-ils leurs propriétés, ou mieux, leurs établissements, à Isis, reine des fleuves et des mers, dont le symbole était un vaisseau. Ce vaisseau, appelé *Barisis* ou *Parisis*, selon la prononciation des peuples gaulois du Nord, donna son nom aux insulaires, qui, nous l'avons déjà dit plus haut, adoptèrent la discipline des cités égyptiennes.

Il suit de là, que l'état des personnes dans Lutèce fut identique à celui des peuples orientaux.

Cependant, les druides, maîtres du sacerdoce, de la magistrature et de l'autorité politique, continuateurs des prêtres d'Égypte, au lieu de creuser, comme eux, des souterrains pour y cacher le mystère des antiques sociétés de l'Inde, élevèrent à Isis un temple, qui fut construit sur les bords du fleuve. C'est en ce terrain particulier que les peuples primitifs plaçaient le sanctuaire de leurs divinités nationales.

Aucun monument historique ne fixe l'époque de ces créations civiles et religieuses. Peut-être Lutèce fut-elle fondée, lorsque le mouvement progressif de l'Égypte, communiqué par l'esprit des migrations humaines, vint à s'arrêter ; de même que le mouvement de l'Égypte commença, dès que celui de l'Inde eut fini sa progression. Quoi qu'il en soit, dès son origine, Lutèce, ou mieux Paris, semble destinée à être l'expression vivante des traditions universelles.

L'Égypte avait confondu au nombre de ses divinités, Isis, qui donnait aux plébéiens le blé et les lois, le mariage et les tombeaux, pour leur ouvrir les quatre grandes voies de l'émancipation : la famille et l'industrie corporative, la cité et l'État. Lutèce donna, à Isis, la plus belle place de son

Olympe et prit pour emblême le vaisseau de cette déesse, prouvant ainsi que son but suprême était de conduire le monde vers la liberté.

Dans leurs cérémonies religieuses, les Égyptiens ne levaient jamais le voile qui recouvrait la statue d'Isis; les Parisiens, au contraire, célébraient annuellement, le 3 janvier, une fête nationale où la déesse voilée se transfigurait devant eux. Cette cérémonie s'appelait : l'*Arrivée d'Isis*. La divinité mystérieuse venait recevoir publiquement, du haut de son char, les dévotions des membres du sacré collége, fondé sous ses auspices, et les encourager au travail de civilisation qu'ils devaient accomplir dans l'humanité.

Ce but final d'émancipation universelle fut en quelque sorte l'apanage des Parisiens, même dans les temps primitifs de leur histoire. En effet, les nations qui peuplaient les Gaules n'avaient pas encore adopté le nom de leurs cités, que le mot *Paris* était déjà employé comme épithète de Lutèce. Plus tard, Strabon, Ptolomée et Jules César, ne voulant exprimer que l'oppression, disaient seulement *Leucotitia*, *Leucotelia* et *Lutetia*, termes nés du mont *Lucotitius*, aujourd'hui la montagne Sainte-Geneviève; mais nul effort humain ne pouvait enlever à cette ville son caractère providentiellement émancipateur.

Lors de l'invasion romaine, Lutèce était déjà une place forte. Les Parisiens, livrés à la navigation, avaient établi des relations commerciales avec les autres nations gauloises, plus ou moins éloignées, et surtout avec les tribus plus rapprochées, qui occupaient les bords de la Marne, de la Seine, de l'Aisne et de l'Oise. César transporta à Lutèce l'assemblée générale des Gaules, parce qu'il avait compris que c'était le seul point central d'où il pût tenir tête aux nombreuses révoltes des Gaulois, et, par conséquent, écraser au besoin, sous le poids de son glaive, le génie de leur nationalité.

Les Parisiens supportèrent d'abord, avec un morne désespoir, le joug du consul, qui voulait effacer, par sa propre victoire, le souvenir des humiliations que Brennus avait fait subir aux sénateurs romains sur les hauteurs du Capitole; mais Lutèce résolut de s'affranchir, en groupant autour de son drapeau tous les peuples du Nord et en leur donnant pour chef Camulogène, émule du fameux Vercingétorix. On sait quel fut le résultat fatal de cette réaction nationale. Pendant que l'armée gauloise trouvait la mort dans la glorieuse défaite de Meudon, les Parisiens incendiaient leur ville ; et cet effort héroïque n'en devint que plus désastreux pour la cause de l'indépendance.

Les vainqueurs, irrités d'un tel héroïsme, qui relevait moralement les peuples subjugués, imposèrent aux Parisiens une servitude matérielle bien autrement désolante que celle contre laquelle ils venaient de protester sur un champ de bataille ; car le despotisme romain eut ses degrés. Lutèce avait conservé jusqu'alors une administration municipale, antérieure à la conquête, dernier débris de sa liberté primitive que César daignait respecter : mais ce privilége lui fut supprimé. On la soumit à la législation des villes appelées *vectigales* ou *tributaires*, et l'on fit venir de Rome un préteur chargé de percevoir un tribut annuel que les populations locales durent payer au détriment de leur fortune.

Le préteur dut rebâtir la cité des Parisis ; il fixa sa résidence dans le Grand-Châtelet, autour duquel s'élevèrent quelques chétives habitations, construites de bois et de terre, couvertes de paille et de chaume, et groupées au milieu d'une île de la Seine. Deux ponts de bois, situés où se trouvent aujourd'hui le Petit-Pont et le Pont-au-Change, formèrent une ligne de communication entre les deux rives du fleuve. Plus loin, sur un versant des collines qui entouraient la ville, on découvrait encore d'affreuses forêts, aux solitudes profondes, consacrées à des divinités aveugles, implacables et féroces, que les druides prétendaient apaiser avec des sacrifices humains.

Ce dogme inexorable, qui plaçait les Euménides au milieu de l'Olympe, prévalut sur les idées romaines et résista même au développement de l'industrie, alors que Paris était déjà l'un des centres principaux de la navigation gauloise. Des temples furent bâtis cependant à l'instar de ceux de Rome, dont on adopta le langage. Le Petit-Châtelet s'éleva également au milieu des édifices de pierre qui remplacèrent les huttes et les cabanes. La ville s'entoura de larges murailles, dominées par un fort qui se dressait dans le lointain, aux lieux où l'on voit aujourd'hui le village de Saint-Maur. Des voies romaines traversèrent les marécages, et un camp permanent fut établi sur l'emplacement actuel du Luxembourg : car la force matérielle des conquérants ne cédait point de terrain à la civilisation gauloise.

Si l'on veut avoir des idées positives concernant l'ordre religieux et social qui régnait à Lutèce, pendant la domination romaine, il suffit de jeter les yeux sur les inscriptions et sur les fragments d'autels trouvés dans les fouilles pratiquées en 1711, sous le chœur de Notre-Dame.

On y remarquera le mélange fort curieux des divinités de la Gaule et de Rome, environnées de soldats barbus et armés de boucliers. D'un côté, Jupiter, drapé dans les plis d'une toge sénatoriale, s'appuyant sur une lance et contemplant, à ses pieds, un grand aigle qui déploie ses ailes et regarde le soleil; et Vulcain, possesseur des souterrains de la Sicile, tenant entre ses mains un marteau et des tenailles: de l'autre côté, Ésus, le Mars des nations indigènes; Hercule, terrassant l'hydre de Lerne; Castor et Pollux; le *Taureau aux trois grues* revêtu de l'étole sacrée; et un *Cernummos*, dieu cornu des Parisiens, qui sert de pendant au *bœuf*, symbole des villes égyptiennes.

Ces inscriptions peuvent servir de fondement à notre histoire.

Sur l'une d'elles on lit ce mot: SEVERI, par lequel on désignait le collége des six inspecteurs qui était chargé de veiller à la navigation. Une autre inscription, la plus importante, porte cette légende :

Tiberis cæsari
Aug. Jovi Optimo
Maximo monumentum
NAUTÆ PARISIACI
Publice posuerunt.

« Sous Tibère Auguste, les Nautes Parisiens ont
» publiquement élevé ce monument à Jupiter, très-
» bon, très-grand. »

Ceci nous fait connaître les éléments primitifs de la constitution de Paris. Cette ville renfermait une population nombreuse, non de simples mariniers, mais de riches négociants sur l'eau, unis entr'eux par les liens indissolubles d'une association indifféremment appelée : *Corporation des Nautes* ou *Hanse parisienne*.

Les Nautes exerçaient, dans la cité, une magistrature populaire, née depuis un temps immémorial, et dont l'existence a partagé toutes les destinées diverses de notre vieille monarchie. « Les
» citoyens Notables; les grands honorés bourgeois;
» les membres du bureau de la Marchandise-sur-
» l'eau, de la Prévôté des Marchands et de l'Échevi-
» nage, et les syndics des principaux négociants, »

sont les descendants des Nautes primitifs : famille nombreuse où les hommes d'État abondent. Nous les verrons grandir avec le progrès social et devenir, en quelque sorte, les souverains du vaste empire que nous allons parcourir.

L'association des Nautes parisiens est-elle d'origine égyptienne ou romaine ? Quoique notre jugement ne puisse être fondé sur aucun témoignage historique, il nous suffit de savoir que les corporations des arts et des métiers existaient chez les anciens Égyptiens et dans tout l'Orient, berceau des sociétés, avant même l'existence des républiques grecques et romaine, pour que nous puissions affirmer que cette association est d'origine égyptienne.

Nous avons prouvé ailleurs que les corporations industrielles étaient universellement constituées. Après la fondation de Rome, Numa leur donna des règlements. On distinguait, dès lors, en tête des principaux colléges, la corporation des bateliers, *Navicularii*, qui, plus tard, furent obligés de transporter, moyennant un droit de fret déterminé, les revenus en nature dans les magasins de l'État, situés au port d'Ostie, vaste entrepôt de commerce. Une autre association, distincte de la grande corporation des *Navicularii*, celle des *Caboteurs du Tibre*, appelée : *corpus Caudicarum*, devait porter le blé à la capitale du monde romain.

La corporation des Nautes parisiens, antérieure à l'invasion de César, dut recevoir son contre-coup de cette conquête, et subir d'importantes modifications, car les associations industrielles de Rome renfermaient tous les éléments de la plus haute civilisation. Elles comptaient, parmi leurs membres, des décurions, des décemvirs, des sévirs-augustaux, des chevaliers, des questeurs et des sénateurs qui, peu dédaigneux des titres de *Nautes*, de Naviculaires, de Lemniculaires, de Caudicaires, se livraient avec ardeur au commerce par eau. Le négoce n'était interdit qu'aux seuls officiers du palais. Enfin, les professions industrielles jouissaient d'une si grande considération, que Constantin et Julien donnèrent, à tous les négociants sans exception, le titre de chevalier romain, qui leur fut confirmé successivement par Gratien, Valentinien et Théodose.

On conçoit que de semblables encouragements donnés à l'industrie, par les empereurs, aient favorisé le développement commercial des corporations en tous lieux où leur activité pouvait s'étendre. Chacune avait un chef ou patron, qui remplissait les fonctions de *curateur* et de directeur. Bien qu'investi de cette magistrature, on pouvait se livrer au négoce et même devenir *Naute*, ainsi que M. Fronto, sévir d'Aix et patron des Nautes de la Durance, nous en offre l'exemple. Au reste, il est permis de croire que le patronage des corporations fut confié à des membres du Sénat venus tout exprès de Rome pour diriger le mouvement industriel des nations vaincues. C'était le seul moyen, à cette époque, de fonder une domination civilisatrice, et de jouer dans le monde un rôle digne du grand peuple.

Le système adopté par les Romains peut se résumer en deux mots : *dominer et coloniser*. C'est pour obtenir ce résultat qu'ils accordèrent aux Nautes, population nombreuse et inquiète, l'affranchissement des charges publiques, tutelles, contributions, obligations, dons gratuits et autres impositions ; certaines primes sur les marchandises voiturées ; et mille priviléges. Ils ne furent traduits que devant leurs propres juges, et possédèrent en commun des biens-fonds inaliénables, dont les revenus servaient aux dépenses générales.

En outre, leur corporation fut appelée indifféremment : *consortium*, *ordo*, *splendissimum corpus Nautarum*, pour montrer qu'elle occupait un rang distingué dans l'État.

Ces priviléges étaient en vigueur dans chaque ville où Rome élevait un comptoir. Mais, depuis que Paris avait perdu ses franchises municipales et politiques, le préteur ne laissa vivre, auprès du Grand-Châtelet, qu'une magistrature populaire chargée de défendre la cité. Ces *défenseurs* furent les tuteurs et les surveillants de l'universalité des citoyens qui les avaient élus par acclamation. Ils étaient choisis ordinairement parmi les Nautes, où se trouvaient les négociants les plus riches et les plus notables. Cette charge, pénible et peu enviée, parce qu'il fallait en exercer les fonctions sous l'autorité du proconsul ou du préteur, on n'était pas libre de la refuser. Une pareille législation nous prouve qu'il y avait au sein de cette société une résistance secrète : l'esprit étranger de la conquête ne pouvait se combiner avec les éléments matériels de la nationalité.

Pour vaincre la répugnance des défenseurs de la cité, on leur donna des curions : officiers subalternes, qui partagèrent leurs travaux en qualité d'assesseurs. Ils devinrent dépositaires des registres publics où se trouvait inscrite la fortune de chaque citoyen. Ces deux magistratures eurent un tribunal distinct. La première, chambre consulaire, connaissait de toutes les contestations survenues entre les habitants de Paris ; la seconde s'occupait plus spécialement de la discipline et de la police, surveillait les marchés, les poids et les mesures, et recevait les plaintes des Nautes lésés dans la liberté de leur commerce ou qui avaient souffert quelque dommage dans le cours de leur navigation.

En arrivant au port de Paris, chaque négociant était tenu de se présenter chez les défenseurs de la cité pour faire une déclaration exacte de sa marchandise, et en laisser un certificat au greffe. Si le Naute voulait assigner une autre destination à cette marchandise, on lui délivrait une copie légalisée de sa propre déclaration, et, en quelque lieu qu'il passât, il était obligé de déposer publiquement qu'il n'avait été victime d'aucune fraude ni d'aucune concussion. Cette déposition était inscrite dans les registres publics. Ceci prouve qu'au fond de toute question industrielle, il y avait déjà une idée morale, un principe civilisateur que le despotisme impérial maintenait encore et savait respecter.

Un décret de Justinien enleva au préteur l'autorité dont il jouissait au sein de l'administration parisienne. Dès ce moment, les défenseurs de la cité purent s'adresser directement à l'empereur, et hasarder, en de certaines occasions, quelques légères remontrances. Aussi, devinrent-ils véritablement les pères du peuple, et acceptèrent-ils, sans arrière-pensée, la mission de protéger les classes pauvres, soit contre la tyrannie des classes riches, soit contre les exactions du fisc. Les défenseurs de la cité étaient élus d'abord pour cinq ans ; plus tard, leurs fonctions ne durèrent plus que deux ans. Cette institution mixte, à la fois municipale et politique, dont on chercherait vainement les traces dans la civilisation moderne, initia les Parisiens à la puissance des tribuns du peuple.

L'édit de Justinien était, en lui-même, un grand événement pour les hommes du petit commerce, et pour les ouvriers, qui purent travailler à la construction des bateaux, à l'exploitation et au transport des marchandises, sans avoir à redouter l'insatiable avidité du fisc ou du préteur. Toutes les industries se développèrent avec sécurité ; elles suivaient, sur les fleuves et à travers les plaines, les chemins dont Strabon nous a donné le plan.

On pouvait remonter le Rhône très-haut, avec de fortes cargaisons destinées à diverses provinces avec lesquelles, au moyen de rivières navigables, les Parisiens avaient contracté des relations de toute nature. Les marchandises passaient tour-à-tour sur le Rhône, sur la Saône et sur le Doubs ; de là on les charriait, par des chemins récemment tracés, jusqu'à la Seine, qui les portait à l'Océan, en leur faisant traverser le pays des Lexoviens et des Calixtes. Deux grandes voies romaines alimentaient le négoce des villes gauloises : l'une partait de Lyon, l'autre de Bordeaux ; elles se réunissaient à Autun pour former un nouveau chemin, qui conduisait de cette dernière ville à celle de Paris.

Ce chemin se partageait encore pour former deux routes : la première servait uniquement au commerce d'Orléans ; la seconde, destinée à celui de Beauvais, d'Amiens et de Boulogne, allait d'Orléans à Lutèce. Il y avait encore d'autres lignes de communication pour les Parisis qui voulaient transporter leurs marchandises à Orléans, où se trouvait le port des Carnutes. Les opérations d'échange et de vente se faisaient donc librement au sein de la corporation des Nautes.

Quel était l'objet de ce commerce primitif?

Pour résoudre cette question, la science historique ne peut citer que l'opinion de Bonamy : — « Il n'est pas probable, dit-il, que dans les com-
» mencements le commerce des négociants parisiens
» consistât en autre chose qu'en blé, vin, huile, sel
» ou autres denrées nécessaires à la vie. Les mar-
» chandises de luxe n'ont été introduites que sous
» les rois francs (1). »

La civilisation conduite par le génie commercial avait fait subir, depuis la déchéance du préteur, mille transformations à la société parisienne, qui se remplissait déjà de savants et de philosophes. Un vaste amphithéâtre s'élevait près du mont *Leucotitius*; on y nourrissait des tigres, des lions pour les jeux, les combats et les arènes (2). D'immenses constructions monumentales formaient un magnifique groupe que dominait le temple d'Isis, et un grand aqueduc faisait monter les eaux de la Seine dans le palais des Thermes : architecture orientale

(1) *Mémoires de l'Académie des inscriptions*, tom. XV.
(2) Legendre. *Mœurs des Français*.

qui supportait des jardins aériens pareils à ceux de Babylone (1).

C'est là que Julien, César des Gaules, réunissait tous les philosophes, tous les hommes de science et de lettres, dont les travaux fécondaient les faits matériels par des idées. Il résulta, de cette noble tendance, un changement de constitution plus favorable aux Parisis. Lutèce, rangée au nombre des villes *vectigales* depuis la défaite de Meudon, entra dans la classe des villes *municipes*, dont les habitants, jouissant du droit de cité, s'administraient eux-mêmes et nommaient leurs *curiales*, magistrats civils, ou mieux, régisseurs des biens communaux.

Julien aimait beaucoup Lutèce. Voici comment il en parle dans son *Misopogon* : Μισοπωγων η Αντιοχος. (2).

« Je me trouvais, pendant un hiver, à ma chère
» Lutèce. Elle occupe une île au milieu de la ri-
» vière; des ponts de bois la joignent des deux bords;
» rarement la rivière croît ou diminue : telle elle
» est en été, telle elle demeure en hiver. On en
» boit volontiers l'eau très-pure et riante à la vue.
» Comme les Parisiens habitent une île, il leur se-

(1) Corrozet. *Antiquités de Paris.*
(2) *Voir* Châteaubriand. *Études historiques.*

» rait fort difficile de se procurer d'autre eau. La
» température de l'hiver est peu rigoureuse, à
» cause, disent les gens du pays, de la chaleur de
» l'Océan qui, n'étant éloigné que de neuf stades,
» envoie un air tiède jusqu'à Lutèce. L'eau de mer
» est en effet moins froide que l'eau douce. Par cette
» raison, ou par une autre que j'ignore, les choses
» sont ainsi. L'hiver est donc fort doux aux habi-
» tants de cette terre. Le sol porte de bonnes vignes;
» les Parisiens ont même l'art d'élever des figuiers,
» en les enveloppant de paille de blé comme d'un
» vêtement, et en employant les autres moyens dont
» on se sert pour mettre les arbres à l'abri de l'in-
» tempérie des saisons. »

Nous citerons un autre fragment du même ouvrage où Julien compare les mœurs simples et naïves de Paris, la frugalité et la vie laborieuse de ses Nautes, au luxe et à la molle civilisation d'Antioche. Il s'adresse aux citoyens de cette dernière ville :

« Si les habitants de Lutèce, dit-il, rendent un
» culte à Vénus, ils considèrent cette déesse comme
» présidant au mariage ; s'ils adorent Bacchus et
» usent largement de ses dons, ce dieu est pour
» eux le père d'une joie innocente. On ne voit

» chez eux ni l'insolence, ni l'obscénité, ni les
» danses lascives de vos théâtres. »

Le César-philosophe, qui écrivait, en ces termes, l'éloge de la cité des Parisis et la satire de la ville d'Antioche, entra dans la carrière impériale comme Titus, mais il en sortit comme Tibère. Depuis plus d'un siècle, Lutèce et toute la Gaule participaient au travail providentiel qui s'accomplissait dans l'humanité païenne. Pour la rendre à la vie morale, après la mort de l'Homme-Dieu, douze humbles pêcheurs, disciples du Christ, avaient pieusement accepté la mission de régénérer le monde par la parole, c'est-à-dire, d'y fixer tous les problèmes religieux, fondés sur la révélation divine et sur l'immortalité humaine, principe et fin du christianisme.

Ce dogme rédempteur, exprimant les destinées générales et absolues des sociétés, ainsi que celles de l'homme individuel, était représenté par des laboureurs et des ouvriers, sortis de la plèbe ou d'un esclavage abrutissant, pour entrer noblement dans la liberté morale. Il se développait, selon les desseins infaillibles du Créateur, en éveillant spontanément, dans l'âme des générations régénérées, les facultés créatrices qu'il devait engendrer par la manifestation virtuelle et progressive du Verbe divin, symbole de la direction nouvelle de l'humanité en marche vers son but suprême.

Deux apôtres, que l'Église honore sous le nom de saint Saturnin et de saint Denis, partirent de Rome et vinrent prêcher l'Évangile aux peuples gaulois. Le premier se rendit à Toulouse, capitale des Tectosages, et le second à Lutèce, cité vierge encore de tout destin, mais apte à constituer dans l'univers les vérités nouvelles, soit religieuses, soit sociales, soit politiques, encore à l'état de problèmes, et qui devaient être résolues par l'accomplissement du christianisme. Saint Denis et saint Saturnin, animés d'un même zèle pour la foi, obtinrent la même immortalité dans un double martyre.

Plus d'un siècle s'était écoulé depuis cet événement, et Julien, encore César, vivait en triomphateur, là où saint Denis avait trouvé la mort au milieu d'un supplice barbare. Déjà les chefs des sociétés païennes, loin de s'opposer aux merveilleux progrès du christianisme, s'inclinaient devant ses redoutables mystères. Julien les imita un jour, mais un jour seulement ; car, le lendemain, il se releva dans son orgueil, et il protesta, par une apostasie odieuse, contre une doctrine toute d'amour, qui répandait parmi les hommes, où régnaient encore tant de divisions, les principes d'égalité morale, de fraternité, de rédemption et d'unité humaine. Était-il trop philosophe selon Épicure pour devenir apôtre selon le Christ, ou bien, le fils de Jules Constance et le neveu de Constantin-le-Grand avait-il trop de sang impérial dans ses veines pour consentir à ne voir moralement, dans l'Empire, que des hommes, ses égaux devant Dieu, et que, par conséquent, il devait aimer comme lui-même? Ces deux suppositions peuvent être admises l'une aussi bien que l'autre. Quoi qu'il en soit, Julien-l'Apostat n'abjura une religion de paix et de clémence, qu'avec l'intention positive de lui faire une guerre abominable et d'en devenir le proscripteur.

La prédication des apôtres inquiétait étrangement les successeurs de Caligula, parce que leur parole était un levier d'affranchissement au moyen duquel on prophétisait l'érection prochaine d'un nouvel Empire, et, par suite, le renversement de leur puissance (1). D'ailleurs, les ouvriers de la

(1) HERDER : *Idées sur la philosophie de l'histoire de l'humanité*, traduit par M. Edgard Quinet, tom. III, liv. XVII, chap. Ier, pag. 212.

foi, en travaillant à sa propagation, se présentaient, à leurs yeux, comme les réformateurs du dogme social et du dogme religieux, et exprimaient ainsi, en dehors des empereurs, sinon contre eux ; tous les divers côtés de la civilisation, par l'unité de leur doctrine.

Or, l'unité ne pouvait se produire matériellement au sein des divisions qui constituaient les sociétés antiques. Les empereurs eux-mêmes, symboles de l'unité politique, n'en représentaient pas moins l'inégalité, la lutte, et, par conséquent, le dualisme des conditions humaines. En effet, deux races ennemies vivaient à l'abri de leur trône, et sans espoir de réconciliation ; toutes les deux se croyant d'origine différente, chacune avait une tendance opposée, mais identique : la haine, à laquelle le Christ seul put substituer l'amour ou la charité, pour que ce sentiment de l'humanité fût un trait d'union entre les patriciens et les esclaves.

Les premiers, possédant toutes les richesses et le bien-être qu'elles procurent, ajoutaient à leurs jouissances matérielles toutes les jouissances morales, résultat de leur organisation religieuse, sacerdotale, civile et politique. Les seconds, au contraire, sans organisation d'aucune espèce, puisqu'on ne leur reconnaissait aucun droit, n'avaient que celui de vivre dans le travail et dans la dégradation physique et morale : stygmate indélébile imprimé par l'esclavage! Entre ces deux classes de citoyens, qui semblaient assises pour toujours à chaque extrémité de l'ordre social, si l'on peut appeler ordre une pareille confusion, il était facile d'apercevoir quelques rares citoyens que l'émancipation n'avait pu rendre entièrement libres, puisqu'ils conservaient encore les dénominations de *clients* ou *de citoyens :* titres qui limitaient l'exercice de leur indépendance plébéienne, vis-à-vis de l'individu patricien ou vis-àvis de l'État.

Ce parcage de la race humaine, qui paraît monstrueux et brutal aux yeux de la philosophie moderne, semblait naturel et légitime à tous les penseurs de l'antiquité. Socrate seul osa élever sa voix en faveur de la dignité et de la pensée de l'homme, écrasées sous l'indignité des faits ; et il expia, par sa mort, le crime d'avoir voulu ouvrir un plus vaste horizon à la vie publique, ou mieux, d'avoir exprimé le vrai sentiment de l'humanité. Ce n'était pas assez que de repousser les principes de Socrate, en le faisant périr lui-même, il fallut encore éterniser la barbarie sociale! Voilà pour-

quoi, sans doute, nous lisons dans Aristote : « Que
« les maîtres ou patriciens juraient une guerre éter-
« nelle aux plébéiens. » Cette doctrine inexorable se
transmit de peuple à peuple et se perpétua de siècle en siècle ; si bien qu'aux derniers moments de
l'Empire romain, un deuil immense couvrait la
terre. Le peuple dominateur, évalué à moins de
dix millions d'âmes plus ou moins libres, disposait,
sans pitié, de la vie de cent vingt millions d'esclaves, disséminés en Égypte, en Asie et jusqu'aux
extrémités de l'Europe.

Les corporations commerciales et industrielles
appauvries, ruinées, spoliées, par une nuée de pro-
consuls qui s'abattaient, comme des oiseaux de
proie, sur les provinces conquises et dévastées, se
désorganisèrent et disparurent. Les propriétaires
du sol et les marchands, affranchis en leur qualité
de Nautes, c'est-à-dire, par cela seul qu'ils étaient
membres d'une corporation quelconque, pou-
vaient-ils rester dans leurs foyers, lorsque, aux
termes de la législation en vigueur, ils étaient
devenus matériellement responsables de toutes les
charges, de toutes les impositions, et de toutes les
contributions ou exactions dont les Romains écra-
saient leur pays ? Élevés dans la connaissance des

affaires pratiques, ces premiers-nés de la Bourgeoisie de Paris aimèrent mieux être libres, sous l'apparence de la servitude, que d'être esclaves sous les dehors de l'indépendance : aussi se réfugièrent-ils chez les Barbares qui les accueillirent avec humanité.

Deux voix retentissaient alors dans le monde; l'une disait : — « C'est aux barbares seuls qu'on » peut encore se confier; Dieu les a marqués de son » sceau : ils grandissent et Rome tombe (1). » — L'autre, découvrant les plaies qui dévoraient le corps social ; ajoutait : — « Christ est le remède contre » les tyrans. *Christus tyrannorum medicina* (2). »

L'Empire perdait chaque jour du terrain, et le christianisme, conquérant pacifique, prenait possession des âmes. Dieu lui donnait son propre caractère, celui de l'universalité. La constitution de Rome, symbole de la sociabilité humaine fondée sur l'existence des castes, sur l'inégalité des hommes, et par conséquent, sur les principes directement opposés à l'idée chrétienne de société, n'exprimait donc plus aucun sens aux yeux des apôtres, représentant à la fois le présent et l'ave-

(1) SALVIANUS, DE GUBERNATIONE DEI, liv. v, pag. 115.
(2) AURELIEUS PRUD. *clemen.*

nir, et pour lesquels nulle distinction de race ni de caste, de vainqueur ni de vaincu ne pouvait exister. Qu'importent, en effet, les murs de séparation élevés par la force matérielle entre les patriciens et les plébéiens ou les esclaves, entre les Romains et les indigènes, si l'on proclame la prépondérance de la pensée universelle sur le fait particulier, et si l'on assigne à toute l'humanité une même origine, une même solidarité morale, un même but?

Telle était la doctrine des disciples du Christ. Ils ne reconnaissaient point, eux, pauvres laboureurs qui, après avoir défriché peut-être les forêts des Gaules, dirigeaient le soc de leur charrue à travers les landes de l'intelligence humaine; ils ne reconnaissaient point la divinité périssable de l'empereur, mais ils s'inclinaient devant son autorité impérissable, en tant que chef visible des peuples au point de vue social; tandis que, au point de vue religieux, ils désignaient indistinctement, malgré la différence de leurs conditions, le patricien et le plébéien, le césar et l'affranchi, l'empereur et l'esclave, sous le nom de *frères,* parce qu'ils ne voyaient dans le monde qu'une famille universelle, dont le chef est invisible.

De pareils principes n'étonnèrent pas seulement le patriciat, ils l'épouvantèrent. A coup sûr, ceux-là qui proclamaient, dans un siècle rempli d'indignes individualités, le dogme de la dignité personnelle; qui substituaient à l'être brute, immoral ou esclave, l'être libre, intelligent et moral, enfin, à l'excommunion du plus grand nombre, la communion de tous; ceux-là, disons-nous, rompant tout pacte avec le génie de la fatalité, devaient régénérer le monde au nom de la Providence. L'Église devint ainsi le type idéal de l'État. Après de lentes et salutaires préparations, les esclaves, affranchis dans le sanctuaire, furent également émancipés dans l'ordre social, où ils jouirent du droit de propriété et d'un titre, celui de *prolétaires*, qui servit à assurer l'indépendance de leur propre vie en regard de la société.

Les patriciens, maîtres du gouvernement spirituel et temporel des peuples, selon l'esprit des anciens temps, essayèrent de comprimer cette nouvelle tendance de la civilisation humaine. Mais ne possédant plus aucune force morale, depuis que l'empereur Héliogabale, type de la dissolution romaine, avait vendu les charges et les dignités à des colons ou même à des affranchis, et avait admis, dans le sénat, deux cochers pour leur confier les rênes de l'Empire, ils ne pouvaient réagir que par la violence. On les vit donc organiser partout de sanglantes persécutions contre les chrétiens; mais Dieu leur avait donné pour symbole une croix, instrument de supplice qui servit de levier à la rédemption de l'homme !

Ce ne fut pas assez que la mort de tant de martyrs, pour produire le miraculeux enfantement d'une autre sociabilité ; il fallut encore que Rome, la ville impériale, disparût. Alors les Goths, les Alains, les Bagaudes, les Hérules, les Tartares sortirent de leurs sombres retraites pour aller incendier le Capitole, et ces étranges missionnaires vinrent propager, sinon l'Évangile, principe de la vie humaine considérée sous le rapport de l'amour divin, du moins la destruction et les funérailles : singulière destinée de la civilisation qui pour revivre, avait besoin de périr !

CHAPITRE II.

ÉTABLISSEMENT DE LA HANSE PARISIENNE DANS LE BUREAU DE LA MARCHANDISE.

Le monde romain est tombé, mais le monde chrétien se lève avec tous ses prodiges. Là où existait naguère une société politique fondée sur le principe de l'inégalité humaine, il existe maintenant une société politique fondée sur le principe de l'égalité et de la fraternité, et cette association morale des hommes prend le titre d'Église. Là où régnait un empereur, type d'oppression et d'immoralité, de matérialisme et division, règne maintenant le pape, représentant du Christ, et devenu, par conséquent, le symbole de la liberté et de la religion, du spiritualisme et de l'unité. Là où l'on voyait se former les mystérieux conciliabules du sénat patricien, gorgé de toutes les richesses de l'univers, nous assistons aux conciles chrétiens que les païens nomment avec dérision : *assemblées de mendiants* (1). Là où se faisaient les élections particulières des césars, selon le bon plaisir d'un empereur, qui les choisissait presque toujours au sein des plus illustres familles de l'Empire, auront lieu désormais les élections générales des évêques par tous les fidèles, qui les choisiront même dans les rangs les plus méprisés de la plèbe, c'est-à-dire, parmi les artisans, les ouvriers et les esclaves, pourvu qu'ils soient éminents par leurs vertus. Après les saturnales de Bacchus, le jeûne et les macérations ascétiques des solitaires. Après les sacrifices humains des druides, le sacrifice divin célébré par les apôtres. Après la division des races, la communion universelle. Enfin, après les évocations infernales de l'Émonide, la prédication apostolique propageant l'Évangile en Europe, en Afrique, en Asie, et accomplissant, de l'un à l'autre pôle, dans toute sa plénitude, le règne du Verbe !

La réhabilitation des classes plébéiennes ou esclaves s'opérait donc par le sacerdoce, qui, sous le paganisme, avait toujours été l'apanage exclusif des patriciens, et qui appartenait maintenant à tous

---

(1) HERDER. — *Idées sur la philosophie de l'histoire de l'humanité*, trad. par M. Edgard Quinet. Tom. III. Liv. XVII. Chap. 1. Pag. 212.

les hommes, cohéritiers du Christ. Cet affranchissement général, quoiqu'il fût un moyen de salut, offrait cependant un grand danger. Les esclaves, devenus libres, et, conséquemment, n'étant plus nourris par leurs anciens maîtres, allaient passer de l'état de servitude à l'état de mendicité. Affranchis vis-à-vis de l'homme, ils devaient infailliblement subir le joug d'une horrible misère, si les chrétiens n'eussent point fait, des aumônes et des offrandes, une loi morale et, en quelque sorte, obligatoire. C'est ainsi que la richesse, qui servait autrefois à recruter des esclaves, devint l'instrument le plus actif de la liberté.

Dès que le christianisme eut émancipé l'esprit de tous les peuples, leurs institutions devinrent, sous bien des rapports, la réalité de l'Évangile. L'Église chrétienne, symbole de la société morale des hommes dont le chef était le pape, vicaire du Christ, ne fut plus qu'une immense corporation; et les membres de cette corporation, épars dans chaque pays, restèrent unis par le principe de l'unité religieuse et de la solidarité humaine. Embrassant toutes les directions de la sociabilité, l'Église put imposer ses formes et ses idées à la civilisation qu'elle régénérait. Hostile aux constitutions qui foulaient aux pieds la dignité de l'homme, elle recueillit pieusement les débris des associations marchandes ou industrielles et des institutions civiles, qui avaient été communes à tous les peuples et qui devaient, par ce caractère même d'universalité, marquer la transition du passé à l'avenir, de l'ancien monde au nouveau.

Ces faits généraux étaient à peine réalisés, qu'Attila se donna pour mission de les détruire. Cinq cent mille Tartares le suivent sous les murs de Rome. Le pape saint Léon a quitté la ville pour aller au-devant d'eux. A l'aspect de cet apôtre, expression humaine du pouvoir divin, le roi des Huns, qui s'avançait à la fois contre la Providence et contre l'humanité, recule et change d'itinéraire. Sorti de la péninsule italique, il entre dans les Gaules et marche sur Lutèce, car ce barbare a prévu que Paris sera bientôt le centre de la civilisation. Les Parisiens, déconcertés, veulent fuir à son approche; mais une simple bergère de Nanterre, Geneviève, ranime le courage de tous en disant : « *Dieu protége la ville !* »

La contenance des Parisiens devint tellement martiale, qu'Attila, découragé, s'éloigna des rives de la Seine, comme il s'était déjà éloigné des cam-

pagnes de Rome. On le vit reprendre le chemin de
la Pannonie où l'attirait une fatale destinée. Quelque temps après, Geneviève, qui avait préservé
Paris du pillage, le sauva également de la disette.
Elle courut de ville en ville, remonta la Seine
jusqu'à Troyes, et fit entrer au port de la Grève
onze vaisseaux chargés d'approvisionnements de
toute espèce. Les Parisiens, pénétrés de reconnaissance, la choisirent pour patronne et lui consacrèrent, après sa mort, le mont *Leucotitius*, où, depuis un temps immémorial, on avait célébré le
culte d'Isis. Le 3 janvier ne cessa donc point d'être
une fête patriotique pour les habitants de Lutèce ;
car ce jour-là, ils honorèrent annuellement leur
libératrice, de même qu'ils avaient adoré leur
déesse !

Les questions religieuses se trouvaient alors,
comme toujours, tellement confondues avec les
questions sociales, qu'elles ne furent pas étrangères à l'envahissement des Gaules par les Francs.
Avec leur conquête, commença une longue suite
de ravages et d'oppressions auxquels le christianisme seul pouvait mettre un terme. Les soldats
de Mérovée, ce vainqueur d'Attila, séduits peu à
peu par l'éclat des institutions civiles, militaires,

financières, politiques et religieuses de la Gaule, suspendirent leurs hostilités, ne demandant plus qu'une part de territoire et de civilisation. Il leur importait, car c'était pour eux une condition de gouvernement immédiat, de déposer leur framée, afin de seconder l'impulsion des évêques gaulois, zélés défenseurs du christianisme, déjà attaqué par trois grandes hérésies : celle d'Arius, qui niait la divinité du Christ; celle de Pélage, affirmant que l'humanité pouvait s'élever d'elle-même à un état presque semblable à celui de la divinité; enfin, celle de Manès ou de Curbidus, qui, voulant faire triompher la souveraineté de deux principes, l'un bon, l'autre mauvais, protestait contre l'unité de Dieu.

En ces graves circonstances, les évêques gaulois, maîtres de la force morale, avaient besoin de s'appuyer sur la force matérielle pour combattre les hérétiques; aussi la conversion des Francs, encore barbares, marqua-t-elle, en quelque sorte, une nouvelle phase dans l'histoire universelle.

Les Francs apportaient au sein de leurs tribus deux grands principes civilisateurs : le principe de liberté individuelle qu'ils représentaient eux-mêmes, et le principe de l'unité politique, exprimé par leur chef, le roi chevelu. Les évêques, chargés de l'émancipation des races esclaves, s'armèrent de ces deux principes régénérateurs pour anéantir, d'un seul coup, les derniers restes du despotisme impérial et les opinions des hérésiarques : en tendant la main aux soldats teutoniques, ils devaient pacifier le genre humain.

La royauté française naquit de cette union solennelle du prêtre et du soldat. Un évêque administra le baptême à Clovis et lui tint ce langage : — « Fier Sicambre, incline le col ; adore ce que tu as » brûlé, brûle ce que tu as adoré ! » — Cela fait, toute défiance entre les Gaulois et les Francs, entre les vainqueurs et les vaincus, cessa, et la royauté très-chrétienne entra dans la première phase de sa destinée. Le roi chevelu désigna Paris pour être la capitale du royaume. En découvrant l'importance topographique de cette merveilleuse vallée de la Seine, il avait compris l'influence souveraine qu'elle devait exercer sur les Gaules ; car des hauteurs, qui dominent cette vallée, il pouvait établir des rapports généraux entre les diverses provinces du territoire, lier tous les membres du corps national, et constituer enfin l'unité dont il exprimait à la fois le but politique, social et religieux.

Telle fut l'œuvre de Clovis. Sous son règne, Paris n'est pas seulement une *station*, c'est le siége de l'autorité royale ; c'est la ville où le roi convoque les assemblées générales désignées par nos chroniqueurs sous le nom de : *Grandes revues des mois de mars et de mai*, et où se forme le conseil d'évêques gaulois et de guerriers francs, qui doit éclairer la politique en initiant au droit commun une population pleine d'antagonismes, puisqu'on y distingue des vainqueurs et des vaincus, des prêtres et des légistes, des hommes d'armes et des administrateurs, des artistes et des savants, des propriétaires et des colons, des affranchis et des serfs.

Pour annuler, autant que possible, l'animosité des deux grandes races qui se partageaient le pays, celle des Gaulois et celle des Francs, les évêques avaient imposé au prince chevelu, non-seulement le titre supérieur de fils aîné de l'Église, mais encore un confesseur choisi parmi les Gaulois et dans les classes populaires. Dès lors, le roi, symbole d'unité civilisatrice, dut courber l'orgueil de son autorité devant un simple prêtre.

Ce qui se faisait pour le monarque, se fit également pour les citoyens. La magistrature, anciennement constituée par les Romains, était passée aux Francs, sans que ses formes eussent éprouvé la moindre altération. Les nouveaux officiers ne différaient de leurs prédécesseurs que par le vêtement et le langage. — *Vestitu et linguâ.* — (1) Seulement, ils ignoraient tout-à-fait les mœurs et les coutumes locales ; ils ne savaient pas même lire le texte de la législation qu'il leur appartenait d'interpréter et d'appliquer. Nous devons croire que les peuples de la Gaule leur adressèrent à ce sujet d'énergiques remontrances, au sein des grandes assemblées représentatives, puisque les Francs reconnurent, peu à peu, leur incapacité personnelle, se dépouillèrent de tous leurs offices, et rendirent le pouvoir aux défenseurs de la cité, dont l'éducation judiciaire avait été faite selon le droit traditionnel ou antérieur.

L'autorité centrale et la police que les conquérants avaient exercée momentanément sur la navigation des fleuves furent rendues au corps des commerçants ; de sorte que l'association des Nautes administra presque souverainement la capitale.

André Duchesne, parlant du gouvernement civil de Paris, s'exprime en ces termes : — « Il y avait,

(1) Agath. Hist., lib. 1, pag. 117.

» dès le temps des Mérovingiens, quelques juges ou
» magistrats municipaux, qui avaient l'œil sur la po-
» lice de cette ville, et qui tenaient le siége de leur
» justice, premièrement et pendant le règne de Chil-
» debert I, en une maison proche du lieu où est main-
» tenant le Petit-Châtelet, que Grégoire de Tours ap-
» pelle la MAISON DES MARCHANDS OU TRAFIQUEURS (1). »
C'est là, en effet, que se réunissaient les Nautes ;
aussi verrons-nous sortir de cette institution, des
hommes puissants, qui présideront, tour à tour,
aux travaux de chaque génération, et résumeront,
dans leurs actes, l'esprit de la bourgeoisie de Paris, à chaque époque de son histoire.

Les premiers essais de cette civilisation vinrent
se briser contre des écueils suscités par des fléaux
de tout genre. C'est d'abord un incendie longuement raconté par Grégoire de Tours, et qui sema
la terreur parmi les habitants de Paris. Une femme
parcourut les rues de la ville en jetant ces cris
sinistres : « Sauvez-vous ! la cité est sur le point
» d'être consumée par le feu ! » — Au lieu de trembler,
les Parisiens se prirent à rire de cette prédiction ;
mais la femme redoubla ses avertissements. Elle
déclare avoir vu en songe un homme éclatant de

(1) *Antiquités et recherches.* Édition in-8°, 1657. Pag. 171.

lumière, sortir de la basilique de Saint-Vincent, agiter une torche entre ses mains, et incendier, les unes après les autres, toutes les maisons des marchands. — *Ne l'écoutez point*, disent encore les Parisiens, *c'est une sorcière!* — Trois jours après, le feu éclata dans la maison d'un riche commerçant, et, à l'exception des églises et d'un petit nombre d'habitations, qui en dépendaient, la ville entière fut réduite en cendres.

La guerre vient après l'incendie. Les Parisiens marchent contre les ennemis de leur cité avant que ceux-ci ne marchent contre eux. Ils suivent les pas de Chilpéric, qui va fondre sur les Bretons à la tête des troupes civiques de Bayeux, de Tours, du Mans, de Nantes, de Rouen et de plusieurs autres villes, dont l'organisation militaire nous montre déjà l'origine des gardes bourgeoises. Un édit de Clotaire II, à la date de 595, nous en révèle l'existence à Paris, puisqu'il les distribue par quartiers, et leur donne le nom de *guet de nuit*. Cette constitution urbaine, formée dans le but de confier aux habitants de chaque cité le droit de se garder eux-mêmes, n'empêcha point Paris d'être mis à feu et à sang durant les horribles démêlés de Frédégonde et de Brunehaut. Il semble que la capitale des Gaules doive recevoir son contre-coup de toutes les calamités. Clotaire répare un moment ces désastres par la salutaire influence de l'ordre et de la police ; mais l'antagonisme des races, l'antagonisme des mœurs, l'antagonisme des langues repoussent l'unité civile et administrative. La vie barbare et la vie gauloise coexistent sur le même sol, à la condition de se mêler pour la lutte. Paris, il est vrai, remet aux mains du roi les clés de la presqu'île de Bretagne, de la vallée de la Loire et de celle du Rhône, où ses dépendances vont aboutir. Cité riche entre les plus riches, avant même d'être définitivement la capitale du royaume, elle exerce une prépondérance absolue sur les pays situés entre le Rhin et l'Océan; mais la faiblesse et l'inertie des derniers rois mérovingiens devient un obstacle matériel et moral aux progrès de la civilisation.

Pour le briser, il fallut toute l'énergie des maires du palais, et une révolution politique, dès longtemps préparée à l'ombre de la cour, qui consacra l'avénement d'une dynastie nouvelle. L'intronisation de la seconde race est accomplie : Pépin-le-Bref a pris le sceptre ; il le transmet à Charlemagne, et la société change d'esprit et de forme au milieu de ces événements providentiels. Les classes marchandes ou moyennes, conservées en de certains endroits, reprennent quelque influence politique, après s'être groupées à l'état corporatif ou à l'état individuel, soit autour des châtellenies, soit au sein des villes que l'on commence à fortifier ; mais toujours sur un territoire affranchi (1). Charlemagne recherche leur bien-être avec une grande sollicitude. Il surveille, d'un œil vigilant et protecteur, l'établissement d'une bonne police à Paris, comme dans tout le royaume, car il sait que le but suprême du pouvoir humain réside principalement dans l'administration de la justice; aussi le conquérant s'efface-t-il, en quelque sorte, devant le législateur.

Charlemagne a formulé, dans ses capitulaires, une législation matérielle et morale qui fut admirée de plusieurs siècles. Persuadé que la pureté des mœurs est l'expression véritable des progrès dans la sociabilité, il ne craint pas de descendre dans les détails les plus minutieux de l'économie domestique, pour remonter ensuite aux considérations les plus vastes de l'ordre public, veillant, à

(1) *Essai sur l'hist. des Bourgeoisies du Roi*, etc., par Droz, Besançon, MDCCLX.

la fois, sur l'agriculture qu'il encourage, et sur le commerce qu'il protége.

Pendant que des gardes stationnaient aux frontières pour assurer les relations commerciales avec les peuples barbares, aussi bien qu'avec les peuples civilisés, remplissant jusqu'au bout son rôle de réformateur, Charlemagne fixait lui-même le nombre des ouvriers qui devaient entrer dans les arts mécaniques, et le prix de vente des œufs dans les marchés. Il voulait que la probité présidât aux transactions commerciales, et recommandait surtout aux marchands de ne point préférer *un gain terrestre à la vie éternelle. Car si Dieu a donné à l'homme le travail qui lui sert à vivre, il lui a aussi imposé l'obligation de veiller au salut de son âme.* D'ailleurs, les commerçants ne doivent pas l'oublier, *Dieu se montre vengeur sévère à l'égard de ceux qui trompent leurs frères dans les affaires qu'ils ont avec eux* (1). Enfin, il leur ordonnait de n'employer que des poids et mesures toujours justes, toujours égaux, soit pour acheter, soit pour revendre, après avoir législativement réglé les conditions requises pour l'exercice des diverses professions industrielles ou autres.

(1) Baluze, *tom.* Ier, *col.* 765, 822 et 974.

De pareils actes constitutifs devaient porter haut la gloire d'un gouvernement fondé sur la perfectibilité morale de l'État et des individus; expression du bien commun. Tout favorisait donc le développement des artisans qui allaient bientôt former la Bourgeoisie. Une garantie permanente et législative était donnée aux classes ouvrières, chargées encore, il est vrai, de redevances presque serviles, mais élevées aux nobles vertus de la dignité personnelle et d'une liberté dirigée par le sens moral. La guerre elle-même devenait civilisatrice avec le génie de Charlemagne. L'histoire ne renferme pas d'événements militaires plus brillants que les cinquante-trois expéditions de ce prince qui, suivant la belle expression de Châteaubriand, porta ses armes chez les barbares *pour en épuiser la source* (1).

Préoccupé des formidables apparitions dont les Saxons et les Normands menaçaient les États méridionaux, Charlemagne ressuscita l'Empire d'Occident, pour servir de contre-fort au monde chrétien. Aix-la-Chapelle devint la première ville de cet Empire, Paris n'en fut que la seconde. Il y eut donc déplacement de prépondérance politique et sociale,

(1) *Études hist.*, tom. III.

relativement à cette dernière ville. Un seigneur gouverna, au nom du roi et sous le titre de COMTE, l'ancienne capitale du royaume, qui devint un fief héréditaire : on sait que les fiefs étaient nés de la munificence royale envers les principaux chefs des armées. Les Mérovingiens leur cédèrent, avec l'espoir de se les attacher sans retour, des propriétés terriennes extrêmement considérables. Ces propriétés furent d'abord amovibles ou non héréditaires ; mais la révolution, qui amena le triomphe des maires du palais et l'intronisation de la seconde race, consacra leur hérédité.

Dès que Paris, livré à l'autorité du comte, eut cessé d'être une ville-centre, ou mieux, fut passé de l'état de domination à l'état d'obéissance, la civilisation fit une halte. Les hauts-vassaux, devenus possesseurs de fiefs héréditaires et dépositaires, par le seul fait, d'une puissance beaucoup plus grande que celle dont ils jouissaient auparavant, profitèrent de l'éloignement de l'empereur pour s'émanciper vis-à-vis de lui et vis-à-vis des peuples. Tant que les princes résidèrent à Paris ou dans les Gaules, ils leur furent soumis ; dès que les princes résidèrent à Aix-la-Chapelle, ils devinrent intraitables. Les feudataires semblaient avoir compris que toute la vigueur de la race carlovingienne s'était épuisée à produire Charlemagne.

On a dit de ce prince qu'il fut le soleil de la monarchie ; en effet, son génie a longtemps éclairé l'humanité. A sa mort, il y eut éclipse, c'est-à-dire, décadence, dans le monde moral comme dans le monde politique. L'Empire d'Occident se disloqua, membre à membre, au sein des factions ; les antipathies de race à race éclatèrent avec violence ; les seigneurs, qui avaient des fiefs, se multiplièrent à l'infini, montrèrent leurs titres de possession et s'en servirent pour créer une aristocratie indépendante. Le système de la féodalité chercha aussitôt à se formuler brutalement. La force voulut s'imposer comme un droit ; mais les classes moyennes, résistant dans les limites de leurs attributions civiles, se retranchèrent derrière leurs franchises municipales, et chaque homme libre se fit soldat pour cette lutte, où s'agitait le sort des masses nationales.

Cette résistance légitime ne cessa qu'à l'heure des calamités publiques. Un cri de guerre formidable s'élevait au centre de la monarchie : d'innombrables ennemis surgissaient de tous côtés.

Les forêts regorgeaient de brigands armés ; toutes les rivières navigables étaient couvertes de voiles ; sept cents vaisseaux, suivis d'une multitude d'autres *barques*, remontaient la Seine et vomissaient les Normands sous les murs de Paris. Les marchands prirent la fuite ; et la ville fut envahie, saccagée, brûlée à trois reprises différentes : incendie sinistre dont les flammes éclairèrent mille voies-de-faits dirigées contre la civilisation !

Il faut entendre un auteur contemporain gémir sur les maux de la patrie : — « Qui eût jamais pu » croire, dit-il, que les pirates ramassés de toutes les » nations seraient venus humilier un royaume si glo- » rieux, si puissant, si populeux ? Aucun roi n'aurait » espéré, aucun habitant de la terre n'aurait cru que » jamais un ennemi pût entrer dans notre Paris (1). »

Les choses marchèrent si vite et si fatalement, que toutes les idées généreuses furent étouffées, et que la force matérielle devint souveraine. Le pillage avait détruit la propriété ; aussi les marchands des villes, ruinés et dispersés, ne se rallièrent-ils que pour accepter la domination des seigneurs. Les habitants libres des campagnes, ne

---

(1) *Recueil des hist. de France.* — Parchase Radbert, abbé de Corbie, tom. VII, pag. 72. — *Notes.*

possédant plus qu'une indépendance doublement menacée, par les seigneurs et par les barbares, en firent aussi le sacrifice pour conserver leur propre existence. Ils vinrent, mornes et désespérés, dans l'attitude des clients de l'ancienne Rome, s'abriter à l'ombre d'un donjon féodal, ou se grouper derrière l'enceinte fortifiée d'un monastère.

On le voit : la victoire de la féodalité contre la civilisation chrétienne fut le produit d'un immense désastre. La royauté, qui avait, pour ainsi dire, abdiqué entre les mains des hauts feudataires, n'eut de puissance dans l'État que par le nombre de seigneuries qu'elle y posséda. L'unité politique disparut pour faire place à mille petits royaumes qui surgirent dans le vaste Empire de Charlemagne. Tous les droits de judicature furent enlevés aux classes moyennes ou indépendantes ; la vieille liberté franke et gauloise passa sous les fourches caudines de l'usurpation féodale; et la lutte de l'esprit cessa devant l'épée du baronnage : arme terrible dont on forgea des chaînes pour la servitude universelle.

Sans doute, le servage, premier degré de l'émancipation humaine, avait remplacé l'esclavage ; mais le servage était presque général ; il fut donc fatal aux hommes libres, qui perdirent leur indépendance.

Les habitants de Paris n'acceptèrent point cette condition humiliante ; il est vrai qu'ils avaient à leur tête, non pas un homme puissant, mais une corporation civile et industrielle, pleine d'officiers choisis entre les plus notables marchands qui veillaient au maintien d'une police exacte, commandaient les forces militaires de la ville et s'efforçaient de mériter les applaudissements de l'opinion, en défendant les droits et les priviléges de la cité. « L'exercice continuel d'un ministère si
» indispensable pour la tranquillité des citoyens,
» dit le savant auteur de la *Dissertation sur l'Hôtel-*
» *de-Ville de Paris,* a dû fournir des chefs à l'état
» populaire, et continuer, sans aucune interrup-
» tion, une administration publique destinée à la
» gestion des affaires communes. »

Cette corporation, connue sous le titre de *Hanse*; — nom germain identique à ceux-ci : — *Union, association, confédération,* — était née d'une transformation de celle des *Nautes;* elle avait le monopole exclusif du commerce de la Seine, et ce privilége était un droit commun à tous ses membres. Il fallait, en effet, être membre de cette corporation pour exercer le négoce à une certaine distance de Paris. Afin que les règlements de la *Hanse* ne fussent jamais enfreints sans préméditation, des limites avaient été tracées sur les bords du fleuve, et les marchands forains, qui n'étaient point *hansés,* ne pouvaient les franchir, sans que cette infraction aux règlements prohibitifs, ne fût sévèrement punie.

Dans la partie supérieure de la Seine, jusqu'aux ponts de Paris exclusivement, la liberté commerciale était pleine et entière pour tous les marchands hansés ou non-hansés, à la condition expresse de ne point dépasser les arches qui servaient de limite, dans la partie inférieure du fleuve où la Hanse seule jouissait de toutes franchises. Il était défendu d'aller au-delà du pont de Mantes, à moins d'un privilége spécial. Tout négociant coupable d'avoir franchi les limites, encourait la confiscation de ses denrées et de ses bateaux, dont une moitié appartenait de droit au souverain, l'autre moitié à la Hanse.

Les habitants de Paris étaient, en quelque sorte, esclaves de leur propre liberté. Ils se présentaient en leur *Parlouer* ou *Maison de la Marchandise,* et là, ils juraient, en présence de leurs officiers civils, d'exercer le négoce avec droiture et loyauté ; de se soumettre aux règlements relatifs à la police et à la discipline de la corporation ; de dénoncer au procureur des marchands tous les faits préjudiciables à la constitution de la Hanse et à la municipalité parisienne; enfin de ne citer, ou de ne jamais faire citer personne devant un tribunal autre que celui des magistrats populaires, auxquels ils étaient tenus d'obéir en vertu de leur serment.

Ces devoirs préliminaires une fois remplis, on leur délivrait des *lettres de Hanse* pour lesquelles ils payaient un certain droit, qui faisait partie des revenus de la ville. Dès lors, ils pouvaient exercer librement leur commerce sur tout le cours du fleuve : aucune limite n'existait plus pour eux. Quant aux marchands forains, bien qu'ils eussent obtenu des *lettres de Hanse*, ils étaient encore obligés, en arrivant aux limites du ressort *de la Marchandise de l'eau*, de prendre un associé parmi les négociants hansés, et de contracter ce que l'on appelait une *compagnie française*.

Tout commerçant de la Basse-Seine qui, au mépris de cette législation, osait s'approcher de Paris, en dépassant les limites et les arches du pont de Mantes, et, quoique étranger à la Hanse, faisait embarquer des denrées quelconques au-dessous de la ville, pour les transporter à l'ouverture du fleuve, sans *compagnie française*, était reconnu coupable d'avoir enfreint les droits et priviléges des *borjois* et encourait la peine de la confiscation. Le prévôt des marchands, séant, avec les échevins, au *Parlouer-aux-bourjois*, déclarait sa cargaison *forfaite*, c'est-à-dire, confisquée au bénéfice du roi et *de la Marchandise de l'eau*.

Citons un exemple de *forfaiture* :

« En l'an de l'Incarnation de Notre-Seigneur,
» MCCLXVIIII, la vigile de Pasques-Flories, orent
» li marchéant hansé de l'éaue de Paris, sentence
» contre Jehan Marcel de Compiègne, d'une navée
» de bûche qui vint d'Oyse en Seyne contre le pont
» de Paris, et de Maante sans compaignon hansé,
» bourjois de Paris, devant leu roy de France, par
» droit de jugement de l'usage et de la chartre au
» diz marchéanz (1). »

Cette obligation de contracter une *compagnie française*, imposée aux commerçants forains, livrait la part la plus considérable des bénéfices aux marchands de Paris qui, par ce monopole rigoureuse-

(1) M. Depping, *Règlement sur les arts et métiers de Paris*, introduction, pag. 449.

ment observé, retenaient les denrées de leur convenance et obtenaient des résultats extrêmement avantageux, sans aucune avance de fonds. La Hanse voulut étendre son système sur la Haute-Seine, en s'interposant entre la Bourgogne et la Normandie, et acquérir, de la sorte, le double privilége de réunir, dans ses entrepôts, les vins de la première, le sel et la marée de la seconde. Elle traita avec les villes qui s'élevaient sur les bords de la Seine, et avec les seigneurs dont le donjon, dressé sur les mêmes lieux, réclamait le même monopole, mais d'une façon plus restreinte. Il en résulta, entre Auxerre, Rouen, quelques autres villes et Paris, mille conflits qui ne furent pas sans gravité.

Quoique les intérêts de la Hanse parisienne fussent protégés contre les contrebandiers et les maraudeurs, ceux-ci trouvaient quelquefois, parmi les commerçants-associés, certains individus complaisants qui leur prêtaient nom et assistance, tout en restant étrangers à leur spéculation. Si le procureur ou le prévôt étaient informés de cette fraude, ils chassaient *hors de la Marchandise de l'eau de Paris à toujours les coupables, parce qu'ils avaient fet fausse avoierie* (1). Ainsi exclus des

(1) *Vide suprà.*

classes moyennes, ces négociants rentraient dans celle du *commun peuple,* et ne participaient plus désormais aux honneurs et priviléges de la corporation ; ils n'y pouvaient rentrer que lorsque leur réhabilitation avait été solennellement proclamée dans le *Parlouer-aux-bourjois,* par le conseil municipal.

Les marchands réhabilités rentraient en possession de leurs anciens priviléges. Ils pouvaient conduire leurs embarcations en tous lieux, mais nul d'entre eux n'eût osé risquer ses denrées sur un territoire livré au pillage des seigneurs armés, qui entouraient toute industrie de périls et d'obstacles, dont le moindre était l'innombrable quantité d'impôts qu'il aurait fallu payer pour obtenir un libre passage sur leurs propriétés. Le commerce ne se trouvait donc libre qu'au milieu de l'Océan et sur les rivières navigables ; c'est de ce côté-là seulement que furent dirigés tous les travaux de la Hanse, et ses règlements prohibitifs qui traversèrent plusieurs siècles.

Les officiers ou fonctionnaires chargés de surveiller à la fois les négociants, les ouvriers des ports, les marchés, les ports et les marchandises, étaient choisis par les magistrats municipaux, qui leur faisaient prêter serment à la ville, de leur plein droit et de leur propre autorité. — *Pleno jure.*

Le code municipal de la ville de Paris ne renfermait que des principes relatifs à l'administration des Marchandises de l'eau; car cette administration et le pouvoir municipal ne formaient qu'une seule institution. — « Sous cette formule si
» simple, dit Le Roye, *la Marchandise ou la Mar-*
» *chandise de l'eau,* car l'une n'est que l'abréviation
» de l'autre, on entendait précisément alors ce
» qu'on a toujours entendu par celle-ci : *la Prévôté*
» *des marchands et l'Échevinage,* c'est-à-dire le gou-
» vernement politique et l'administration populaire
» de la ville et tout ce qu'enferme aujourd'hui l'ex-
» pression figurée de l'*Hôtel-de-Ville* (1). »

Les membres de cette magistrature s'appelaient Scabins : *Scabini, Scabinei,* expression d'où dériva plus tard le mot d'*échevins,* qui signifie *bons hommes.* Ces officiers étaient également appelés *Ratchimbourgs* ou *Racimbourgs,* titres venus du pays des Francs-Saliens et des Répuaires, chez lesquels ils étaient en usage. Le nom de *racimburgii* appartient évidemment à la langue tudesque;

(1) *Dissertation sur l'Hôtel-de-Ville de Paris.*

il se compose du mot *ratz* et du mot *burger*, qui signifient *juges bourgeois* ou *bourgeois formant le Conseil* (1). — *Judicium civium* (2).

On traitait, dans les assemblées de ce conseil, des affaires relatives au gouvernement politique; on y révisait les sentences et les divers actes relatifs à l'emploi des revenus communs. Les Scabins étaient pris entre les négociants les plus notables, qui avaient prêté serment à la Marchandise; ils devaient pourvoir aux offices de crieurs, de mesureurs, de jaugeurs et autres charges, formant autant de départements distincts dans l'état de la Marchandise. On les accordait souvent sur la recommandation des personnages les plus illustres, comme étant très-lucratifs et fort honorables : aussi n'est-on point étonné de voir les mesureurs, par exemple, s'asseoir dans le conseil de ville, parmi les premiers magistrats civils.

Avant d'entrer en exercice de leurs fonctions, les citoyens auxquels on les avait octroyées par un vote quelconque, étaient tenus de prêter serment et de fournir des cautions. Les Scabins devaient

---

(1) M. C. Leber. *Hist. critique du pouvoir municipal.* 1re partie, chap. 2, pag. 52.
(2) Grégoire de Tours. Hist. LV, cap. 48.

spécialement veiller sur eux, afin d'être certains de leur droiture et de leur zèle. Ils ne pouvaient s'absenter sans la permission des chefs de la Hanse, et, dans ce cas, on les obligeait de se choisir un remplaçant, afin que le service public ne fût point interrompu durant leur absence.

L'assemblée générale des Scabins prenait des décisions souveraines. Elle statuait, par exemple, qu'il serait prélevé certains droits sur le bénéfice que chaque *compagnie française* donnerait aux marchands hansés : avec cette imposition, on subvenait aux besoins de la *ville* et du *Parlouer* ou *Parlement*. C'est dans ces mêmes réunions que les Scabins bannissaient les marchands hansés, coupables d'avoir favorisé les contrebandiers, ou bien qu'ils les réhabilitaient. Les attributions de ces officiers étaient immenses : police, basse-justice, perceptions des droits de criage, de transport et d'étalonnage; fermage des revenus communs et distribution des aumônes, toutes les questions administratives et autres étaient de leur domaine. Dépositaires d'un pareil pouvoir, alors qu'il n'y en avait plus, pour ainsi dire, dans la société, dont l'élément était étouffé sous les coups du baronnage, ils avaient la force de maintenir, et, par conséquent, celle de modifier. Nous l'avons dit plus haut, à cette époque où tous les hommes obéissaient passivement au glaive des seigneurs, la ville de Paris était le seul fief héréditaire où le peuple ne reconnût que la souveraineté du droit.

En effet, plusieurs capitulaires, et autres règlements législatifs, avaient établi, d'une manière positive, les rapports généraux qui devaient exister entre le comte et les Scabins, et posé des limites à leurs pouvoirs réciproques. Autant la domination du comte était franchement acceptée par les Scabins, autant les priviléges des Scabins étaient respectés par le comte. Ce dernier, et les commissaires du roi eux-mêmes, — *missi domini* — intervenaient simultanément, lorsqu'il s'agissait de destituer les mauvais Scabins, et d'en faire élire de bons à leur place. L'élection et l'épuration avaient lieu en assemblée générale. — *Ubicumque malos Scabinos inveniunt ejiciant, et totius populi consensu, in loco eorum, bonos eligant* (1). — En vertu d'un tel suffrage, exprimant le vœu de tous les citoyens, les Scabins exerçaient l'autorité judiciaire. — *Judices proprios quos vulgò Scabinos vocant* (2).

(1) Baluze, tom. Ier, col. 665.
(2) Charte de Beaudouin, comte de Flandre. 1119.

Quelquefois le comte de Paris les nommait lui-même, lorsque le peuple avait déjà manifesté son choix et en s'y conformant, pour que le droit commun ne fût pas violé. — *A duce per conventiones populi.* (1). — Les Scabins une fois élus, d'une manière ou d'une autre, le roi seul pouvait casser leur élection ; c'est pour cela, disent les anciens auteurs, que ces magistrats ne possédèrent jamais ni prétoire, ni siége royal, et qu'on leur accorda simplement un *Parlouer, Locutorium civium.* La montagne Sainte-Geneviève, près de laquelle on passait pour se rendre au *Bureau de la Marchandise,* fut appelée : *Mons Locutorium.*

L'indépendance des Scabins, dans l'exercice de leur magistrature, était consacrée par le fait même de leur élection ; ils appliquaient la justice de leur plein droit, et leurs jugements, quelque sévères qu'ils fussent, pour être valides, ne sollicitaient point la sanction du comte. Celui-ci ne pouvait pas même faire grâce à un accusé, déclaré coupable et condamné à la peine de mort, à moins que les Scabins n'y consentissent. — *Postquam Scabini latronem dejudicaverint, non liceat comites vel vicarii*

---

(1) Baluze, tom. 1ᵉʳ, col. 68.

ei vitam concedere (1). — Un capitulaire de Charlemagne, cité par Delamarre, fut signifié au comte Étienne, avec ordre de le faire publier dans la ville, et en présence des vénérables Scabins, *coram venerabiles Scabiños* (2).

Cette magistrature se perpétua au sein même de la société féodale; mais il n'en fut pas ainsi des assemblées générales de la nation, si fréquentes sous les premiers rois de la seconde race. Les évêques, nommés par les Scabins et par les habitants des villes, y faisaient trop souvent de vives remontrances, aux comtes et aux gouverneurs, pour que ceux-ci consentissent à leur laisser un droit d'opposition et de contrôle parlementaire. Lorsque, après des calamités sans nombre, le peuple fut tombé dans l'oubli de ses droits politiques, les diètes générales ne s'assemblèrent plus; la force brutale devint un principe, et cette législation inexorable remit la destinée des villes et des bourgades, des hommes libres et des classes émancipées à la violence des seigneurs.

Paris, déjà centre de la civilisation dans ces siècles barbares, servit d'asile à l'humanité. Les mar-

(1) Capit. 2, an. 813. Ducange. *Ad. verb.* SCABINI.
(2) *Traité de la police.* — Lib. 1, tit. 3.

chands hansés, entraînés par le génie commercial à l'exploitation des grandes affaires, avaient déjà contracté des relations nombreuses avec les habitants des villes, situées sur les bords de la Marne, du Rhône et de plusieurs autres fleuves. A mesure que sa population et sa richesse, déjà considérables, s'accrurent, de puissantes corporations fédératives se formèrent et mirent fin aux fractionnements de l'industrie par petites associations. La Hanse parisienne dirigea dès lors le mouvement régénérateur de la société.

Il est facile d'expliquer les causes de ce progrès par la réalisation d'un fait constitutif de la plus grande importance. Après de nombreuses émancipations, l'ordre civil et politique s'ouvrait à une classe de citoyens, qui n'avait rien de commun avec le *Démos* antique. Être collectif nouveau, innommé encore, et auquel les barons donnent déjà le surnom de *plebs* et de *vulgus*, mais qui portera fièrement un jour le titre de *Tiers-État;* il s'avance derrière les princes, les évêques et les hommes d'armes, pour faire cause commune avec les notables marchands hansés; et il entre de plain-pied dans l'histoire. Nous le voyons déjà se confondre avec les classes moyennes au sein des corporations, demander à l'État la plénitude de ses droits, dans la limite des intérêts sociaux, et former ainsi le premier ban de l'armée démocratique, sous le drapeau de la Bourgeoisie.

Cette révolution n'avait rien de brusque, ni de formidable; car au lieu de monter d'en bas, elle descendait d'en haut. Tout se faisait dans l'humanité au nom du principe de la rédemption divine et de l'autorité royale. Dès que le monde des travailleurs eut adopté ce dogme religieux et social, il sortit peu à peu de la servitude, et l'air de la liberté pénétra dans tous les ateliers. Bientôt les personnalités se transforment, et le prolétariat se trouve largement défini par le droit de propriété. Chaque ouvrier nourrit l'espoir de devenir maître à son tour; des millions de poitrines d'hommes servent de leviers à d'innombrables labeurs, et la sueur qui tombe goutte à goutte sur les instruments du travail doit faire germer des idées fécondes, selon l'esprit des siècles, le besoin des civilisations et les lois du progrès exprimées par le développement du bien-être et de la moralité.

Lorsque le principe de l'émancipation humaine, en tant que relatif aux classes populaires, eut constitué les arts et métiers à l'état de liberté, le travail dut être volontairement exécuté par des mains affranchies. L'importance même du salaire servit à sa réhabilitation morale, car il devint, en vertu de cette transformation, l'élément civilisateur de toute société. Prenant pour mobile générateur et régénérateur la justice, il réalisa matériellement le type idéal du bien et du vrai; il créa la forme sous l'inspiration de l'idée, et donna à l'homme la conscience de son propre but sur la terre.

Mais, pour que cette action et cette réaction, du monde moral sur le monde physique et du monde physique sur le monde moral, parvinssent à s'accomplir sans rien perdre de leur caractère, c'est-à-dire en restant, celle-ci et celle-là, une et double tout ensemble, il était nécessaire que le symbole de la civilisation universelle se trouvât au sein d'une grande cité. C'est ce que les rois carlovingiens ne purent jamais comprendre. Quoiqu'ils aient régné durant deux cent trente-six ans, ils ne firent, en quelque sorte, qu'éparpiller leur pouvoir, sous prétexte de le centraliser.

Alors que tant d'ennemis s'efforçaient de détruire leur empire, ils semblaient n'avoir d'autre souci que de créer des capitales. Charlemagne choisit Aix-la-Chapelle ; Louis-le-Débonnaire choisit

Thionville ; Charles-le-Chauve, Soissons et Compiègne ; Charles-le-Simple, la ville de Reims. Louis d'Outre-Mer, Lothaire et Louis-le-Fainéant, fuyant devant leurs feudataires, espérèrent faire triompher le principe de l'inviolabilité monarchique, en se réfugiant dans l'enceinte imprenable de la ville de Laon ; mais la civilisation était aussi négative, pour toutes ces capitales d'un jour, que pour la royauté carlovingienne elle-même. Immédiatement après la chute de cette dynastie, Paris reprit son élévation primitive ; il redevint, pour toujours, capitale du royaume ; et le comte qui gouvernait cette cité, Hugues Capet, fils de Hugues-le-Grand et aïeul de Robert-le-Fort, dont l'arbre généalogique avait porté Clovis comme un fruit, prit le titre de roi de France.

L'avénement de la race capétienne, proclamé avec tant de solennité par tous les ordres de la nation, qui avaient été convoqués en assemblée constituante, est un grand fait national dont nous devons chercher la signification dans le chapitre suivant.

L'influence de Paris, sur toutes les autres villes du royaume, éclata souverainement en cette circonstance décisive. C'est que, malgré les décisions juridiques des rois carlovingiens, Paris n'avait jamais cessé de se trouver à la tête des événements et des idées, pour mieux consacrer son empire universel.

N'oublions pas que, dès cette époque, la Hanse parisienne, donnant le signal des réactions émancipatrices contre les envahissements de la féodalité, proclamait le travail comme le premier des devoirs; et l'indépendance civile comme le premier des droits, en offrant son appui à toutes les résistances légitimes. Le peuple de Paris, vivant librement, ou à peu près, au milieu de l'oppression générale, et n'étant soumis qu'aux règlements de sa Hanse ou de sa municipalité, semblait résumer en lui toutes les forces motrices de l'humanité.

CHAPITRE III.

AUTORITÉ DU ROI DES MERCIERS PENDANT LA FORMATION DES COMMUNES ET DES BOURGEOISIES.

Nous l'avons déjà dit, mais nous devons encore le répéter, pour mieux éclairer nos démonstrations historiques : partout, excepté dans Paris et dans quelques rares cités, le droit avait cédé à la force, et la féodalité prenait un caractère universellement irrésistible.

L'immobilité des princes fainéants de la seconde race avait produit les mouvements révolutionnaires qui constituèrent la puissance féodale. En tous lieux où dominait autrefois un pouvoir général et souverain, représenté par le roi, on voyait paraître mille despotismes particuliers établis sur une formidable échelle, où s'élevaient graduellement le simple possesseur d'arrière-fiefs, seigneur de village; puis le baron, seigneur d'une petite ville murée ou non-murée; puis le comte ou le marquis, seigneur d'une grande ville ; puis le duc et pair, gouverneur d'une province ; puis enfin le roi, chef moral de tous ces feudataires, liés les uns vis-à-vis des autres par un serment de foi et hommage, mais qui ne reconnaissaient, à vrai dire, d'autre principe que le fait, d'autre justice que le glaive.

La ruine de l'unité politique, exprimée par tant de tyrannies, dut amener inévitablement la destruction de l'idée chrétienne sous le rapport social, c'est-à-dire, la réalisation légale de l'inégalité humaine. Presque toutes les propriétés territoriales, en formant des fiefs, au lieu de donner, comme autrefois, à leurs possesseurs, les moyens d'acquérir de la puissance, et d'entrer dans la vie publique, ne leur laissèrent plus que le nom de colons ou de *serfs,* et passèrent elles-mêmes de l'état de liberté à l'état de main-morte ou d'esclavage. Ces transformations générales furent si complètes, que les marchands, les artisans et les ouvriers, forcément retenus dans les villes, n'eurent pas même la faculté d'en sortir sans la permission du seigneur féodal ; et que les populations des campagnes, parquées dans un coin de terre labourable, restèrent fixées à la glèbe.

Les institutions sociales prirent donc des formes brutales et incohérentes auxquelles on attacha des titres et des droits presque souverains, qui constituèrent la noblesse proprement dite. La distinction des races nobles ou non-nobles fut caractérisée par la profession des armes ; profession nécessaire pour être admis à la possession des fiefs. Cette organisation, presque inextricable, devait écraser, sous le matérialisme des événements, le dogme essentiel de toute sociabilité fondée sur la prépondérance de l'esprit humain. Les races nobles, ou mieux, les gentilshommes s'empressèrent de battre monnaie et de lever à la fois des impôts en denrées et des impôts d'hommes, pour remplir leurs greniers et leurs armées, car ils avaient déclaré *les vilains taillables à merci de la tête aux pieds*. En un mot, les feudataires eurent un si grand mépris pour les habitants des villes et des campagnes, jetés dans la condition du servage, qu'ils en faisaient présent à d'autres seigneurs : comme si, à leurs yeux, les serfs n'appartenaient plus à l'humanité ; comme s'ils n'étaient plus qu'un instrument d'activité, de rapport et d'industrie.

Telle était la situation générale des peuples sous l'empire de la féodalité. Le pouvoir unitaire du comte de Paris avait été partagé entre une foule de seigneurs; mais les Parisiens parvinrent à maintenir l'intégrité de leurs priviléges. Au lieu de prendre, vis-à-vis des races nobles ou des gentilshommes, l'attitude des manants ou des vilains, ils furent aussi libres que les habitants des *villes de loi*, et conservèrent, comme eux, leur organisation civile au moyen des jurandes réunies; leurs relations de marchand à marchand ou d'artisan à artisan; et leurs festins corporatifs, présidés par les chefs de la Hanse. En un mot, ils représentèrent, vis-à-vis des hauts et puissants barons, symboles de l'esclavage, ces deux grands principes qui manquaient alors au monde : l'indépendance et la liberté!

L'élévation de Hugues Capet, comte de Paris, au trône de France, fut un événement d'une grande signification, en ce sens qu'il fit de la capitale, centre de force morale, industrielle et politique, l'expression de l'unité. Ce principe effraya le baronnage qui ne pouvait vivre que par la division. Aussitôt une coalition se forma entre les sept ou huit seigneurs, les plus hardis et les plus puissants, dans le but de réagir contre la royauté capétienne, et, par conséquent, contre les habitants de Paris, chargés de réaliser, simultanément, l'émancipation des vilains et des vaincus, malgré la résistance des vainqueurs et des gentilshommes.

Les seigneurs coalisés se mirent en embuscade, au sein des forêts; ou campèrent sur les grands chemins commerciaux, pour dévaliser les bonnes gens de la marchandise: ensuite ils vinrent assièger Paris, d'où le roi, personnellement menacé, n'osait pas même sortir sans une nombreuse escorte. Lorsque le souverain et le vassal révolté se trouvaient en présence, il s'établissait entre eux un colloque où l'origine même du pouvoir humain était mise en discussion :

— *Qui t'a fait comte ?* disait le roi.

— *Qui t'a fait roi ?* répondait le comte.

Puisque le monarque exprimait le principe de l'unité sociale, et le vassal, le principe de la division, le premier, par cela seul qu'il était monarque, représentait la généralité des hommes; le second, au contraire, par cela seul qu'il était seigneur, devenait hostile au droit commun, et ne représentait que l'égoïsme individuel. Évidemment, la force de celui-ci ne pouvait longtemps annihiler la force de celui-là, car un seul ne résiste point contre tous.

L'esprit du peuple parisien s'abîmait dans la royauté, dont la raison politique et l'influence matérielle étaient déterminées par les idées chrétiennes, qui maintenaient, dans la société, une protestation universelle contre la brutalité féodale. Toutefois, le clergé ouvrait indistinctement les églises au pauvre et au riche, au vilain et au gentilhomme, au sujet et au roi. Les prières, alors comme aujourd'hui, s'y faisaient en latin. Or le latin était le langage vulgaire du Gaulois, du vaincu, du manant, que le noble, le vainqueur et le Franc avaient été obligés d'adopter. Les églises étaient donc un lieu de communion entre les races gauloises et les races teutoniques. Celles-ci conservaient encore l'idiôme tudesque dans l'État; aussi le clergé, qui, pour favoriser le développement civilisateur de la royauté et de la démocratie, cherchait partout l'expression de l'unité, fonda-t-il des écoles publiques où il fit adopter un langage autre que le latin et le tudesque, pour réaliser enfin la synthèse nationale par la parole et par l'enseignement.

Pour bien comprendre la nature et la difficulté de cette réaction, il est nécessaire de connaître les modifications que la féodalité avait fait subir à la constitution générale de Paris. On y découvrait une immense quantité de fiefs ecclésiastiques ou séculiers, appartenant à cent quarante-un seigneurs, qui jouissaient uniquement du droit de censive et de justice, depuis l'évêque possédant à lui seul cinq rues de la Cité, ou le prieur de Notre-Dame-des-Champs, n'en possédant que quatre ; jusqu'aux abbés de Sainte-Geneviève, de Saint-Germain-des-Prés, de Saint-Victor, du prieuré de Saint-Martin-des-Champs et du grand prieuré de France. Chaque seigneur ne reconnaissait que nominalement l'autorité suzeraine du roi. Tous ayant droit de voirie, chacun lui disait : — *Je suis chez moi.* — Où donc se trouvait la royauté ? nulle part et partout.

En effet, son pouvoir n'était admis nulle part sans contestation ; mais il était invoqué en tous lieux où le peuple avait besoin de sa protection, c'est-à-dire, partout, contre la féodalité. Comme celle-ci se disait chez elle, au sein même de Paris, le roi de France, pour l'en chasser, fut obligé de s'écrier : — *Toute justice émane de moi.* Il ne réussit à faire admettre ce principe qu'à la fin du Moyen-Age ou au commencement de la Renaissance ; mais deux magistratures distinctes furent constituées dans la capitale, au nom de la royauté et de la démocratie, en regard des justices seigneuriales : le Syndicat des marchandises, et la Prévôté de Paris. Cette dernière, occupée par un officier royal, siégeait au Grand-Châtelet. Elle était remplie par un officier royal qui avait l'intendance des armes et faisait l'application des lois monarchiques sur toute la société parisienne.

Le Prévôt — *quasi a rege præpositus,* — avait hérité d'une partie des priviléges qui appartenaient autrefois aux anciens comtes. Son titre de premier sujet du roi lui faisait avoir le pas sur les baillis, sur les sénéchaux et sur tous les juges du royaume; *præpositus parisiensis ut major post principem, villâ parisiensi, et post dominos parlamenti principem representantes, anteceditque omnes balivos et sinescalcos* (1). — Mais le Syndic du juré des marchandises, chef de la Hanse, exerçait une plus grande influence dans la ville, parce qu'étant le directeur de la société industrielle, il présidait, en quelque sorte, au développement de la richesse publique. C'est à ce titre qu'il défendait la propriété générale contre les *chevaucheurs et les preneurs du roi,* espèce de maraudeurs qui s'étaient partagé la ville et ses faubourgs, violaient le domicile des mar-

---

(1) *Arrêt du Parlement.* Joann. *Quest.* 276, carol. mol. ad styl. parlam. 153.

chands et des artisans pour leur enlever les lits de plumes, les oreillers et toutes choses non soumises aux taxes ni aux tailles, et célébraient, de la sorte, les entrées solennelles du prince dans la capitale.

Ces *chevaucheurs* n'étaient pas plus de huit ou dix, et cependant, tous les artisans tremblaient devant eux, malgré leur organisation et leur nombre, car Paris avait fait des accroissements si considérables, au commencement du treizième siècle, que le trouvère Guillot comptait, trois cent neuf rues dans son *Dictionnaire*. On aurait donc vainement cherché les traces de cette ville chétive et grossièrement bâtie, masse informe de maisons groupées autour de quelques monastères, sous les rois de la première race, puisqu'on apercevait, au contraire, plusieurs lignes de monuments répandus, soit dans la *Cité* ou le Paris primitif, soit dans la *ville*, proprement dite, assise sur la rive droite de la Seine, soit enfin dans l'*Université* qui s'agitait sur la rive gauche.

« L'île de la Cité, dit Sauval, est faite comme un
» grand navire enfoncé dans la vase et échoué au fil de
» l'eau vers le milieu de la Seine (1). » Elle communique à l'une et à l'autre rive du fleuve, par plusieurs

(1) *Antiquités de Paris.*

ponts. L'art chrétien y a élevé la plupart de ses chefs-d'œuvre : c'est d'abord l'église de Notre-Dame, ou mieux, la Cathédrale, expression complète de la vie collective et de la vie individuelle des hommes (1) et symbole sensible du monde invisible. Son architecture colossale, moitié romane et moitié gothique, domine tous les monuments, de même que l'idée chrétienne est supérieure à toutes les institutions. A côté d'elle, on distingue la maison épiscopale entourée de quelques abbayes ou églises succursales construites par la foi des peuples, et dont les clochers regardent les tours nombreuses du Palais-de-Justice, où réside encore la royauté elle-même entourée de louvres ; centres d'action politique qui doivent vivre en harmonie avec les centres d'action religieuse.

En effet, l'évêque, chef spirituel dans sa cathédrale et dans son diocèse, protége les petits contre les grands ; et le roi, chef temporel dans son royaume, plus ou moins étendu, sinon plus ou moins restreint, mais sujet de l'évêque dans son église, en vertu de l'Évangile, doit soutenir les faibles contre les forts. L'un et l'autre, vivant dans un temps d'oppression générale accomplie par les

---

(2) *La Cathédrale*, par M. G. Desjardins.

voies de fait de quelques individus, ne doivent donc avoir qu'un seul but, puisqu'ils ne représentent qu'un seul principe, celui de l'association morale et juridique des hommes en société.

La *ville* était remplie d'habitations toutes neuves et de vastes entrepôts situés sur la rive droite. Les flots de la population venaient s'y répandre et s'arrêter, d'un côté, à la porte Baudoyer, — *porta Bagauda*, — de l'autre, à la porte d'Archet-Saint-Merry. Au milieu, s'élève la vieille tour de la rue des Deux-Portes-Saint-Jean ; ici, la rue des Fossés-Saint-Germain-l'Auxerrois, construite avec les débris des anciennes fortifications et sur leur emplacement ; plus loin, l'impasse de la Petite-Bastille ; plus loin encore, le quartier des Arcis et le quartier de la *Marchandise*, où mille fabriques fonctionnent, où le commerce multiplie ses opérations, à cause du voisinage des ports de Grève, Saint-Bernard, Saint-Paul et Saint-Landry : stations permanentes des bateaux qui descendent la Seine ou la Marne et apportent les approvisionnements de Paris. Près de là, sur le point le plus saillant de la rive droite, et à quelque distance des monastères du Temple, de Saint-Antoine, Saint-Éloi, Saint-Paul, Saint-Gervais, Saint-Martin-des-Champs, un nouveau quartier va se former sur la pente méridionale de Ménilmontant. C'est là que la royauté, s'entourant des grandes personnalités féodales et d'une foule de palais seigneuriaux, fixera bientôt le siége de sa puissance, et se fortifiera, derrière l'enceinte immense de l'hôtel Saint-Pol, afin de mieux observer, sans doute, le mouvement des maisons bourgeoises ou manufacturières.

L'*Université*, déjà considérablement peuplée, était moins marchande que la ville et la Cité. Ses colléges se trouvaient, en quelque sorte, resserrés entre deux faubourgs. On distinguait, supérieurement, vis-à-vis de la tour bâtie dans la rue Saint-Victor, à l'extrémité de la rue de Versailles, le quartier Saint-Marcel, formé de plusieurs groupes de maisons habitées par les commerçants, qui se réunissaient à la place Maubert, centre du commerce de la rive gauche; et, inférieurement, le quartier Saint-Germain, dont les premières constructions se peuplaient d'artisans et d'ouvriers : faubourg roturier qui appartiendra un jour à l'aristocratie française.

La rive gauche emprunta donc son nom à l'Université, qui constituait une petite monarchie dont le roi s'appelait recteur. Il avait pour ministres les chefs des divers colléges, où l'on entendait, du matin au soir, l'éternel vacarme des étudiants de toutes les écoles, mille fois plus bruyants que les apprentis de tous les métiers. Ils venaient de chaque partie du monde se rompre aux exercices de la pensée, s'offrir aux grades, aux épreuves ou aux tournois universitaires, et prendre part, sous l'œil de Roscelin et de Guillaume de Champeaux, aux luttes incessantes des *Réalistes* et des *Nominaux :* doctrines rivales qui divisèrent l'esprit humain. Le premier prétendait que les idées générales, existant hors de nous seulement, ne sont que des noms de choses, ou mieux, de simples mots, auxquels le langage seul donne une réalité mensongère, si l'on peut ainsi parler ; le second prétendait, au contraire, que les idées générales, existant positivement en nous et non hors de nous, forment la véritable réalité (1).

Ces deux sectes distinctes dominaient l'enseignement public. Elles eurent, l'une et l'autre, d'ardents interprètes ; mais nul ne dépassait encore Guillaume de Champeaux, qui porta si haut la réputation de l'école de Sainte-Geneviève ; avant qu'il n'ou-

---

(1) Jean Gottlieb Bulhe. *Hist. de la ph. mod.*, tom. 1er, pag. 689.

vrît lui-même la carrière à Abeilard, le fondateur de l'école de Saint-Victor, dont la réputation philosophique et romanesque épouvanta le monde, et qui résuma le premier âge de la scolastique. En effet, une polémique si étrange avait éclaté entre le maître et l'élève, que le christianisme en était partagé, car les doctrines d'Abeilard, traversant les mers et franchissant les Alpes, constituaient un corps de doctrine qui obtenait faveur, même auprès du Saint-Siége, à la grande stupéfaction de Guillaume de Champeaux et de ses partisans.

C'est que, dans ses controverses avec son ancien maître, Abeilard ne reculait devant aucun doute scientifique, ni devant aucune affirmation rationnelle. Nominaliste à l'égard de Roscelin, mais réaliste à l'égard de Guillaume de Champeaux, quoiqu'il ne s'égarât jamais au point de prendre les mots pour des idées, et, encore moins, les idées pour des mots, il distinguait, avec une sagacité admirable, la réalité relative de la réalité absolue. On eût dit qu'il pressentait le principe supérieur qui consacre l'identité de l'être et du savoir humain, considérés isolément et ensemble, comme éléments inconditionnels de toute existence! Il n'en fallait pas davantage pour que la plupart de ses contemporains, soit nominaux, soit réalistes, s'élevassent contre lui; et pour que le critique Bayle, qui n'a rien compris ou qui n'a rien voulu comprendre à la doctrine d'Abeilard, par cela seul qu'il entreprit de résoudre scientifiquement le problème de la philosophie et de la religion, en étouffant l'esprit de secte dans les profondeurs de l'unité chrétienne, ait osé affirmer, avec l'aplomb du sceptique, que son enseignement avait pour base le panthéisme.

Le bruit qui se faisait autour du nom d'Abeilard devait scandaliser le pieux saint Bernard; aussi devint-il cruel envers notre philosophe, par excès de charité peut-être. Quoi qu'il en soit, il l'accusa d'hérésie et résuma toutes ses tendances religieuses dans ces paroles foudroyantes : « Sur la Trinité, » c'est Arius; sur la grâce, c'est Pélage; sur la pré- » sence de Jésus-Christ, c'est Nestorius. » Or le premier niait l'existence d'un Dieu en trois personnes; le second niait la déchéance de l'homme par lui-même, et le troisième la réhabilitation de l'homme par Dieu. Abeilard, à qui l'Église devait un pape, dix cardinaux et une multitude d'évêques, fut condamné par les conciles de Soissons et de Sens, — 1121 et 1140. — Ce *Goliath* de la pensée humaine, ainsi qu'on l'appelait au milieu des assemblées ecclésiastiques, arma-t-il sa fronde pour combattre ceux qui déclaraient que de sa chute dépendait le triomphe de l'Église? Nullement. Le duel métaphysique, entrepris d'abord contre les opinions d'un homme, Abeilard pouvait le continuer contre le christianisme, c'est-à-dire, contre l'autorité universelle du genre humain; cependant il préféra faire la paix avec son cœur et son esprit. Il se dit alors que, dans l'ardeur de ses luttes intellectuelles, il avait sans doute embrassé la morale de l'Église et le dogmatisme religieux avec trop d'indépendance, trop d'emportement ou trop d'irréflexion; et le chrétien domina le philosophe sans le subjuguer. Après s'être incliné avec respect devant le jugement des conciles, il ne se releva que pour embrasser saint Bernard, dans le monastère de Clairvaux, où il montra tant de raison qu'il n'effaroucha plus la foi !

On le sait : la plupart des historiens n'ont vu dans les événements de cette période que des tendances plus ou moins barbares. Lorsqu'un esprit réfléchi et profond essaiera de réformer ces jugements superficiels, « il sera étonné, dit Leibnitz, de » la quantité d'or qu'il trouvera dans ce prétendu fumier. » Si nous considérons, en effet, sous tous les

rapports, les divers travaux du douzième siècle, cette époque de la pensée revêt à nos yeux je ne sais quelle grandeur qui nous étonne. Les faits, naguère individuels, se généralisent ; le servage n'a pu étouffer le génie de l'émancipation ; l'idée d'un bien-être possible domine l'autorité ; la condition misérable des hommes, qui s'éparpillait naguère avec le système féodal, se résume peu à peu dans la constitution monarchique. La lutte politique est exactement semblable à la lutte scolastique des réalistes et des nominaux. C'est le même problème de la vérité morale et pratique, de l'être et du savoir humain, qui passe de l'état métaphysique à l'état social ; le dualisme du fait et de l'idée, du monopole et du droit commun, du baronnage et de la royauté, car Philippe Ier, quatrième roi de la dynastie capétienne a dit :
« Je jure d'employer mon pouvoir à faire jouir de » ses droits légitimes le peuple qui m'est confié ! »

L'ère des transformations universelles avait donc commencé, lorsque Pierre-l'Ermite vint demander aux peuples occidentaux la délivrance du Saint-Sépulcre, en s'écriant : Dieu le veut! *Diex lé volt.* Les croisades étaient résolues. Alors seulement la papauté intervint pour faire sortir de ce grand événement militaire une pensée émancipatrice; et Urbain II, s'adressant, en plein concile de Clermont, à tous les seigneurs féodaux qui étouffaient l'humanité sous les coups de leur barbarie, prononça ces paroles énergiques : — « Soldats du diable, devenez les soldats de Dieu ! »

Les barons « avaient tous beaucoup de crimes à » expier; on leur proposa, dit Montesquieu, de les » expier en suivant leur passion dominante : ils » prirent donc la croix et les armes, » et vendirent, pour subvenir aux frais de l'expédition, une grande partie des propriétés féodales qui, de leurs mains prodigues, passèrent aux mains économes des marchands et des gens de métier. Toutes les corporations industrielles s'affranchirent de la sorte. Les maîtres passèrent de l'état de servage à l'état d'indépendance consacré par le droit de propriété; les ouvriers eux-mêmes, ne pouvant acquérir un titre positif, n'en obtinrent pas moins un titre moral, qui reconstitua pour eux le prolétariat. Malgré tant de transformations significatives, opérées par ce régime de l'émancipation, les seigneurs, qui restèrent chez eux, conservèrent leur caractère despotique; mais les classes populaires se révoltèrent alors contre les classes aristocratiques. Citadins et paysans, ouvriers et laboureurs s'excitaient mutuellement à la grande lutte :

« — Les seigneurs, disaient-ils, ne nous font que
» du mal, nous ne pouvons avoir d'eux raison
» ni justice; ils ont tout, prennent tout, man-
» gent tout, et nous font vivre en pauvreté et dou-
» leur. Chaque jour est pour nous jour de peines ;
» nous n'avons pas une heure de paix, tant il y a
» de services et de redevances, de tailles et de
» corvées, de prévôts et de baillis... Pourquoi
» nous laisser traiter ainsi? Mettons-nous hors de
» leur pouvoir, nous sommes des hommes comme
» eux, nous avons les mêmes membres, la même
» taille, la même force pour souffrir, et nous sommes
» cent contre un. Défendons-nous contre les che-
» valiers, tenons-nous tous ensemble, et nul homme
» n'aura seigneurie sur nous, et nous pourrons
» couper des arbres, prendre le gibier dans les
» forêts et le poisson dans les viviers, et nous fe-
» rons notre volonté, aux bois, dans les prés et sur
» l'eau (1). »

Ces soulèvements, préparés par la politique

---

(1) Wace, roman de Rou. — Benoît de Sainte-Maure. — Cités par M. Augustin Thierry. *Considérations sur l'histoire de France*, pag. 14, tom. I*er*.

habile des rois capétiens, s'effectuèrent d'abord partiellement au sein des villes méridionales, et prirent peu à peu un caractère universel. Les questions se résumèrent en deux hommes, Louis-le-Gros et Suger : le premier, roi de France, et le second, simple abbé de Saint-Denis, qui fut à la fois prêtre et guerrier, écrivain et ministre d'État, penseur et acteur de ce drame à mille scènes, dont le dénoûment consacra le triomphe de la démocratie communale, sous le patronage de la royauté.

Durant sa vie d'homme public ou de ministre, dignité qu'il conserva sous deux règnes, l'abbé Suger n'eut qu'un seul but, la réalisation politique de la pensée chrétienne. Précurseur de Fénélon, il voulut appliquer, en quelque sorte, à la société française du douzième siècle, les principes que l'archevêque de Cambrai devait vulgariser au dix-septième siècle. Avant de diriger le gouvernement de son pays, Suger avait confronté, dans le silence du cloître, la législation barbare de la féodalité avec l'Évangile. Il s'était promis de régénérer les conditions humaines en vertu d'un nouveau droit public, et d'émanciper les classes populaires à l'égard des classes aristocratiques, en vertu du dogme chrétien de la rédemption considérée au point de vue social.

C'est à ce grand homme d'État qu'il faut, sans doute, attribuer les travaux législatifs et politiques de Louis-le-Gros, qui octroya souvent aux villes des chartes d'affranchissement. Dans ces ordonnances, l'association des citoyens émancipés est désignée par ces mots : *conjuratio, communio* ou *communia*. Louis-le-Gros est le premier roi qui ait mis en usage le mot : — *commune*. — Cette expression semble avoir été créée par l'abbé Suger dont le système d'administration générale peut se résumer ainsi qu'il suit : — Communion de l'homme avec Dieu, et par conséquent, avec l'humanité ; communion de la société démocratique avec la royauté, et, par suite, de la royauté avec la société générale, car son principe était le symbole du droit universel et de l'esprit transformateur du xiie siècle, qui restaurait, au nom du progrès social, le type de l'unité politique sur les ruines de l'usurpation féodale.

Aux yeux d'un ministre qui comprenait ainsi les devoirs d'un roi, le pouvoir monarchique, régulateur suprême des destinées populaires, devait être, sur la route de la civilisation, toujours en avant, jamais en arrière. Homme d'action et de guerre, après avoir été homme de paix et de recueillement, Suger favorisa les révolutions communales, parce qu'elles émanaient d'un principe légitime. Les villes industrielles, les plus riches et, par conséquent, les plus spoliées et les plus opprimées par les seigneurs, se liguèrent contre eux ; les marchands et les artisans s'organisèrent militairement contre les races guerrières, et acquirent, par le droit et par la force, *une charte de commune, un code pénal, un code civil, toute une législation sociale* (1). Bientôt les habitants des campagnes s'insurgèrent, comme ceux des cités, et se rallièrent autour du clocher de leur église qu'ils opposèrent au donjon du manoir féodal. L'humble paroisse obtint des priviléges communaux à l'instar des plus grandes villes, et l'on vit souvent paraître à la tête des municipalités rurales, non plus le seigneur féodal qui représentait la cruauté, l'oppression et l'ancien ordre social, mais le curé du village, symbole de la charité, de l'émancipation et du nouveau régime.

L'usurpation de la féodalité n'avait pu être consacrée que par l'esprit d'individualité; l'abbé Suger

(1) M. Guizot. *Hist. de la civilisation.*

restaura pleinement la royauté en lui faisant accomplir un acte de généralisation législative. Alors seulement les cités émancipées adoptèrent la définition suivante que nous empruntons au recueil des ordonnances royales :

« La ville de commune est celle qui, outre sa »juridiction propre, jouit de l'avantage d'avoir des »citoyens unis en un corps par une confédération »jurée, soutenue d'une concession expresse et »authentique du souverain (1). »

Au point de vue général du droit, cette *confédération jurée* n'eût été qu'une révolte, si la royauté ne l'avait, non-seulement encouragée, mais encore autorisée. Son influence, plutôt morale que matérielle sur les événements humains, détermina ces formidables réactions, par voies de fait, conformes aux véritables idées de toute sociabilité.

Paris, centre de l'activité générale, devait recevoir un contre-coup de chaque révolution partielle ou locale. Mais comme il ne pouvait rien acquérir sous le rapport de l'indépendance, puisque les Parisiens étaient libres, par cela seul que le roi de France vivait au milieu d'eux, Louis-le-

---

(2) Bréquigny. *Ordonnances des rois de France*, tom. XI, *préface, pag.* 5.

Gros s'occupa exclusivement de ses intérêts matériels. Pour faciliter les opérations commerciales de la Hanse, il établit un marché considérable destiné à la vente de toutes sortes de marchandises ; il acheta, au prieuré de Saint-Denis-de-La-Châtre, le terrain de *Champeaux*, et, par son ordre, on y construisit une halle où il installa les merciers et les changeurs. Plus tard, il la trouva trop petite et la rebâtit sur un plus vaste plan. Il donna aux marchands hansés une place vague, située aux bords de la Seine et « appelée la Grève, où fust jadis
» l'ancien marché ; fit faire, dit le Chroniqueur ano-
» nyme de Saint-Denis, une grande halle et une place
» appelée Champeaux, et les fit clore et bien fermer
» pour que les marchands qui demeuroient là pendant
» la nuit pussent estre gardés, et que, s'il pleuvoit, ce
» ne fust point sur les débitants. » Enfin, il établit, dans le prieuré Saint-Lazare, une foire qui s'ouvrit annuellement le 4 novembre, et dura d'abord huit jours, puis quinze jours ; abolit la coutume barbare des *chevaucheurs ou preneurs du roi ;* et, pour débarrasser la cause populaire de mille entraves qui la gênaient dans son libre développement, favorisa les poursuites des marchands contre les chevaliers, leurs débiteurs. Cette dernière disposition législa-

tive, qui servit de couronnement au système politique de Louis-le-Gros, mérite d'autant plus d'être remarquée ici, que l'aristocratie française avait été jusqu'alors, vis-à-vis de la démocratie, dans une condition absolument privilégiée et inviolable.

Philippe-Auguste, élevé, lui aussi, à la grande école de l'abbé Suger, continua sa politique régénératrice, qui devait aboutir au triomphe de l'unité nationale après tant de divisions. Cette unité n'éclata jamais avec plus de puissance qu'à Bouvines, où *les soldats des communes et les légions des communautés des paroisses,* dont le courage avait fait la fortune de la France au siége du Puiset, en 1108, et à la bataille de Mantes, si fatale aux Anglais, en 1163, accoururent de tous les points du royaume, et remportèrent, sous l'oriflamme, une victoire qui inspira un chant digne d'elle à la muse de Guillaume Guïart. Notre bibliothèque nationale garde cet hymne de gloire au nombre de ses précieux manuscrits.

En ce temps-là, Paris, ville gothique romane et dont on admirait la belle architecture, était sillonnée par des rues étroites, difformes, boueuses et presque impraticables, où l'on ne pouvait avancer qu'à cheval. Philippe, comprenant la difficulté qu'il y avait à policer les mœurs des habitants de la capitale, par le seul fait de cette situation matérielle, entreprit de rendre les communications, d'un quartier à l'autre, plus faciles.

« Un jour, disent les Grandes Chroniques de
» France, le bon roy Philippe alloit par son palais,
» pensant à ses besognes, car il était moult curieux
» de son royaume maintenir et amender. — Il se
» mit à une des fenestres de la salle, à laquelle il
» s'appuyoit aucunes fois, pour regarder la Seine
» couler et pour avoir récréation de l'air. Si advint
» en ce point que charrette charrioit, vint à mou-
» voir si bien la boue et l'ordure dont la rue estoit
» pleine, qu'une pueur en issit si grande qu'elle
» monta vers la fenestre où le roi estoit. Quand
» sentit cette pueur si corrompue, il s'en tourna de
» ceste fenestre en grande abomination de cœur;
» lors fit mander li privost et borgeois de Paris, et
» li commanda que toutes les rues fussent pavées,
» bien et soigneusement, de grès gros et fort. De
» ce moment, le nom de Lutèce fut changé en celui
» de Paris. »

Le peuple s'empressa de réaliser les désirs du prince. Un riche financier, Gérard de Poissy, fournit à lui seul, pour ce pavage, une contribution volontaire de quatorze mille francs, somme énorme à cette époque ; et fit construire un hôpital à ses frais. Il appartenait à une classe de citoyens très-influents par leur fortune, par leur industrie et par les nombreux priviléges que la royauté leur avait concédés. Philippe-Auguste leur confia la garde de sa personne. « Quand le roi allait en guerre, » dit Olivier de la Marche, il avait au frein de son » cheval deux bourgeois de la bonne ville de Paris; » aussi allégea-t-il pour eux le fardeau des impôts : l'argent du dégrèvement servit à la construction d'une nouvelle enceinte, à laquelle Philippe-Auguste donna son nom, mais qui fut construite aux frais de la Hanse. Il était juste que la royauté dominât toutes les œuvres de la démocratie, puisqu'il n'y avait pas une seule institution qui n'émanât de son autorité.

« En 1183, dit Rigord, le roi Philippe-Auguste, » à la demande d'un grand nombre de ses sujets, » traita avec les lépreux qui demeuroient hors des » murs de Paris, et leur acheta, pour lui et pour » ses successeurs, un marché qu'il fit transférer » dans la ville, à la place nommée *les Champeaux*. » Voulant concilier la beauté de cet établissement » et la commodité des courtiers, il chargea un de

» ses officiers, qui étoit fort habile dans ce genre
» d'entreprises, de faire construire deux grandes
» maisons vulgairement appelées des *halles*, pour
» que les marchands pussent venir, par le mauvais
» temps, y vendre leurs marchandises sans crain-
» dre la pluie, et les mettre en sûreté, pendant la
» nuit, contre les surprises et les vols. Pour plus
» grande précaution, il fit aussi élever un mur au-
» tour de ces halles, et l'on y pratiqua le nombre
» de portes nécessaires, qu'on tenoit fermées tou-
» jours la nuit. Entre le mur extérieur et les halles,
» on construisit un étal couvert pour que les mar-
» chands ne se vissent point obligés d'interrompre
» leurs marchés par les temps pluvieux, et pour
» que leur trafic ne souffrît aucun dommage. »

Rien ne prouve mieux, que cette dernière disposition, la sollicitude du roi pour son bon peuple de Paris. Avant d'aller guerroyer en Terre-Sainte, Philippe-Auguste désigna, par les lettres initiales de leur nom, six notables bourgeois de Paris chargés, par une ordonnance spéciale, d'administrer ses domaines privés durant son absence, et de veiller à l'exécution de ses dernières volontés en cas de mort (1).

(1) Ordonnances de 1190. Rigord, pag. 29.

Les croisades n'eurent pas seulement pour résultat de faire éclater, aux yeux des peuples, l'alliance intime qui existait entre Philippe-Auguste et les bourgeois de Paris, c'est-à-dire, la communion de la royauté avec la démocratie; elles eurent des conséquences autrement grandes, puisqu'elles ouvrirent au commerce continental des chemins nouveaux qui se prolongèrent jusqu'en Asie; puisque les négociants français ne traversèrent pas seulement la Hongrie, pour aller en Grèce, par voies de terre, faire des opérations de vente et d'achat; mais encore franchirent la Méditerranée sur leurs navires et mirent à la voile pour l'Égypte; enfin, puisque le peuple, déjà maître du droit civil et d'une grande force militaire, depuis la formation des communes, complétait, en quelque sorte, l'émancipation des classes industrielles vis-à-vis des races féodales, en devenant apte à jouir du droit politique.

Philippe-Auguste, dernière expression de la révolution communale, réalisée sous l'influence de Philippe Ier et de Louis-le-Gros, fit de la royauté l'instrument le plus actif de la civilisation. En posant la première pierre du Louvre, il promit aux générations contemporaines que tous les grands vassaux, à une époque plus ou moins reculée, relèveraient de sa grosse tour, symbole architectural de l'unité du pouvoir humain. Ce prince avait appris traditionnellement, de l'abbé Suger, que la force et la stabilité des institutions politiques, représentées par un homme-principe, sont inhérentes à la satisfaction des intérêts généraux ; aussi donna-t-il pour assise, à l'autorité monarchique, la liberté populaire et le droit commun : toutes choses qui témoignent encore de son intelligence, car, sur la ruine de l'égoïsme féodal, il s'efforça de relever le vrai sentiment de l'humanité, en constituant les bourgeoisies.

Comme nous l'avons déjà dit dans cet ouvrage, il est impossible de préciser l'époque où le mot *bourgeois* a été créé ; mais il est évident qu'on n'a pu le mettre en usage que dans un temps où la démocratie avait acquis une certaine prépondérance dans la société politique ou générale, puisqu'il entraîne avec lui la révélation d'un fait et d'un principe, de la puissance et de l'organisation. En effet, le mot *bourgeois,* qui dérive de *burgus, burg,* termes applicables seulement à une tour, à un camp fortifié, à une petite ville murée ou non-murée et à un tombeau, implique la double désignation du lieu où l'artisan a pris son domicile et de son affranchissement, car il signifie à la fois, habitant d'un bourg et *homme-libre*. La bourgeoisie fut donc une condition par laquelle un homme libre, de tout métier, de toute fortune, mais de telle ou telle localité, dut jouir de sa liberté selon les limites de la sociabilité monarchique.

Si nous ne pouvons déterminer l'époque de cette transformation sociale, nous pouvons, du moins, affirmer que le titre de *bourgeois* fut donné aux habitants de Paris, avant même qu'il ne servît à désigner une classe de personnes distincte dans l'État. Non-seulement les Parisiens ne tombèrent jamais dans le servage, mais encore la présence du roi, était, pour eux, une garantie permanente d'indépendance dans leur ville.

Le droit de bourgeoisie ne pouvait être primitivement accordé qu'aux personnes affranchies; plus tard, les seigneurs, entraînés par la marche des faits et des idées, mirent un terme à leur despotisme, et devinrent eux-mêmes les propagateurs de la liberté. Dès lors, il n'y eut plus que deux classes générales dans la démocratie : « *bourgeois et* » *manants*. Manants sont ceux qui demeurent ès-» cités et n'ont point de franchise de la bourgeoi-

» sie, » disait un jurisconsulte du xiv⁰ siècle. « En
» regard des non-nobles, ils sont en deux ma-
» nières : dont les aucuns sont franches personnes,
» bourgeois du roi ou des seigneuries sur lesquelles
» ils demeurent, et les autres sont serfs ou de serve
» condition (1). »

Ceci nous montre quelle était la condition des personnalités humaines durant le moyen-âge. La population active et industrieuse était divisés en *gens de métiers* et en *vilains :* les premiers, *notables,* participaient aux dignités civiles ou municipales ; mais les seconds, *viles personnes,* selon le langage de l'époque, ne pouvaient obtenir, à moins d'un affranchissement préalable, *ni honneurs de la cité, ni voix aux assemblées, en quoi consiste la bourgeoisie* (2).

C'est en vertu du droit de bourgeoisie, que les habitants des villes formèrent des corporations distinctes, possédèrent divers priviléges relatifs à l'administration publique, et obtinrent la confirmation de leurs coutumes. On distinguait, avons-nous dit, les *Bourgeois du roi* et les *Bourgeois des seigneuries.* Il y avait donc deux manières d'acquérir ce

(1) Jean Boutellier, *Somme rurale ou grand coutumier général.*
(2) Loyseau, *Traité des Ordres,* chap. ix.

titre, et, par conséquent, deux sortes de bourgeoisies. L'une, octroyée par le seigneur, était un privilége concédé seulement à une corporation urbaine, ou à un individu, en tant que membre de cette corporation et en tant que domicilié dans telle ou telle ville; et l'autre, octroyée par le prince, était un privilége tout-à-fait émancipateur, puisqu'il émanait de la royauté, emblême de la puissance universelle, qui le concédait aux personnes, indépendamment de leur domicile ou de la corporation dont elles faisaient partie.

Quiconque désirait obtenir le droit de bourgeoisie, était tenu de se présenter devant le conseil municipal, s'il habitait une ville où ce pouvoir existait déjà; et devant le prévôt ou le bailly, si cette ville était administrée au nom du roi. Là il déclarait accepter toutes les obligations que ce privilége devait lui imposer; car la qualification de bourgeois, titre d'émancipation, en était également un de sujétion. Les obligations, dont les magistrats lui montraient le tableau, consistaient en redevances personnelles et en services publics. Les uns étaient payés au prince ou au baron qui octroyait la franchise; les autres étaient payés à la corporation et formaient la plus grande partie de ses revenus. La répartition de ces taxes et services, entre les bourgeois, était volontairement inégale. De là, naissaient des distinctions et des catégories : celle des *grands bourgeois*, les plus imposés ; et celle des *petits bourgeois*, les moins imposés. Il y avait encore des *francs-bourgeois,* qui étaient exempts de toute redevance,

Après avoir choisi la catégorie dont il désirait faire partie, le candidat s'engageait à acheter ou à bâtir, dans l'intérieur de la ville, une maison de soixante sols au moins, pour garantir la fidélité de ses engagements. S'il manquait à les remplir, cette maison devait être déclarée *forfaite*, confisquée et quelquefois même rasée.

Lorsque ces formalités étaient remplies, le candidat jurait de « loyaument garder le droit du » prince, le droit de son seigneur, et être envers » eux loyal et vrai sujet, ne qu'à autre loi qu'à leur » loi se traira (1). » On lui délivrait alors *la lettre de la Bourgeoisie* portant la date du jour et de l'an où il entrait en posession de ce privilége, et le nom des bourgeois qui lui avaient servi de témoins ou de parrains pour ce baptême social. Les magistrats municipaux, le prévôt ou le bailli devant lequel

---

(1) Jean Boutellier. *Loco citato.*

il s'était présenté, déléguaient un sergent chargé de notifier cet acte au seigneur que le nouveau bourgeois venait de désavouer. Les chartes octroyées dans les villes qui appartenaient aux seigneurs, devaient être soumises à la confirmation du roi dont la suzeraineté s'établissait ainsi, d'une manière positive, sur tout le territoire.

En instituant les Bourgeoisies, la royauté avait trouvé un grand moyen de puissance pour elle et d'émancipation pour le peuple : double conquête qui assurera un jour le triomphe de l'unité. Dès l'origine, les seigneurs lui opposèrent une résistance opiniâtre; mais les hommes de *serve condition* et les *franches personnes* elles-mêmes, émigrèrent de leurs fiefs, et allèrent habiter les villes du roi, asiles de liberté sans cesse ouverts aux victimes de l'oppression féodale. Ce simple changement de domicile et de cité leur suffisait pour acquérir la Bourgeoisie et un complet affranchissement. Pour mettre un terme à ces nombreuses émigrations, les seigneurs furent contraints de reconnaître certains droits à leurs serfs, en tant que membres d'une corporation et aptes à jouir des franchises de la Bourgeoisie.

Le jour où le servage fut vaincu par le droit

commun, l'exploitatiom morale et matérielle de l'homme par l'homme n'exista plus en principe. Cette révolution, toute chrétienne, devint salutaire à l'humanité. L'activité commerciale fut, pour ainsi dire, l'âme de la jeune démocratie. Les opérations industrielles, ayant franchi les limites trop restreintes de la localité, envahirent tous les grands chemins que les croisades avaient tracés à travers l'Europe et l'Asie. Le maintien de la sécurité publique était confié à la Bourgeoisie armée dans les villes; aussi les paysans des bourgs, travaillant, comme les artisans des corporations urbaines, sous l'influence protectrice des communes, se livrèrent-ils avec ardeur à la culture des champs pour passer bientôt de la glèbe à l'industrie. Là où l'on ne songeait autrefois qu'à payer des redevances féodales, et à ne récolter de froment qu'autant qu'il en fallait pour soutenir une existence malheureuse et flétrie par la servitude, on n'avait désormais d'autre préoccupation que de jouir, en attendant mieux, des avantages du prolétariat, consacrés par la législation née de l'affranchissement général : principe virtuel qui organisait déjà la petite et la moyenne propriété.

Cette noble émulation, égale pour tous les habi-

tants de la France, rétablit peu à peu, entre la population industrielle et la population agricole, l'équilibre qu'avaient rompu les émigrations successives des paysans, dans les villes du roi. L'autorité monarchique, naguère faible ou méconnue, dirigeait déjà le mouvement universel de la société, par ses alliances avec la Bourgeoisie. Pendant que cette production croissante de force et de bien-être s'accomplissait dans l'État, le roi s'était tellement mêlé aux diverses tranformations sociales, que les populations émigrantes disaient à leurs seigneurs dont ils abandonnaient les fiefs :
« — Sachez qu'il est empereur en son royaume, » qu'il peut y faire tout et autant qu'à droit im- » périal appartient (1). »

Ces grandes émigrations agirent, sans doute, d'une manière directe sur le développement de la population de Paris et sur les progrès de ses institutions industrielles ou civiles, qui subirent elles-mêmes diverses modifications. *Le Syndicat des Marchands de l'eau* avait tenu ses séances, primitivement, dans la *Maison de la Marchandise,* située à *la Vallée de Misère* et près de la place du Grand-

(1) Jean Boutellier, *Somme rurale ou grand coutumier général.*

Châtelet ; ensuite, dans le *Parlouer aux bourgeois*, qui s'éleva tour-à-tour, entre Saint-l'Euffroy et le Grand-Châtelet ; et plus tard, au sein de l'*Université*, non loin du clos des Jacobins, où l'on apercevait alors un superbe édifice flanqué de tours gothiques et environné de larges fossés. Philippe-Auguste acheta, au chanoine Suger-Clayon, une maison qui s'élevait sur la place de Grève. Cette maison fut appelée successivement *Maison-aux-Piliers*, — *Domus ad Piloria*, — parce qu'une multitude de piliers en soutenaient les trois étages ; et *Maison-aux-Dauphins*, parce qu'elle avait appartenu aux deux dauphins de Viennois : elle reçut enfin et conserva le nom d'*Hôtel-de-Ville* (1).

Au milieu de ces transformations, la Hanse avait perdu son empire ; et la grande corporation des Nautes, des Bateliers ou des Marchands sur l'eau, ne se trouvait plus qu'au milieu des nombreuses communautés industrielles, où les ouvriers et les artisans, des mêmes arts et métiers, étaient régis par des prescriptions arrêtées entre eux.

On le voit, nous ne partageons pas l'opinion de ceux qui, obligés d'admettre l'existence de ces as-

---

(1) Jaillot, *Recherches critiques, historiques et topographiques sur la ville de Paris*, tom. III, pag. 20. 1775.

sociations, semblent rejeter celle de leurs statuts.

« Bien que, selon toute apparence, dit M. de la Fa-
» relle, les officiers de police aient toujours veillé
» sur la conduite de ces corps et communautés, on
» ne voit pas, néanmoins, que ces communautés aient
» eu des règlements et statuts officiels, c'est-à-dire
» par autorité des magistrats ou patentes du roi,
» avant le xii⁰ siècle. L'histoire fait seulement men-
» tion, avant cette époque, d'un *roi des Merciers,*
» espèce d'officier, le premier, ou pour mieux dire,
» le seul qui fût chargé, pendant longtemps, de
» veiller à la police de tout ce qui concernait le
» commerce, à Paris et dans la France entière (1). »

Pour n'être pas *officiels*, ou écrits, les règlements des communautés n'en avaient pas moins une existence publique et positive, ainsi que nous le prouverons d'une manière irréfragable. Quant au roi des Merciers, il exprimait, au milieu des industries les plus diverses, l'unité des tendances humaines, considérées sous les multiples rapports de l'activité sociale.

Quelle a été l'origine de cette magistrature suprême, dont l'autorité s'étendait sur tout le royau-

(1) *Du Progrès social au profit des classes populaires*, par M. Félix de la Farelle, tom. II, pag. 211.

me ? Voici tout ce qu'on en peut dire : « Selon ce que
» les coutumes et les usages dudit mestier et fait de
» mercerie le veulent et contiennent de raison, et
» tout ainsi que saint Charles-le-Grant et Saint-
» Loys, rois de France, nos prédécesseurs, l'on,
» audit roy des merciers et ses diz compaignons
» donné et octroyé d'ancienneté (1). »

Cet officier prenait, dit-on, le titre de *roi*, parce que les merciers seuls se livraient primitivement au commerce, et que les autres corporations de marchands, établies successivement sous la dynastie Capétienne, étaient, en quelque sorte, une branche particulière détachée du tronc commun de l'industrie. On lit dans *le Glossaire du Droit français* : — « Roi des Merciers est celui que le
» grand-chambrier de France commettoit pour
» avoir autorité sur les merciers, pour visiter leurs
» marchandises, leurs poids et leurs aunages. (2). »
Chaque marchand qui vendait au poids et à la mesure, devait verser cinq sols entre ses mains, à l'avénement du roi.

Ces magistrats avaient une cour nombreuse de

(1) *Ordonnances des rois de France*, Charles VII. 1448, tom. XIV, pag. 34 et 35.
(2) *Glossaire du Droit français*. De Laurière, tom. II, pag. 329.

connétables, de maréchaux, de lieutenants, de chevaliers, de chevalières et d'écuyers. Eux et leur compagnie distribuaient des offices en fait de mercerie ; ils assistaient aux foires et aux marchés, pour vérifier les poids, les mesures et même les marchandises, pour, en cas de contravention ou de mauvaise qualité, prononcer de fortes amendes ou saisir les produits ; ils délivraient enfin les brevets d'apprentissage et les lettres de maîtrise : toutes attributions qui se résumaient en taxes prélevées à leur bénéfice.

C'est par l'action de cette magistrature, longtemps immuable, et qui sera bientôt absorbée par la Prévôté des marchands, dont l'autorité universelle éclatera de l'un à l'autre bout du royaume, que Paris faisait pénétrer ses mœurs et ses institutions dans tous les autres centres de l'activité humaine. Les corporations d'arts et métiers, qui se trouvaient réparties au fond des provinces, ayant chacune une forme et une organisation particulières, des priviléges et des droits distincts, éléments multiples contenus dans l'unité monarchique et populaire, se perfectionnèrent ainsi au contact de la civilisation parisienne. Mais pour régler successivement et sans interruption, dans le cours des siècles, la vie extérieure ou physique de la nation, selon les intérêts moraux de l'humanité, il était nécessaire que la Bourgeoisie de Paris perpétuât dans le monde la grande tradition chrétienne dont le roi de France était le symbole, et ouvrît, au travail de l'homme, comme à l'homme lui-même, toutes les avenues du progrès, afin d'y faire marcher la civilisation. Le but dominant de notre capitale, moralement forte de l'esprit d'association, et, matériellement, de toutes les ressources du travail, plus ou moins bien discipliné, semble devoir être sans cesse, quoiqu'il ait souvent changé en de certaines époques néfastes, d'étouffer le mal et de propager le bien, non pour elle-même et sans générosité, mais pour garantir le salut et la prospérité de l'univers.

CHAPITRE IV.

ORGANISATION POPULAIRE DE LA SOCIÉTÉ MONARCHIQUE AU XIII° SIÈCLE.

Après avoir énuméré successivement les nombreuses transformations qui se sont opérées dans la constitution des personnalités, depuis l'origine de la société française jusqu'au règne de Philippe-Auguste, nous devons dire quelle était, à cette époque, l'organisation générale de la démocratie, telle qu'elle avait été fixée par la royauté.

Sous l'empire du christianisme, qui avait promulgué au monde la loi du progrès humain, en vertu de la rédemption divine, les peuples passèrent tour-à-tour de l'esclavage antique au servage féodal, c'est-à-dire de l'état d'instrument matériel, relativement au sol, à l'état de colon ou de cultivateur ; ensuite du servage au prolétariat, c'est-à-dire de l'état de cultivateur à l'état moral de propriétaire, puisque le droit de propriété était accessible à tous ; enfin, du prolétariat au régime communal et à la condition de bourgeoisie, c'est-à-dire de l'état d'asservissement occasionné par le manque absolu de possession territoriale, à l'état d'affranchissement universel, puisqu'il n'y avait plus en France *de serfs de corps ni d'esclaves domestiques.*

Lorsque ces évolutions progressives des personnalités humaines eurent été faites, la jurisprudence nationale, fondée sur les priviléges des communes et des bourgeoisies, proclama cette maxime du droit : — « Tout esclave qui met le pied sur la » terre de France est libre. »

Le signal des révolutions communales fut donné par les villes méridionales où les municipes romains avaient survécu à la chute de l'Empire et au triomphe de la féodalité. On aurait tort de croire cependant que la commune, telle qu'elle se forma au Moyen-Age, eût seulement le caractère des municipes ; elle exprima bien plutôt l'action collective et guerrière des diverses corporations industrielles dont les membres avaient été individuellement affranchis par les croisades. Cette différence notable entre la constitution civile du monde antique et celle du monde nouveau, éclate également dans la lettre et dans l'esprit qui les manifeste : ainsi les anciens disaient : — *Municipes : — Droit municipal,* c'est-à-dire, droit d'émancipation personnelle, en ces temps d'inégalité ; les modernes disent au contraire : — *Commune, droit communal;* c'est-à-dire, droit de tous à la communion sociale en vertu de l'égalité humaine.

Cela est si vrai que la commune de Paris ne fut jamais, dans toutes les époques de l'ancienne monarchie, que la réunion des six plus grands corps de l'industrie, représentés par les drapiers, les épiciers, les merciers, les pelletiers, les changeurs, et les orfèvres ; et que le chef de cette commune, directeur de l'œuvre commerciale, avant d'être magistrat municipal, s'appela, jusqu'au 16 juillet 1789 : Prévot des Marchands.

C'est en vertu de ce titre qu'il gouvernait à la fois tous les arts et tous les métiers, non-seulement à Paris et dans les petites villes de son ressort, telles que Mantes, Vernon, Pont-de-l'Arche, Pontoise, l'Ile-Adam etc..., mais encore dans la France entière ; car, héritier du roi des Merciers, et désigné par le suffrage de tous, au nom du roi de France, il dirigeait, sous les yeux du prince régnant, le mouvement universel de l'état populaire, et devenaît ainsi le symbole de l'industrie et de la cité, de l'âme et du corps social.

La commune de Paris, occupée successivement par divers membres des *six corps*, était composée du prévôt des marchands, de quatre échevins, d'un procureur du roi, d'un greffier, d'un receveur, de vingt-six conseillers, de dix sergents ou huissiers, de seize quarteniers, de soixante-quatorze cinquanteniers et de deux cent cinquante-six dizainiers: possesseurs d'offices primitivement obtenus par l'élection unanime des citoyens, et dont les rois trafiquèrent plus tard, en les faisant acheter à prix d'argent. Toutefois, il fallait être originaire de Paris, pour les obtenir, soit par voie d'achat, soit par voie d'élection.

Le *Bureau de ville* ou conseil municipal, n'était que la réunion du prévôt des marchands, des échevins, du greffier et du receveur. Ces magistrats, assemblés dans une salle de l'Hôtel-de-Ville, formaient une espèce de tribunal qui jugeait toutes les contestations relatives au droit civil, interprétait la *coutume de Paris*, dont chaque règlement avait force de loi, et qui apportait, enfin, dans la constitution municipale, les modifications nécessitées par le développement des mœurs. C'est ainsi qu'en 1286, le prévôt, les échevins et les autres bourgeois décidèrent qu'on élirait vingt-quatre prud'hommes, « tenus de venir au parlouer au » mandement du prévôt et des échevins (1). »

Si le bureau de ville renfermait peu d'officiers, en revanche, la municipalité comprenait tous les membres qui faisaient partie des six corps; et le prévôt des marchands présidait également l'une et l'autre de ces deux assemblées. Les rois accordaient à ce magistrat le titre d'*amiral* et la qualité de *chevalier*, avec droit de marteau et armes timbrées; et les officiers municipaux, déclarés nobles, ainsi que leurs enfants nés et à naître, pouvaient, de même que le prévôt, continuer leur négoce sans déroger à la noblesse. Les princes n'anoblissaient point la personne, mais bien l'office et l'industrie qu'elle représentait dans la cité.

L'élection du prévôt des marchands avait lieu tous les deux ans. Le même bourgeois pouvait être réélu quatre fois de suite; mais les deux plus anciens échevins se retiraient chaque année, après l'assemblée du 16 août : deux bourgeois étaient élus sur-le-champ pour les remplacer. Dès la veille, cha-

(1) Félibien, *Histoire de Paris*, tom. Ier. *Dissertation*, pag. 106.

que quartenier avait convoqué les habitants de son quartier, au lieu ordinaire de leurs réunions ; et l'on y nommait quatre bourgeois, dont deux seulement devaient concourir à la nomination des scrutateurs, comme à celle du prévôt des marchands et des échevins. Le lendemain, jour de convocation générale, le prévôt des marchands, les échevins, les conseillers et les quarteniers, allaient d'abord entendre la messe à la chapelle de l'hôpital du Saint-Esprit ; ensuite ils se rendaient au grand bureau de l'Hôtel-de-Ville. Chaque quartenier présentait alors le procès-verbal de son assemblée particulière, et les quatre bulletins où se trouvaient inscrits les noms des quatre bourgeois élus, par le sort, pour prendre part aux opérations électorales. Tous ces bulletins étaient mis au fond d'un chapeau, orné des couleurs de la ville ; et les deux premiers noms qui en sortaient devaient être enregistrés avec celui du quartenier.

Cela fait, les sergents de ville et les huissiers appelaient les deux bourgeois désignés. Le greffier leur donnait lecture des ordonnances relatives à l'élection et leur indiquait les noms de leurs confrères, dont l'assemblée électorale allait être composée. Un officier du roi, un conseiller de la ville, un quartenier et un bourgeois-électeur, remplissaient ensemble les fonctions de scrutateurs, recueillaient les suffrages du prévôt des marchands, des échevins et des conseillers de la ville, selon leur rang d'ancienneté, puis ceux des quarteniers et des bourgeois-électeurs, et prêtaient enfin, « de vive » voix, le serment de l'élection sur le tableau de la » ville, » entre les mains du prévôt des marchands et des échevins qui, abandonnant leurs siéges, venaient prendre place au-dessus des conseillers.

Le premier scrutateur tenait le tableau de la ville de Paris, qui servait au serment d'élection, et le second recevait les suffrages. Après le scrutin, ils passaient dans un petit bureau où ils comptaient le nombre de voix que chaque candidat avait obtenu, et en dressaient un procès-verbal sous les yeux de tous les électeurs. Au sortir de l'assemblée, le prévôt des marchands, les échevins, le procureur, le greffier de la ville et les candidats qui avaient obtenu la majorité des suffrages, se rendaient au Palais-de-Justice ou à l'hôtel Saint-Pol, c'est-à-dire, au palais habité par le roi, à qui les scrutateurs donnaient lecture du procès-verbal de la séance; et le monarque, après avoir confirmé les élections, recevait le serment des magistrats populaires qui venaient d'être élus.

Tout notable bourgeois pouvait prétendre aux honneurs de la Prévôté des marchands et de l'échevinage : une profession honorable et une réputation intacte, étaient les seuls titres à la recommandation publique ; mais un simple contrat d'attermoiement et le plus léger soupçon suffisaient pour faire exclure le candidat échevin, ou mieux, pour faire destituer le prévôt des marchands, car la bourgeoisie de Paris ne voulait être représentée que par un homme qui résumât en lui tous les nobles penchants de l'humanité. Devait-il en être autrement, lorsque cet homme, disposant à la fois des clés et du droit de commandement dans la ville, pouvait compromettre toutes les destinées du pays ?

Pendant que cette grande magistrature populaire dirigeait l'œuvre industrielle de la nation, en réalisant les vrais principes de la morale publique, l'autorité du prévôt royal devint tout-à-coup violente et pernicieuse. Quelques officiers, distingués par leur mérite autant que par leur naissance, avaient d'abord occupé cette place avec désintéressement ; mais, durant la minorité de Saint-Louis, elle fut comprise dans les fermes du roi et vendue au plus offrant. Deux marchands, Novelles Guermes et Gaultier, l'ayant affermée, en 1245, ils la convertirent en un tribunal inique, où les droits du pauvre, qui ne pouvait acheter son acquittement, étaient toujours sacrifiés aux violences du riche (1).

« La Prévôté de Paris, dit Joinville, étoit alors
» vendue à un bourgeois de Paris ou à aucuns, et
» quand il advenoit que aucuns l'avoient achetée,
» ils soutenoient leurs enfants ou leurs neveux
» dans leurs excès, car les jouvenceaux se fioient
» en leurs parents ou en leurs amis, qui tenoient
» la Prévôté. Pour cela, le menu peuple étoit foulé
» et ne pouvoit avoir droit contre les riches hom-
» mes, à cause des grands présents et dons que
» ceux-ci faisoient aux prévôts. Dans ce temps,
» celui qui disoit la vérité devant le prévôt, ou qui
» vouloit garder son serment pour n'être point
» parjure touchant aucune dette ou autre chose,
» dont il fût tenu de répondre, le prévôt levoit
» amende sur lui, et le punissoit des grandes injus-
» tices et des grandes rapines qui étoient faites en
» la Prévôté. Le menu peuple n'osoit demeurer en
» la terre du roi et alloit demeurer en d'autres pré-

(1) Delamarre, *Traité de la Police*, tom. Ier, pag. 104.

» vôtés et en autres seigneuries; et la terre du roi
» étoit si déserte que, quand le prévôt tenoit ses
» plaids, il n'y venoit pas plus de dix personnes ou
» de douze. Avec cela, il y avoit tant de malfaiteurs
» ou de larrons à Paris et dehors, que tout le pays
» en étoit plein.

» Le roi, qui mettoit grande diligence à savoir
» comment le menu peuple étoit gardé, sut la vé-
» rité; aussi il ne voulut pas que la Prévôté fût
» vendue, mais donna bons et grands gages à ceux
» qui, dorénavant, la garderoient, et il abattit toutes
» les mauvaises coutumes dont le peuple pouvoit
» être grevé. Il fit enquérir dans tout le royaume
» et partout le pays où il pourroit trouver un homme
» qui fît bonne et roide justice, et qui n'épargnât
» pas plus le riche homme que le pauvre. On lui
» indiqua Estienne Boileau, lequel maintint et
» garda si bien la Prévôté que nul malfaiteur, ni
» larron, ni meurtrier, n'osa demeurer à Paris,
» craignant d'être aussitôt pendu ou détruit, car il
» n'y avoit ni parent, ni lignage, ni or, ni argent, qui
» le pût garantir. Aussi la terre du roi commença à
» amender, et le peuple y vint, à cause du bon droit
» qu'on y faisoit. Il s'y multiplia tant et tout s'y
» amenda si bien que les ventes, les saisies, les

» achats et les autres levées valoient le double de
» ce que le roi y prenoit par avant (1).»

La direction générale que Saint-Louis donna au gouvernement royal, relativement à l'état populaire, doit occuper une large place dans notre histoire. Ce prince, dernier représentant du système politique créé par l'abbé Suger, est le premier roi qui se soit occupé de l'industrie pour elle-même. S'étant donné pour but de refaire la morale publique de son temps, il rendit à la Prévôté de Paris la noble attitude qu'elle n'aurait jamais dû perdre, et sut réunir, dans cette institution, les éléments organisateurs de tous les siècles. L'iniquité du prévôt royal auquel Étienne Boileau venait de succéder, prouvait évidemment que la justice, destination suprême de tout ordre politique, n'avait plus d'action sur les hommes. Chaque association industrielle possédait bien des règlements, dictés par l'esprit d'équité ; mais ces règlements, non écrits, succombaient sous la dépravation universelle des mœurs. Il en résultait que, dans une constitution, fondée sur le sacrifice de chacun au bénéfice de tous, on avait fait place à l'égoïsme individuel.

(1) Joinville, *Collection* de MM. Michaud et Poujoulat, tom. Ier, pag. 320.

Saint-Louis voulut réparer ce désastre en remaniant l'état populaire avec tout le désintéressement du zèle monarchique.

Le signal de la déchéance morale avait été donné par la Prévôté de Paris; il était donc nécessaire qu'elle donnât celui de la réhabilitation. Cette réforme radicale fut réalisée, au nom de Saint-Louis, par Étienne Boileau, qui répara toutes les brèches que l'individualisme avait faites à l'organisation générale de l'industrie. Les prud'hommes de chaque corporation de marchands et d'ouvriers comparurent devant lui, dans la salle d'audience du Grand-Châtelet, et un clerc écrivit, sous leur dictée, les us et coutumes suivis au sein de leur communauté, depuis un temps immémorial. Ces coutumes, une fois recueillies, furent soumises à une sorte d'enquête qui eut lieu, en présence de Grand Panté, « l'un des plus sages et des plus an- » ciens hommes de Paris, et de ceux qui devoient » savoir de ces choses, lesquels tous ensemble louè- » rent moult ceste œuvre, » que l'on conserva sous le titre de *Livre des Métiers* (1).

(1) Nous empruntons les détails qui suivent à notre brochure intitulée : DE L'ORGANISATION GÉNÉRALE DU TRAVAIL, pag. 13 et suiv., 3ᵉ édit. 1848.

Voici la liste des corporations ou jurandes qui figuraient dans ce livre. — C'étaient les tameliers (boulangers), les meûniers, les blatiers (marchands de blé), les mesureurs de blé, les crieurs, les jaugeurs, les taverniers, les cervoisiers (fabricants de bière), les regrattiers (détailleurs de pain, sel, poisson de mer), les regrattiers de fruit et de jardinage, les orfèvres, les potiers d'étain, les cordiers, les ouvriers en menues œuvres de plomb et d'étain; les ferriers (ouvriers en fer), maréchaux, taillandiers; les couteliers, les serruriers, les boîtiers, les batteurs d'archal, les boucliers de fer, les boucliers de cuivre et de laiton; les tréfiliers de fer, les tréfiliers d'archal, les cloutiers, les haubergiers (faiseurs de hauberts), les patenôtriers d'or, les patenôtriers de corail, les patenôtriers d'ambre et de jais; les cristalliers, les batteurs d'or et d'argent à filer, les batteurs d'étain, les batteurs d'or et d'argent en feuilles, les laveurs de fil et de soie, les fileurs de soie à grands fuseaux, les fileurs de soie à petits fuseaux, les cripiniers de fil et de soie, les ouvriers en tissus de soie, les branliers (faiseurs de braies) en fil, les drapiers de soie et de velours, les fondeurs, les ouvriers faiseurs de fermoirs à livres, les faiseurs de boucles à souliers, les tisserands de soie, les lampistes, les barilliers, les charpentiers, les maçons, tailleurs de pierre et plâtriers; les faiseurs d'écuelles et de hanaps, les tisserands de drap, les fabricants de tapis *sarrazinois*, les fabricants de tapis communs et couvertures, les foulons, les teinturiers, les chaussiers, les tailleurs de robes, les marchands de lin, les marchands de chanvre et de fil, les marchands de grosse toile de chanvre, les épingliers, les sculpteurs faiseurs d'images de saints, les peintres faiseurs d'images de saints, les huiliers, les fabricants de chandelles de suif, les gaîniers, les garnisseurs de gaînes, les fabricants de peignes et de lanternes, les fabricants de tables à écrire, les cuisiniers, les poulaillers, les fabricants de dés à jouer, les fabricants de boutons, les baigneurs, les potiers de terre, les merciers, les fripiers, les boursiers, les peintres en bâtiment, les selliers, les fabricants d'arçons de selles, les peintres blasonniers pour selles, les bourreliers, les fabricants de mors, les apprêteurs de cuirs, les cordonniers en cuir, les cordonniers en basane, les savetiers, les corroyeurs, les gantiers, les marchands de foin, les fabricants de chapeaux de fleurs, les chapeliers en feutre, les chapeliers en coton, les chapeliers en plumes de paon, les fourreurs, les faiseurs de chapeaux pour dames, les fourbisseurs, les archers, les pêcheurs dans les eaux du roi, les poissonniers d'eau douce et les poissonniers de mer.

Cette œuvre de réorganisation, que M. Louis Blanc a voulu parodier au Luxembourg, après la castastrophe du 24 Février, pour la plus grande gloire de la république démocratique et sociale, est un des faits les plus considérables de notre ancienne monarchie ; il nous importe de l'analyser avec détail, pour en comprendre la portée.

Les corporations formaient trois catégories : dans la première, on ne voyait que les « six corps » des marchands, » associations riches et pleines de « grands bourgeois, soit à tort, soit à raison, n'étant » tenus à répondre fors à Dieu » (Beaumanoir); la seconde comprenait toutes les autres communautés d'arts et métiers, officiellement reconnues; la troisième, enfin, se composait d'une vingtaine de jurandes où l'on exerçait des professions sans lettres-patentes, ni statuts, mais dont les membres ne vivaient pas moins, pour cela, selon les règlements législatifs de la Bourgeoisie de Paris.

Les six corps des marchands étaient inscrits en tête des métiers libres, chargés de veiller à la conservation de tous les priviléges de l'industrie. Ils avaient pour symbole un Hercule assis et s'efforçant, mais en vain, de rompre un faisceau formé de six baguettes emblématiques, et pour devise : *Vincit concordia fratrum.*

Chaque corps associé était gouverné par six maîtres et gardes, choisis entre les bourgeois les plus recommandables, qui s'occupaient des intérêts communs. Le grand-garde de la draperie faisait les convocations et présidait leurs assemblées, comme chef de la première corporation parisienne.

Le gouvernement des gardes et maîtres durait ordinairement deux ans ; ils avaient le privilége d'accompagner le prévôt des marchands, les échevins et le corps municipal dans les fêtes, les cérémonies publiques, les entrées des souverains, des légats et ambassadeurs extraordinaires et portaient le dais tour-à-tour, selon le rang particulier que la communauté, dont ils faisaient partie, occupait dans la liste générale des corporations. Ils s'étaient donné un costume distinctif, composé d'une robe de drap noir à collet, avec des manches pendantes, parementées et bordées à velours noir, et une toque de velours noir.

Les principaux membres de la confrérie des six corps devenaient successivement juges-conseils et échevins de la ville de Paris. On les considérait comme les plus notables et les *plus honorés bourgeois;* et cette dernière qualité, en les anoblissant, leur donnait le titre d'*écuyer.*

Les Drapiers eurent longtemps le droit de marcher à la tête des six corps; privilége qui donna lieu à de violentes disputes. On distinguait dans cette communauté les simples *drapiers* et les *drapiers-chaussetiers*, qui avaient séparément leurs patrons et leurs confréries. Cette division provoqua, relativement au droit de préséance, une grande rivalité qui ne cessa qu'au dix-septième siècle, alors que les drapiers, réunis, n'eurent plus qu'un seul et même patron, qu'une seule et même confrérie : aussi Christophe Sanguin, prévôt des marchands, leur accorda-t-il, en 1629, des armoiries d'azur, au navire d'argent avec la bannière de France, portant un œil ouvert en chef, et cette légende : *Ut cœtera dirigat.*

Les Épiciers, enregistrés immédiatement après les drapiers, se partageaient en deux grandes fractions : celle des *apothicaires* et celle des *épiciers* proprement dits, qui se subdivisaient en *droguis-*

tes, confituriers et *ciriers*. Les apothicaires et les épiciers étaient gouvernés par les mêmes gardes et par les mêmes statuts. Les gardes étaient obligés de leur faire annuellement trois visites particulières et de visiter généralement tous les marchands, *maîtres de cloche,* etc., pour confronter les poids et les balances, parce qu'ils jouissaient exclusivement du droit d'étalonnage à l'égard de toutes les jurandes qui ne faisaient point partie des six corps. Les épiciers portaient coupé d'azur et d'or, une main d'argent sur l'azur tenant des balances d'or, et sur l'or, deux nefs de gueules flottantes avec la bannière de France, deux étoiles avec cinq pointes de gueules, et cette devise :
— *Lances et pondera servant.*

Le troisième corps, celui des Merciers, renfermait un grand nombre de catégories. Entre autres métiers, Étienne Boileau y distingua les commerçants en gros, les marchands d'étoffes de soie brochées en or et en argent, les marchands de dorure et de galons, de dentelles et de réseaux d'or et d'argent, et les marchands de fer, de modes et de toiles. Sept maîtres gouvernaient cette corporation générale dont les membres étaient reçus *noblement.* Ils avaient les armoiries de sinople, trois nefs d'argent avec la bannière de France, placées deux en chef et une en pointe, construites et mâtées d'or, et surmontées d'un soleil d'or ; on y lisait cette devise : — *Te toto urbe sequemur.*

Le corps des *Pelletiers,* désignés sous le titre de *maîtres et marchands pelletiers, haubaniers, fourreurs,* occupait le quatrième rang. Ils prétendirent avoir eu pour chef et pour patron le duc de Bourbon, comte de Clermont, grand-chambrier en 1368, dont ils ont porté les armes qui étaient d'azur à l'agneau pascal d'argent, tenant une bannière de gueules, chargée d'une croix d'or, et deux hermines supportant l'écu timbré d'une couronne ducale.

Le cinquième corps était celui des *Changeurs,* qui avaient seuls le droit d'habiter le Pont-au-Change. « Mais comme en 1461, dit Sauval, après
» la suppression de la Pragmatique, leur corps vint
» à s'affaiblir, de sorte que le Pont-au-Change
» n'était plus habité que par des chapeliers et des
» faiseurs de poupées, peu à peu ils déchurent si
» fort et pour le nombre et pour le bien, qu'en
» 1514, se voyant réduits à cinq ou six familles
» tout au plus, et ainsi hors d'état de faire la dé-
» pense nécessaire pour l'entrée de Marie d'Angle-

» terre, il leur fallut cesser d'être au nombre des » six corps. » Les *Bonnetiers* prirent aussitôt leur place et leurs armes qui portaient d'azur à cinq navires d'argent avec la bannière de France, accompagnés en chef d'une étoile d'or.

La sixième communauté était celle des *Orfèvres*, comprenant à la fois les joailliers, les bijoutiers, les metteurs en œuvre et les marchands d'or et d'argent. Dès l'origine, les orfèvres eurent la garde du buffet royal, lorsque les galas de la cour avaient lieu dans le palais de la Cité. Philippe de Valois donna lui-même ses armes à cette corporation, tandis que celles des autres corps étaient de concession municipale et non de concession royale. Aussi les orfèvres portèrent-ils de gueules à trois croix dentelées d'or, ayant au premier et au quatrième quartiers une coupe d'or ; au deuxième et au troisième, une couronne de même, au chef d'azur semé de fleurs-de-lys et cette devise : — *In sarra, inque coronnas.*

Les six corps de Paris formaient véritablement l'aristocratie populaire. Les autres métiers avaient une constitution à peu près semblable. Nous allons les considérer au point de vue politique, administratif et religieux, afin de prouver que les travailleurs libres étaient en communion avec le roi, avec eux-mêmes, c'est-à-dire avec l'humanité, enfin avec Dieu.

Par rapport à l'État, les jurandes avaient besoin d'être autorisées, soit par le prévôt de Paris, soit par le prévôt des marchands, car elles dépendaient de l'autorité royale ou de l'autorité municipale. Tout bourgeois qui désirait embrasser une profession libre présentait une requête au prévôt de Paris, en plein Châtelet, ou au prévôt des marchands, dans la grande salle de l'Hôtel-de-Ville ; payait un droit en argent ; subissait un examen en présence des gardes-jurés du métier ; prêtait serment de se conformer aux règlements et aux lois du royaume ; et prenait enfin possession de la *maîtrise*.

Par rapport à lui-même, chaque métier possédait un fonds et une caisse générale, patrimoine inaliénable de tous les associés. On ne pouvait être associé sans lettres de maîtrise. Pour les obtenir, deux conditions indispensables devaient être remplies : l'une, de capacité, dont les gardes-jurés s'assuraient au moyen d'un examen qu'ils faisaient subir au candidat ; l'autre, d'argent, car le candidat payait une taxe, dont une partie appartenait au roi, l'autre partie à la corporation.

Dans certaines professions, l'on exigeait un cautionnement ou un chef-d'œuvre. Les orfèvres versaient dix marcs d'argent entre les mains du prévôt ; mais les tondeurs de draps n'en donnaient que six comme garantie des étoffes qu'on leur confiait. « Pour être reçu maître tonnelier, il fallait,
» premièrement, avoir fait un chef-d'œuvre dudit
» mestier ordonné par les jurés ; l'oublieur *lui-*
» *même devait pouvoir préparer, dans une seule jour-*
» *née,* au moins cinq cents de grandes oublies, trois
» cents de supplications, etc. » En de certaines corporations privilégiées, dont les étrangers se trouvaient exclus, les maîtrises étaient héréditaires.
« Nul ne peut estre bouchier de la grande bouche-
» rie de Paris..., se il n'est filz de bouchier de
» ycelle boucherie. » (Ord. de Charles VI). Des exemptions étaient accordées à d'autres jurandes. Les orfèvres, les chirurgiens et les barbiers ne faisaient pas le guet, « attendu qu'on les envoyoit
» chercher la nuict en deffault dez nuzes. Nul ar-
» chier, arbalestrier et haubergier ne doit point de
» guet, car le mestier l'acquitte. » Il en est de même de la corporation des tonneliers, « comme

» anciennement ont esté. » Enfin, on lisait dans les statuts des *dorelotiers* ; « Nuls du mestier devant-
» dit passé LX ans, ne doit point de guet, ne cil à
» qui fame gist d'enfant tant que elle gist ; mais ils
» sont tenus à faire le savoir à celui qui le guet
» garde de par le roy, et en son creuz par le ser-
» ment. »

L'apprentissage, qui transformait chaque atelier en une école où l'élève, avant d'obtenir le titre de maître, devait monter un à un tous les degrés de la hiérarchie industrielle, formait un point important de la législation des jurandes. Il y avait deux classes d'apprentis : les fils de maîtres dont le nombre était illimité, et les étrangers dont le nombre, restreint d'abord, fut plus tard augmenté. Mais les fils de maîtres, *nés hors de loyal mariage,* subissaient les lois relatives aux étrangers. Indépendamment de son fils, aucun chef de métier ne put avoir plus d'un apprenti. Les orfèvres, les tourneurs et les maîtres teinturiers, en eurent deux ; quelques autres artisans avaient le privilége d'en prendre autant qu'ils voulaient, ce qui devint un droit commun au XVIe siècle.

La durée de l'apprentissage variait selon le métier. Pour celui de tanneur, elle était fixée à deux

ans. — « Nuls mestres ni mestresses du mestier de
» pierre de voirre, de quelque couleur que ce soit,
» ne puisse prendre apprenti ou apprentisse à
» moins de cinq ans et quarante sols, ou à sept ans
» sans argent ; et qui à moins le prendre se il
» n'a point d'argent, il paiera l'amende. »

La taxe exigée pour l'apprentissage variait comme le temps de l'apprentissage. L'apprenti lormier, teinturier, tisseur de soie, coutelier et potier de terre, une fois entré en métier, ne pouvait en sortir qu'après six ans : un apprenti orfèvre, après sept ans ; mais ce dernier payait vingt sous parisis, tandisque l'apprenti drapier en soie payait six livres. L'ouvrier pouvait ne point payer le prix de l'apprentissage, s'il en augmentait la durée. Dans ce cas, l'apprenti boîtier s'engageait pour huit ans et non pour sept, et l'apprenti drapier en soie également pour huit ans et non pour six. Le contrat une fois signé, il devenait si rigoureux, au point de vue du droit, pour le maître et pour l'apprenti, que celui-ci, en se rachetant à prix d'argent, n'était plus apte à recevoir la maîtrise ; et que la mort du maître lui-même ne l'affranchissait pas de son apprentissage. Les gardes-jurés du métier, après en avoir déféré au prévôt de Paris, lui donnaient un nouveau maître, si la veuve de son premier *bourgeois* ne conservait pas la maîtrise. En effet, plusieurs statuts accordèrent aux veufs et aux veuves la faculté d'exercer le métier de leurs femmes ou de leurs maris, mais, presque toujours, à la condition de ne point contracter un nouveau mariage, *sauf que le mary ne pourra ni avoir ni tenir apprentisse.*

Lorsque le temps légal de l'apprentissage était fini, chaque ouvrier qui voulait devenir maître faisait son *chef-d'œuvre*, type de perfection relatif à son état; présentait une requête au prévôt de Paris ou au prévôt des marchands, selon que sa profession dépendait de l'Hôtel-de-Ville ou du Châtelet, et payait un droit exigé pour l'achat de la maîtrise, comme si le droit de travailler faisait partie du domaine royal ou du domaine populaire. Lorsque l'ouvrier ne voulait pas entrer en maîtrise ou *s'il n'avait pas de quoy,* il était libre de travailler en tous ateliers, en tous pays, chez tous les maîtres, moyennant un salaire. Ces ouvriers libres s'appelaient *vallez gaignant argent*. Ils avaient le droit d'entrer dans une jurande, en subissant les épreuves nécessaires devant les gardes du métier, un an après qu'ils étaient sortis d'apprentissage. Ainsi, les ouvriers qui ne possédaient aucun capital n'étaient point dans la dépendance d'autrui comme les travailleurs de la civilisation moderne, puisque leur entrée dans la jurande les faisait participer à tous les priviléges de la Bourgeoisie proprement dite.

Une coutume généralement admise, donnait aux fils de maîtres, *nés de loyal mariage,* le privilége de ne payer que la moitié des droits exigés des apprentis étrangers. D'autres fois, *le fils de confrère* ne payait rien : il se trouvait placé, par le seul fait, au-dessus du droit commun.

Les membres de chaque jurande se réunissaient en présence du prévôt de Paris ou de son lieutenant, soit pour élire leurs prud'hommes ou leurs gardes-jurés, soit pour réviser leurs anciens statuts, soit pour en faire de nouveaux. L'élection des gardes-jurés avait lieu de quatre manières différentes : 1° par toute la commnnauté des chefs de métiers ; 2° par les jurés sortants ; 3° par les officiers du roi, car le prévôt de Paris avait le droit de casser ou d'approuver la nomination de quatre prud'hommes; 4° par le vote à deux degrés. La généralité des maîtres nommait alors quelques électeurs chargés de choisir les gardes-jurés. Le nombre que l'on devait en élire, dans ces assemblées, variait selon les lieux et les professions. Les *teinturiers* en nommaient deux ; les *chaussiers*, trois ; les *tanneurs*, quatre ; les *merciers*, cinq, et les *orfèvres*, six. Les jurés élus et qui refusaient d'accepter les fonctions de leur charge, étaient passibles de plusieurs peines et amendes. Le prévôt de Paris ainsi que celui des marchands pouvaient les priver, pendant un an, de tous leurs droits de maîtrise et priviléges ; et leur faire subir une amende qui variait de cinq sols à dix livres parisis. Avant d'entrer dans l'exercice de leurs fonctions, ils devaient prêter serment entre les mains du prévôt de Paris ; mais, en sortant de leur charge, ils étaient libres de la refuser pendant trois ans.

Les jurés étaient tenus de visiter les fabriques, les ateliers et les boutiques ; d'inspecter les marchandises ; de surveiller les foires et les marchés ; d'obvier aux *maléfices, faussetez et decevances qui pourroient estre faites ;* de dénoncer *au procureur du roy toutes les mesprentures, forfaictures ou amendes qui seroient ou pourroient être faictes ;* de lever des impositions et des taxes sur les membres de chaque corporation, et d'exercer enfin une juridiction, bienveillante pour les ouvriers, mais sévère pour les maîtres. L'appel de leurs jugements était porté au Châtelet, devant le tribunal du prévôt de Paris.

Les amendes, les droits de réception et une cotisation régulière alimentaient le trésor de chaque corporation libre; toutes conditions qui, jointes aux mesures fiscales, au droit royal et au banquet de réception, payé à tous les maîtres, en entrant dans la maîtrise, ne laissaient pas que d'être fort oppressives.

En certains lieux privilégiés, notamment au faubourg Saint-Antoine, au cloître et au parvis Notre-Dame, à la cour Saint-Benoit, à l'enclos Saint-Denis, à celui de la Châtre, au Louvre, aux Gobelins, aux palais des princes du sang, aux quarante-deux colléges de l'Université, les ouvriers et les artisans qui servaient de portiers, pouvaient exercer leurs professions sans être devenus maîtres et sans être soumis à la juridiction ni à la visite des gardes-jurés d'aucune communauté. Quelquefois ceux-ci voulaient user du droit d'inspection sur leurs ouvrages; mais alors ils devaient se faire accompagner d'un commissaire du Châtelet et obtenir une ordonnance du lieutenant-civil ou du lieutenant de police. — Les mêmes priviléges étaient accordés aux habitants de la *culture du Temple*, qui, par son étendue et le chiffre de sa population, formait à cette époque un tiers de la ville de Paris, et servait de lieu d'asile à tout le monde, notamment aux débiteurs insolvables et aux faillis (1).

Chaque métier nommait individuellement ou collectivement ses prud'hommes. Il y avait donc autant de juridictions distinctes qu'il existait de jurandes. Au-dessus de leur conseil s'élevaient deux tribunaux supérieurs, celui de l'Hôtel-de-Ville dont tout artisan était justiciable en sa qualité de bourgeois, et celui du Grand-Châtelet où tout membre de chaque corporation devait comparaître, le cas échéant, soit devant le prévôt de Paris, soit devant son lieutenant, en sa qualité de sujet du roi de France.

Les métiers avaient des représentants honorifiques parmi les officiers de la maison du roi. Le premier valet de chambre du roi était chef des barbiers dans toute la France; l'officier de bouche était celui des cuisiniers; le panetier, celui des boulangers; le grand chambrier ou maître de la grande garde-robe, celui des fripiers.

Il nous reste à considérer les jurandes sous un troisième aspect. — Par rapport à la société religieuse,

(1) M. Alboise, *Les Prisons de l'Europe*, tom. II, pag. 7.

les bourgeois étaient constitués en confréries; de même que, dans la société politique, ils avaient formé des communautés. Aux yeux du roi, comme à leurs propres yeux, le riche et le pauvre n'avaient que des intérêts collectifs ; mais aux yeux de l'évêque, le riche et le pauvre étaient frères. Dans l'Hôtel-de-Ville on distinguait, sans doute, l'importance sociale de l'individu, selon sa richesse; dans l'église, au contraire, on ne distinguait que sa foi et son amour pour le prochain.

Chaque métier avait adopté le patronage d'un saint. De même qu'il avait un bureau spécial où se réunissait la *communauté*, de même il eut une église distincte où s'assemblait la *confrérie*. Les drapiers, constitués sous le patronage de Notre-Dame, eurent leur communauté dans la rue des Déchargeurs, en la maison des Carneaux, et leur confrérie au maître-autel de l'église Saint-Pierre-des-Arcis; les épiciers, constitués sous le patronage de saint Nicolas, eurent leur communauté au cloître Sainte-Opportune et leur confrérie à l'église des Grands-Augustins; les merciers, constitués sous le patronage de saint Louis, eurent leur communauté dans la rue Quincampoix et leur confrérie à l'église du Saint-Sépulcre ; les pelletiers, constitués sous le patronage du Saint-Sacrement, eurent leur confrérie à l'église des Carmes-des-Billettes; les bonnetiers, constitués sous le patronage de saint Fiacre, eurent leur communauté au cloître Saint-Jacques et leur confrérie à l'église Saint-Jacques-de-la-Boucherie; enfin, les orfèvres, constitués sous le patronage de saint Éloi, eurent leur communauté dans la rue des Deux-Portes et leur confrérie dans une chapelle bâtie au milieu de la même rue.

Les confréries réglaient, pour ainsi dire, les rapports de l'humanité avec Dieu, par l'intermédiaire des saints, considérés comme patrons des communautés industrielles. Chaque bourgeois avait sa place spéciale dans l'église et aux processions où il se rangeait autour de la bannière de sa confrérie. Cette bannière qui, dès l'origine, n'avait été qu'un étendard pieux, devint bientôt le drapeau militaire de chaque métier, lorsque la Bourgeoisie, dont les principaux membres avaient été militairement organisés par Saint-Louis, se vit appelée à former les milices nationales.

Quelque large que fût cette organisation de l'état populaire, elle ne pouvait contenir les praticiens ni les clercs, personnages versés dans la connaissance du droit public et non dans la pratique des œuvres industrielles. Ils vivaient perdus entre les nobles et les bourgeois, rejetés par les uns, et ne pouvant s'accorder avec les autres. Étienne Boileau les fit entrer dans le Parlement dont la fondation a été attribuée tour-à-tour à Charles Martel, à Pépin-le-Bref et à Saint-Louis. Quoi qu'il en soit, on ne peut nier que ce dernier prince n'ait confié au génie démocratique, dans cette institution où régnait la justice féodale et oppressive, le dépôt des traditions et des principes d'indépendance. Philippe-le-Bel compléta, sous ce dernier rapport, l'œuvre d'Étienne Boileau. Non content de fixer le Parlement au milieu de Paris et de le soumettre à deux sessions annuelles; l'une après l'octave de Pâques; l'autre, après l'octave de la Toussaint, il divisa la magistrature en deux grandes corporations qui s'appelèrent : Parlement et Chambre des comptes.

Le Parlement de Paris, juridiction suprême de toute la France, subit diverses transformations selon les époques de notre histoire et selon l'esprit de ces époques ; ainsi que nous le démontrerons successivement. Nous ne parlerons, dans ce chapitre, que de son personnel. Au plus fort de sa puissance, il renfermait deux cents magistrats : huit présidents à mortier, chefs de la compagnie, siégeaient dans la grand'chambre composée de trente conseillers qui venaient prendre place autour d'eux par le droit d'ancienneté ; plus cinq chambres des enquêtes et deux des requêtes ayant des attributions différentes. Mais dans les circonstances impérieuses, alors que le Parlement, organe de la justice nationale, intervenait dans l'état politique par des voies-de-fait, les conseillers de toutes les chambres se groupaient autour de leur premier président pour l'entendre répondre aux harangues du chancelier de France, premier magistrat du royaume, par d'énergiques *Mercuriales.*

La Chambre des comptes était moins turbulente que le Parlement, parce que sa juridiction se bornait à la manutention des finances et à l'administration des biens de la couronne. Ses officiers, en vertu d'un privilége spécial, se trouvaient exempts de droits seigneuriaux, de toutes charges publiques, tailles, corvées, péages, subventions, aides et gabelles. On leur adressait les édits, ordonnances, lettres et déclarations concernant les apanages des enfants de France, douaires des reines et contrats d'échange ; ils enregistraient les contrats de mariage des rois, les traités de paix, les provisions des chanceliers, gardes-des-sceaux, secrétaires d'État, maréchaux de France et grands-officiers de la couronne. Le grand-maître de l'artillerie, le contrôleur-général, le grand-maître des eaux et forêts, les trésoriers de France, tous les comptables enfin étaient tenus de se faire recevoir par les membres de la Chambre des comptes, et d'y prêter serment de fidélité, ainsi que les archevêques, évêques, abbés et possesseurs de bénéfices royaux. Les plus puissants vassaux venaient y faire, en présence de la démocratie, acte de foi et d'hommage à la royauté, pour les titres et seigneuries qu'ils possédaient dans le royaume de France.

Le compte des recettes générales des domaines, des finances, des tailles et des octrois de toutes les généralités de son ressort, embrassant Amiens, Soissons, Châlons, Orléans, Bourges, Moulins, Poitiers, Limoges, Riom et Lyon ; et les comptes du trésor royal, de l'extraordinaire des guerres, de la marine, des monnaies, des fortifications, des ponts-et-chaussées et des colonies, étaient soumis à ces magistrats qui portaient de grands ciseaux à leur ceinture, symbole du pouvoir qu'ils eurent, dès l'origine, de restreindre les dépenses du roi de France, et de retrancher les articles sur lesquels ils écrivaient la formule de leur *veto* : — « C'est trop donner ; ceste partie » soit rejetée (1). »

Les clercs attachés au Parlement et à la Chambre des comptes formèrent deux grandes corporations, et prirent les noms de *Royaume de la Basoche* et de l'*Empire de Galicie*.

Dans le Royaume de la Basoche, on jugeait en dernier ressort, selon le droit civil et selon le droit criminel, tous les différends qui s'élevaient entre les clercs du Parlement. Le président de ce tribunal s'appelait : *Roi de la Basoche*. Il avait un conseil et une cour formés d'un chancelier, d'un procureur-général, d'un avocat du roi, de dix maîtres des requêtes, de plusieurs trésoriers et de quatre notaires-secrétaires du royaume. Il avait le droit de battre monnaie durant son règne qui finissait au bout d'un an.

Son élection avait lieu huit jours après la Saint-Martin. Une fois reçu par l'assemblée des procureurs, il prêtait serment entre les mains du chancelier sortant, qui devenait vice-chancelier et li-

(1) *Descript. hist. de Paris*, par Béguillet, avocat au Parl., pag. 335, 1779.

vrait, à son successeur, les armes de la Basoche, portant : sceaux d'argent, écritoire sur un champ fleurdelisé, casque et morion à la partie supérieure en signe de royauté.

Les audiences du tribunal de la Basoche avaient lieu dans la grand'chambre, le mercredi et le samedi ; le chancelier jugeait souverainement et sans frais, assisté de sept maîtres de requêtes ordinaires et de sept maîtres de requêtes extraordinaires. Les causes étaient défendues par les clers reçus avocats ; et les jugements se rendaient sous ce titre : *La Basoche régnante et triomphante, salut...*

Tous les ans le roi de la Basoche faisait *une monstre* ou revue générale de ses sujets portant leur soutane ordinaire de taffetas jaune et bleu. A son audience on plaidait, le jeudi gras, une cause burlesque ou scandaleuse qui égayait fort les bourgeois de la bonne ville ; enfin, durant les premiers jours du mois de juillet, vingt-cinq clercs à cheval, vêtus d'habits rouges, musique et drapeaux en tête, se rendaient successivement chez leurs dignitaires, chez les principaux membres du Parlement et chez les magistrats de la Cour des aides, leur donnaient des aubades, parcouraient toutes les rues de Paris et se dirigeaient ensuite vers la forêt de Bondy où ils marquaient les arbres qu'ils avaient le droit de couper. Ils les destinaient aux plantations de *mais :* cérémonie remarquable, annuellement renouvelée au bas de l'escalier du Palais.

Cette organisation corporative des clercs du Parlement fut également adoptée par les clercs attachés au Châtelet, ou employés chez les notaires, chez les commissaires, chez les procureurs et chez les greffiers. Leur communauté distincte s'appela *Basoche du Châtelet.* Quoique ce royaume fût moins important que celui du Parlement, il n'en eut pas moins son tribunal où un prévôt et quatre trésoriers prononçaient des jugements dont l'appel était porté au présidial (1).

Le tribunal des clercs de la Chambre des comptes renfermait un plus grand nombre d'officiers. On y distinguait un chancelier, un procureur-général, une foule de maîtres des requêtes ou secrétaires des finances, un trésorier, un contrôleur, un greffier et deux huissiers, sujets du *très-haut et très-puissant empereur de Galilée,* leur souverain.

Toutes ces associations populaires, dont la constitution fut primitivement écrite par Étienne

(1) *Description historique de Paris,* par Béguillet, avocat au Parlement.

Boileau, prévôt de Saint-Louis, durent se conserver et même se multiplier, par de nouvelles créations, faites à chaque branche d'industrie, selon les divers âges et les divers besoins de chaque civilisation : aussi avons-nous dû faire abstraction des époques pour les considérer dans leur ensemble.

Nous savons maintenant quelle a été la situation générale de la Bourgeoisie vis-à-vis de la royauté, et quelle a été l'œuvre constituante de la royauté à l'égard de la Bourgeoisie. En effet, tous les priviléges que les princes accordent au peuple, ne devant profiter qu'à la société, sans être cependant nuisibles à l'individu, viennent se résumer dans les asssociations, ou mieux, dans les communes professionnelles. Comme cette forme de la vie publique avait pour principe l'esprit de la civilisation chrétienne, et, pour directeur et régénérateur, le chef même de la nation, l'Université de Paris dut la prendre afin de mériter le titre de *très-humble et très-dévote fille du roy* (1).

Or, plus qu'aucune autre institution humaine, l'*Étude-Générale*, — c'est ainsi qu'on l'appelait, — fondée par Charlemagne, mais désorganisée par le régime féodal, comme tout centre d'évolution

---

(1) *Chronique d'Enguerrand de Monstrelet.*

intellectuelle, avait besoin d'être restaurée. Elle était si pauvre qu'elle ne possédait aucune salle pour ses exercices profanes ; aucune église pour ses exercices religieux. Faute de la plus chétive chaire, les docteurs professaient autour du grand bénitier des monastères ; et, comme l'Université n'avait aucun lieu spécial où elle pût conserver ses coffres et ses archives, elle était obligée de les déposer dans les abbayes du voisinage (1).

Sa restauration fut provoquée par Robert, originaire de Sorbon. Sachant, par expérience, combien il était difficile aux pauvres écoliers de faire leurs études, il quitta un canonicat qu'il possédait à Cambrai pour venir former, à Paris, une société d'ecclésiastiques séculiers qui, vivant de peu, et, par conséquent, assez riches pour satisfaire leur humilité, enseignèrent gratuitement dans un édifice, bâti au milieu de la rue des Deux-Portes et vis-à-vis le palais des Thermes, auquel on donna le nom de son village, et qui s'appela ainsi : *Collége de Sorbonne*.

En ce temps-là, aucune corporation enseignante n'existait en Europe. Dès que celle-là eut été insti-

(1) Monteil, *Histoire des Français des divers États aux cinq derniers siècles*, tom. Ier, pag. 231-236.

tuée, on créa, selon les mêmes principes, une foule d'autres colléges : leur réunion forma l'Université de Paris, qui n'eut d'existence réelle que depuis Saint-Louis. L'Étude-Générale renferma dès-lors cinq facultés particulières : 1° celle des arts qui constituait, en quelque sorte, un monde à part, divisé en royaumes ou en républiques, et subdivisé en provinces ; 2° celle de théologie ; 3° celle du décrêt ou droit canon ; 4° celle de médecine ; 5° celle du droit civil, qui était la plus importante, puisqu'elle enseignait aux hommes les droits et les devoirs, nés de la société humaine, pour la faire vivre elle-même.

Toutes ces facultés étaient représentées par un chef appelé *Recteur,* expression vivante de l'unité au sein de l'instruction publique. On le choisissait quelquefois parmi les étrangers. Que sa nation fût en état de paix ou en état de guerre avec la France, peu importait aux membres de l'Université, plus habitués à la guerre qu'à la paix, et bataillant avec Aristote et Platon, ou avec d'autres morts, faute de pouvoir pacifier les vivants. C'est ainsi qu'on élut un Anglais, Wilking, au mois d'octobre 1352, pendant les hostilités du prince de Galles ; un Danois, Machaire, au mois de mars

1365; un Hollandais, Werbuech, au mois de juin 1366; un Allemand, Ulric de Constance, au mois de juin 1377 : mais, condition indispensable, ils étaient tous membres de la faculté des arts.

L'année scolaire commençait au milieu de septembre et se terminait aux premiers jours du mois d'août. Les écoliers portaient l'habit de clerc, s'ils entraient dans la section ecclésiastique ; ils pouvaient se dispenser de la tonsure, s'ils entraient dans la section laïque. Les études universitaires étaient longues : on n'obtenait le diplôme de maître ès-arts, qu'après six années ; celui de bachelier, qu'après huit années ; celui de licencié, qu'après dix années ; enfin, celui de docteur, le plus haut grade, qu'après douze années de laborieuse assiduité aux leçons du Pré-aux-Clercs.

Nous dirons ailleurs, quels étaient les enseignements de cette corporation célèbre, moitié séculière et moitié ecclésiastique, dont les papes et les rois invoquèrent l'alliance, comme si elle représentait l'élément générateur du pouvoir humain et du droit divin ; aussi ne sera-t-on pas étonné de la voir, en de certaines occasions, l'arbitre des destinées de la France. L'Université censurait tout, les faits et gestes des rois ou des principaux seigneurs, et les idées qui se manifestaient dans le monde. Mais cette dernière tâche était ordinairement remplie par la Sorbonne, dont les peuples chrétiens recevaient les décision *avec une vénération presque égale à celle qu'on avait pour les décisions de Rome* (1).

C'est que ce collége n'avait pas été créé dans l'unique but de propager l'étude partielle des arts, mais bien l'étude générale de la théologie. Robert de Sorbon, devenu confesseur de Saint-Louis, ne fut pas, sans doute, étranger à la fondation de l'Église gallicane, instituée, non pour détruire le rapport universel des esprits au sein de la communion catholique, mais pour conserver le sentiment de libre arbitre, particulier au peuple français, vis-à-vis de l'Église de Rome, qui exprimait le sentiment spirituel de l'humanité. Ainsi, le collége de Sorbonne, dont les colonnes servirent de piliers à l'Église gallicane, ne se proposa point de changer les formes de l'enseignement religieux, ni de dénaturer la doctrine, sous prétexte d'arriver à la foi en traversant l'hérésie. Aucun dogme ne fut expliqué par les docteurs gallicans autrement que par les Pères des conciles ; mais, s'ils ne cherchèrent

(1) *Histoire du patriotisme français,* par Rossel, avocat de Paris, tom. 1ᵉʳ, pag. 379.

point à mettre leur tendance individuelle en état de protestation, contre l'affirmation de l'universalité des théologiens, ils voulurent que le christianisme, principe d'émancipation et d'affranchissement, ne se transformât pas en une loi de servitude. Puisque l'humanité n'existe pas, même aux yeux de Dieu, sans libre arbitre, évidemment les peuples ne sauraient abîmer leur individualité morale au sein de l'Église universelle, sans connaissance de cause; car il est toujours nécessaire de faire un acte de raison et de liberté, avant de faire un acte de foi.

On l'a vu : l'application la plus complète du principe d'association, consacrée par Étienne Boileau et continuée par ses successeurs, avait régénéré l'industrie, la magistrature et l'Université : toutes les formes de la civilisation. Les positions judiciaires, administratives, et même politiques, devinrent peu à peu l'apanage de la démocratie, uniquement parce qu'elle était organisée par groupes d'arts et de métiers. C'est ainsi qu'à chaque âge de la vie elle forma un tout harmonique. Toute jurande, pour être individuellement constituée, n'en participait pas moins, dans la sphère de son activité, au mouvement de progression universelle;

aussi, le déplacement d'une seule aurait-il suffi pour produire une révolution dans la société.

Les avantages matériels ne le cédaient en rien aux avantages moraux, car, dans cette vaste constitution, qui avait pour base un principe de fraternité et de dévouement, d'ordre et de liberté, le catholicisme lui-même, tout était prévu et régularisé; aussi, la voyait-on fonctionner généralement, au milieu d'institutions particulières de prévoyance, telles que fonds de retraite ou bureaux de secours pour les travailleurs infirmes ou malades, et conseils de prud'hommes, élus pour être les patrons et les tuteurs de chaque industrie.

La sollicitude royale se manifestait dans chaque article de cette organisation populaire, dont le prévôt des marchands exprimait l'unité. Par une dernière disposition législative, insérée dans ses *Établissements*, Saint-Louis, voulant soumettre toute la Bourgeoisie française à une direction unique et centrale, obligea les maires des villes de venir annuellement à Paris, pour y soumettre les comptes de leur propre administration, au contrôle de l'Hôtel-de-Ville, siége de la Prévôté. Il en fut ainsi durant presque toute la durée de notre ancienne monarchie, sauf en de certaines époques désorganisatrices qui coïncident avec les phases révolutionnaires de notre histoire, qui ont fait trop souvent obstacle au libre développement de l'humanité.

Nous avons indiqué les nombreux rapports qui unissaient entre eux l'apprenti et le maître, l'élève et le professeur, l'ecclésiastique et le laïque, le clerc et le conseiller, le compagnon et l'échevin, le docteur et le recteur, le prévôt des marchand et la bourgeoisie, le sujet et le roi : voyons maintenant au travail historique tous ces ouvriers de la civilisation.

CHAPITRE V.

TRANSFORMATION DE LA BOURGEOISIE EN TIERS-ÉTAT.

Les habitants des villes émancipées étaient devenus membres essentiels de la société civile ou communale; et les gens de métiers, affranchis sous le nom de *Bourgeois,* en obtenant ainsi le titre d'hommes libres, et en se constituant sous la forme de corporations, avaient acquis le droit d'organiser, d'administrer et de diriger l'industrie nationale, ou mieux, étaient devenus membres importants de la société générale. Dès ce moment, le plébéien isolé disparaît devant le plébéien collectif. Au lieu de voir l'individu-artisan, on ne vit plus en lui que la corporation de son art et de son métier, comme on avait toujours considéré le noble et le prêtre, le premier, en tant que membre d'une confédération aristocratique, le second, en tant que membre de l'Église. Le prêtre et le noble jouissaient d'un certain nombre de priviléges, par cela seul qu'ils appartenaient, celui-ci, à une corporation politique; celui-là, à une corporation religieuse. Le bourgeois eut également la jouissance d'un certain nombre de priviléges, par cela seul qu'il faisait partie d'une corporation industrielle. De toutes parts, l'homme universel était donc substitué à l'homme individuel; aussi, l'égalité des personnalités, au point de vue social, devait-elle inévitablement remplacer l'inégalité des conditions, car les lettres d'anoblissement, accordées, d'abord, aux officiers civils de Paris, ensuite, par Philippe-le-Hardi, à d'autres artisans ou propriétaires, prouvaient que l'état de bourgeoisie n'excluait point la noblesse.

Cependant, les classes populaires n'avaient encore exprimé que deux côtés distincts de la sociabilité; celui de leurs corporations et celui de la cité : nullement celui de l'État. Quoiqu'elles représentassent positivement la législation, la justice, la finance, l'industrie, la science, l'art et la religion, c'est-à-dire, tous les buts divers de l'intelligence et de l'activité humaine, une dernière conquête, la première par son importance, leur restait à faire. L'idée chrétienne et l'idée féodale s'étaient manifestées dans la société, sous le nom de *clergé* et de *noblesse,* qui constituaient deux ordres distincts ; l'idée populaire ou démocratique, devait se manifester, d'une manière identique, en formant un troisième ordre, sous le nom de *Tiers*. Ce terme désignait le dernier degré de l'esprit d'association applicable à la bourgeoisie ; aussi, les trois ordres, réunis en assemblée nationale, furent-ils appelés : — ÉTATS-GÉNÉRAUX !

En vertu de cette révolution qui s'accomplit sous l'influence de la royauté, représentée par Philippe-le-Bel, la démocratie passa de la vie industrielle à la vie politique. Les bourgeois, dont ce prince venait d'organiser la puissance militaire dans toute la France, en transformant *le guet de nuit en guet assis* qui *corne la guette* à chaque heure, les bourgeois se mêlèrent alors aux prêtres et aux nobles, confrontèrent les faits avec les idées, firent, en réalité et à leur profit, malgré leur faiblesse apparente, le dénombrement de toutes les forces humaines ; et furent assez hardis, malgré leurs humbles révérences, pour soutenir le *menu populaire* encore ballotté entre la liberté et la servitude.

La première convocation des États-Généraux eut lieu à Paris. Les trois ordres étaient convoqués pour mettre fin à la querelle d'un pape et d'un roi, de Boniface VIII et de Philippe-le-Bel, de l'Église romaine et de l'Église gallicane. L'œuvre religieuse de Saint-Louis et de Robert de Sorbon, de la Royauté française et de la Bourgeoisie, allait être détruite, si les députés des villes n'eussent fait triompher le principe de l'indépendance des rois, en tant que rois, vis-à-vis de la papauté ; et le sentiment du libre arbitre des peuples, ou mieux, des hommes, en tant qu'hommes, vis-à-vis de l'autorité du pape, c'est-à-dire la conservation de l'individualité humaine en regard de l'universalité. Chose digne de remarque!... la lutte du sacerdoce et de la royauté constitua bien des schismes et bien des hérésies en Europe : en France, il n'en fut pas ainsi, parce que cet antagonisme n'y provoqua jamais l'explosion de l'orgueil ou de l'amour-propre individuel, l'assemblée des trois ordres étant convoquée pour y intervenir.

Dès les premiers temps, il n'y eut d'élection ni parmi le clergé, ni parmi la noblesse ; mais seulement parmi le tiers-état, dans les provinces, villes et bailliages qui étaient sous la domination du roi. L'élection ne devint générale que vers la fin du quinzième siècle ; dès lors tout député défendit les droits et les intérêts populaires, selon les termes du mandat impératif qu'il avait reçu de ses commettants : mandat civilisateur dont l'usage s'est maintenu durant toute la durée de notre vieille monarchie qui consacrait, par ce fait, l'un des plus beaux triomphes de l'esprit humain.

Lorsque les villes non-murées et les communes rurales eurent obtenu le droit de se choisir des représentants, le système électoral devint applicable à tous les habitants du royaume. On adressa les commissions aux anciens pairs qui réunissaient les trois ordres de leurs provinces et amenaient avec eux leurs députés. Plus tard, le roi envoya ses mandements aux baillis et sénéchaux qui les signifièrent, par des sergents, à leurs commissions particulières : « Assavoir, » disent des Mémoires inédits, « pour le regard de l'ordre du clergé, en
» tous les bénéfices du ressort ou sénéchaussée;
» pour la noblesse, en tous les fiefs, terres et sei-
» gneuries qu'ils possèdent au-dedans du même
» ressort; et pour le tiers-état, par toutes les villes,
» villages et paroisses y ressortants, avec intima-
» tions qu'ils aient à se trouver, au jour et lieu assi-
» gnés, en la ville capitale du bailliage ou sénes-
» chaussée, apporter leurs plaintes et faire élection

» d'un ou deux, ou tel nombre qu'ils aviseront,
» députés de chacun ordre pour se trouver en l'as-
» semblée générale des estats.

» Au jour de l'assignation, après lecture faicte
» publiquement par le greffier, au lieu et siége
» principal du bailliage ou sénéchaussée, des let-
» tres patentes du roy sur lesdits estats à chacun
» son tour appelés sur le régistre, le bailly ou sé-
» neschal, ou son lieutenant, y séant et président,
» comme chef de la justice du pays, assisté de ceux
» du clergé, de la noblesse et du tiers-état qui se
» trouvent présents, fait les exhortations et remon-
» trances requises pour le sujet de l'assemblée,
» prend et reçoit le serment des présents et assis-
» tants d'eslire et desputer aucuns d'entre eux, du
» même ordre, personnes de mérite, de probité,
» affectionnées au bien du peuple et de l'État, pour
» se trouver en l'assemblée générale au jour et lieu
» ordonnés par Sa Majesté; et là, suivant le cayer
» qui leur sera mis en main, représenter leurs
» plaintes et doléances y contenues (1). »

Après l'élection, chaque ordre, retiré à part, *advisoit aux plaintes et doléances* qu'il avait à faire et en dressait les cahiers. Pour éviter toute confu-

(1) *Mémoires de la bibliothèque Mazarine.*

sion, dix ou douze membres, *gens de probité, d'intégrité et d'expérience,* rédigeaient ces cahiers et prêtaient l'oreille *à toutes personnes utiles et salutaires au public.* Plus tard, vers la fin du quinzième siècle, à cette époque où l'humanité proclama les véritables droits de l'homme, les *députés-mandataires*, ecclésiastiques, nobles ou bourgeois, étaient élus dans des bailliages communs, sans proportion déterminée entre les membres de chaque ordre, et leurs mandats impératifs exprimaient entièrement, non pas les intérêts d'une classe exceptionnelle d'électeurs, mais les intérêts matériels de la généralité, en même temps que l'esprit de la communauté sociale.

Selon les Mémoires déjà cités, « à Paris, les
» commissions étaient adressées au prévôt de Paris
» pour la convocation de la prévôté et vicomté,
» mais aussi aux prévôts des marchands et échevins
» de la ville pour la convocation qui se fait en la
» Chambre de ville. On y décerne mandement aux
» quarteniers, qui sont au nombre de seize, pour
» avertir dix des plus notables de chaque quartier,
» partie officiers, partie bourgeois, pour s'y trouver.
» Tous les conseillers de la ville, au nombre de vingt-
» six, et les seize, qui sont aussi mandés ensemble,

» les principaux maîtres, comme orfèvres, four-
» reurs, drapiers, qui s'assemblent chacun à part
» pour conférer entre eux à ce qu'ils pensent être
» nécessaire à leur estat et vocation, et en dresser
» mémoire qu'ils portent pour être employé ou
» joint aux cayers de la ville. On choisit par élec-
» tions douze ou quinze gens de probité pour voir
» les mémoires et plainctes, et dresser et compiler
» le cayer, y ayant à cet effet un tronc à la Chambre
» de ville, outre les publications qui se font à jour
» de fêtes et dimanches et prônes des églises pa-
» roissiales, pour avertir les personnes qui auraient
» quelques plaintes à faire, afin de les déposer au
» tronc et faire le cayer des députés. »

Les cahiers étaient relus dans chaque bailliage ou sénéchaussée, et signés par les députés de tous les ordres réunis. Une ordonnance du roi ou du prévôt de son hôtel annonçait la convocation des États la veille de leur réunion, et la publication en était faite *au son de trompe et cri public, avec affiches ès lieux et endroicts les plus célébrés de la ville.* Le lendemain, les députés dressaient, en forme de procès-verbal, un registre *de l'enrôlement et évocation des pays, gouvernements, provinces, sénéchaussées et bailliages de ce Royaume, enregistrement des noms, prénoms et qualités et vérification de leurs pouvoirs.* On procédait à l'élection d'un président ; le prévôt des marchands, véritable chef de la Bourgoisie, était ordinairement nommé par acclamation. Il recevait les voix de chaque bailliage pour le choix d'un greffier et de deux évangélistes, ou rapporteurs des délibérations ; après quoi l'assemblée commençait ses travaux. Tous les bailliages recueillaient leurs voix ; et cette opération préliminaire une fois terminée, on les classait au nombre de douze appelés *gouvernements.*

Pendant que les États-Généraux allaient déterminer, en vertu de leurs votes, la forme et l'avenir de la société française ; on organisait, au cœur du royaume, des assemblées provinciales : autres centres de civilisation qui rayonnaient sur tous les points de la circonférence nationale. La France était partagée en deux vastes divisions territoriales et en deux langues distinctes : la langue d'Oc et la langue d'Oil ; le pays du droit écrit et le pays du droit coutumier, séparés par la Loire. Outre les États provinciaux, défenseurs des intérêts de la localité, qui se réunissaient, d'un côté, dans le Languedoc, dans le Dauphiné, dans la Provence, dans la Bourgogne et dans la Bretagne ; de l'autre côté, dans les provinces d'outre-Seine, le Forez, le Lyonnais et le Beaujolais, il y avait encore d'autres corps constitués pour l'administration de la justice : les Parlements de Toulouse, de Grenoble, de Bordeaux, de Dijon, d'Aix et de Rouen; hiérarchie puissante au sommet de laquelle on distinguait le Parlement de Paris, qui devint ou essaya d'être, en de certaines circonstances, le régulateur suprême de tous les principes politiques, philosophiques, sociaux et religieux soulevés par l'esprit humain.

Si l'on examine les éléments de cette constitution représentative, qui embrassait tout, les lois fondamentales, l'Église, la noblesse, l'Université, les Parlements, la Chambre des comptes et les corporations industrielles, on voit que l'opposition, intelligente quelquefois, le plus souvent hargneuse ou brutale, était déjà l'arme de notre société. Il régnait dans les États-Généraux un si grand besoin de progrès, une si belle intelligence de l'avenir, une confiance tellement robuste en la perfectibilité humaine, que l'esprit national n'y reculait devant aucun problème : celui de la constitution politique, celui de la constitution religieuse ou celui de la constitution civile, à propos de laquelle s'agitaient de graves questions, soit à l'occasion de la noblesse ou de l'organisation militaire de l'humanité ; soit à l'occasion de la magistrature judiciaire, financière et domaniale, ou de l'état général de l'administration ; soit à l'occasion des hôpitaux, *lesproseries et maladreries*, ou de la formidable plaie du paupérisme que guérissaient tant de congrégations ecclésiastiques et laïques, lesquelles avaient, pour ainsi dire, plus de richesses territoriales que la Bourgeoisie n'avait de libertés ; soit à l'occasion de la Marchandise, ou de la distribution de toutes les forces de la démocratie émancipée par les jurandes ; soit enfin à l'occasion de l'Université, qui constatait dans l'esprit humain, les actes progressifs de la civilisation.

Ces observations générales remplissaient les cahiers de chaque bailliage ; et les rois, quittant les adulations des cours, venaient, au sein de la représentation nationale, entendre l'opinion publique librement exprimée par les députés, intelligences souvent supérieures que le peuple choisissait pour en faire ses organes. L'élément représentatif et démocratique était donc un principe constitutif de notre monarchie ; aussi le monde féodal, type de la servitude, regardait-il la France avec effroi, parce qu'elle était déjà, dans le monde, l'initiatrice de la liberté.

« Rien ne pouvoit plus, dit Savaron, désunir » et démembrer ce corps accompli et perfectionné » du nombre de trois (1), » où les gens du Tiers eurent toujours *entrée, séance, opinion*. Le costume de laine et l'humble attitude des bourgeois, en conférant avec les prêtres et les nobles, disparurent après le développement de l'esprit social et des conditions humaines; l'habit de laine, usé par le frottement du temps, et le cérémonial, anéanti par la force des idées. Il n'y eut plus, dès lors, entre les trois ordres, qu'un seul mobile, l'intérêt national. « Le Tiers-État, ajoute Savaron, se trou- » voit le plus intéressé à la tenue des Estats; » il y obtint bientôt une prépondérance qui fut souvent favorable à la royauté, rarement à la noblesse, mais quelquefois hostile à l'une et à l'autre.

Cette tendance de la démocratie éclate dès les premières convocations d'assemblées générales. En effet, le rétablissement du principe représentatif, dans le gouvernement français, marche presque de front, dans le domaine de l'histoire, avec l'anéantissement des Templiers, dernière expression

(1) *Chronique des États-Généraux.*

du régime féodal. La Bourgeoisie, forte de son alliance avec la royauté, commença donc, par la parole, cette lutte effrayante qui devait finir par un bûcher. Deux ordres religieux et politiques et deux intérêts, deux faits sociaux et deux idées, ennemis irréconciliables, se trouvaient en présence : d'un côté, les chevaliers du Temple, symbole d'une civilisation usée dans la violence, puisqu'ils faisaient de leur épée un instrument d'esclavage; de l'autre côté, le Tiers-État, type de la civilisation nouvelle qui transformait l'esclavage en affranchissement (1).

Le procès des Templiers a été diversement jugé par les historiens, et cela devait être, car ils n'ont point tenu compte des principes généraux qui dominaient les événements. Peu nous importe de savoir si les chevaliers étaient innocents ou coupables; peu nous importe encore de savoir qu'ils formaient une institution universelle aussi hostile à l'Église qu'à l'État, puisqu'il nous est démontré qu'ils représentaient la tyrannie féodale en face de l'émancipation des communes et des bourgeoisies.

(1) Nous avons dit, dans nos ÉTUDES SUR LES SOCIALISTES, le dernier mot des Templiers; aussi croyons-nous inutile de le répéter ici.

Le Tiers-État ne voyait donc, et ne pouvait voir, en eux, que des hommes du passé désireux d'empiéter sur l'avenir. C'est ce qui nous explique l'âpre acharnement des bourgeois, qui s'écriaient à la tribune des États-Généraux : « La honte du châti- » ment doit égaler le scandale! » Au reste, il suffit de prouver l'hostilité des Templiers contre la royauté. N'avaient-ils pas refusé à Saint-Louis, alors captif en Palestine, l'argent nécessaire pour compléter le prix de sa rançon ? L'opposition des chevaliers ne devait-elle point inquiéter le roi, quel qu'il fût d'ailleurs, alors que ses conseillers, *braves et loyaulx bourgeois,* devenaient, par cela seul, un prétexte permanent de réaction féodale? Il fallait en finir avec l'esprit d'insubordination pour satisfaire doublement, et la Bourgeoisie dont la noblesse menaçait les priviléges, et la royauté que le Temple pouvait faire attaquer, sur tous les points, au moyen de ses richesses immenses et des nombreuses affiliations qu'il formait dans le monde. L'avenir de la France religieuse, monarchique et démocratique se trouvait étrangement compromis et, par suite, non-seulement l'œuvre sociale de la race capétienne, qui comptait déjà quinze rois ; mais encore l'œuvre industrielle des corporations bourgeoises, c'est-à-dire la pensée universelle toujours menacée d'une voie-de-fait.

Les bûchers s'allumèrent pour les illustres condamnés au nom de la raison d'État, instrument nouveau de sociabilité. La justice politique n'avait jamais déployé, aux yeux des peuples, un plus formidable appareil. La papauté et la royauté, le clergé et l'Université, la magistrature et les corporations industrielles, en un mot, toutes les forces morales et physiques de l'humanité, se réunirent pour anéantir les chevaliers du Temple, qui avaient eux-mêmes conspiré la ruine de la civilisation. Rien ne manqua donc à la solennité de ce procès qui revêtit des formes presque surnaturelles. A dater de ce jour, le plus orgueilleux vassal fut obligé de se montrer sujet du roi et chrétien. La monarchie n'eut plus, en face d'elle, ces innombrables commanderies ou citadelles toujours armées pour la combattre ; mais alors aussi, n'ayant plus de contre-poids dans l'État, ce pouvoir unitaire, constitué à l'effet de garantir les libertés publiques, atteignit presque subitement les limites du despotisme. Les bourgeois de Paris protestèrent, à leur manière, contre cette tendance du gouvernement royal, c'est-à-dire par la révolte. On voulait fouler aux pieds les principes, et l'on ne songeait pas aux agitations redoutables qu'un pareil système devait provoquer dans le pays.

« Philippe-le-Bel, dit le savant Pasquier, avoit
» innové certain tribut, qui étoit pour la première
» fois le centième, pour la seconde la cinquantième
» de tout notre bien. Cet impôt fut cause que les
» manants et habitants de Paris, Rouen, Orléans se
» révoltèrent et mirent à mort tous ceux qui furent
» députés pour la levée de ces derniers. Et lui en-
» core, à son retour d'une expédition contre les
» Flamands, voulut imposer une autre charge de
» six deniers pour livre de chaque denrée vendue :
» toutefois on ne lui voulut obéir. Au moyen de
» quoi, par l'avis d'Enguerrand de Marigny, grand
» super-intendant de ses finances, pour obéir à ces
» émeutes, il pourpensa d'obtenir cela de son peu-
» ple avec plus de douceur ; car s'étant fait sage
» par son exemple, et voulant faire un autre nouvel
» impôt, Guillaume Nangy nous apprend qu'il fit
» ériger un grand échafaud dans la ville de Paris ;
» et là, par l'organe d'Enguerrand, après avoir
» haut loué la ville, l'appelant *chambre royale, en*
» *laquelle les rois anciennement prenoient leur pre-*
» *mière nourriture,* il remontre aux syndics des trois

» États les urgentes affaires qui tenoient le roi as-
» siégé, pour subvenir aux guerres de Flandre, les
» exhortant de le vouloir secourir en cette nécessité
» publique, où il alloit du fait de tous. Auquel lieu
» *on lui présenta corps et bien;* levant, par le moyen
» des offres libérales qui lui furent faites, une im-
» position fort griève par tout le royaume. L'heu-
» reux succès de ce premier coup d'essai se tourna
» depuis en coutume, non tant sous Loys-le-Hutin,
» Philippe-le-Long et Charles-le-Bel, que sous la
» lignée des Valois (1). »

Cependant Philippe-le-Bel, que les bourgeois de
de Paris avaient surnommé *le faux monnoyeur,*
eut à réprimer des insurrections plus ou moins formidables, lorsqu'il imagina d'altérer le titre des
espèces pour combler les vides du Trésor. En 1304,
et dans une circonstance analogue, les Parisiens
se révoltèrent et menacèrent de brûler le palais
du roi qui se vit contraint de chercher un asile dans
le Temple. Il y fut poursuivi par le peuple et retenu prisonnier, car une troupe de rebelles mit le
siége autour de ce monument. Il arriva même
que les officiers de bouche, ayant voulu franchir
les portes du Temple en apportant les mets pré-

(1) *Recherches. Chap.* 7.

parés pour la table du roi, furent entourés et maltraités par les assiégeants, qui s'emparèrent des viandes et des vins dont ils se régalèrent. Bientôt après, l'orgie rendait la révolte encore plus menaçante. — Pendant ce temps, une autre troupe de séditieux envahissait l'hôtel d'Enguerrand de Marigny : son pillage dura trois jours consécutifs.

Philippe-le-Bel observait tout cela du haut des tours du Temple. Il croyait que la sédition populaire, satisfaite d'avoir pillé et détruit la demeure du ministre, se calmerait d'elle-même et rentrerait dans ses foyers. Vain espoir ! les bourgeois de Paris, plus furieux que jamais, ont formé des compagnies, envahissent la culture du Temple en proférant des cris horribles et marchent en ordre de bataille, fiers d'une première victoire qui semble leur en promettre une seconde. Quelques chevaliers se pressent autour du roi qui, cédant à un mouvement de témérité, désire opérer une sortie, et fondre, avec une poignée de nobles, sur toutes les masses populaires ; mais un conseil plus sage prévalut. Sur les instances du sire Pierre de Juméau, prévôt de Paris, on résolut de temporiser et de gagner le peuple par des promesses, les bourgeois par des concessions, et les chefs de la révolte par des largesses, en attendant qu'on pût venger, sur ces derniers, les humiliations sanglantes qu'ils avaient fait subir à l'autorité royale.

Ce plan réussit à merveille. Enguerrand de Marigny et le prévôt des marchands apaisèrent, d'un seul mot, toutes les colères de la sédition. Le même peuple, qui tenait prisonnier le roi de France, lui ouvrit spontanément les portes de sa prison et le conduisit en triomphe jusqu'à son palais; car les cris de fureur et de haine étaient remplacés, dans le cœur et dans la bouche de la cité, par des transports d'enthousiasme et d'amour.

Ceci se passait au commencement du quatorzième siècle. Vers la fin du dix-huitième, un autre roi de France fut enfermé au Temple et gardé à vue par les bourgeois de Paris, à peu près comme l'avait été Philippe-le-Bel; mais il en sortit dans un tout autre appareil, le 21 janvier 1793 : jour à jamais lugubre et néfaste pour notre histoire nationale !

Au temps de Philippe-le-Bel, la royauté conservait son ascendant moral au milieu des crises les plus violentes; et malheur à ceux qui essayaient de se soustraire, matériellement, à l'action des lois.

Vingt-huit bourgeois de Paris, tous riches et influents dans leurs quartiers, avaient excité le peuple à la révolte ; leurs noms furent transmis au prévôt royal. Pierre de Juméau fit informer contre eux ; et quelques jours après, ils étaient pendus, haut et court, partie aux portes de la ville, partie devant leur propre maison. Ces rigueurs parurent excessives aux classes populaires qui tentèrent un nouveau soulèvement : mais cette fois, pour contenir les Parisiens, il suffit au roi de faire publier une ordonnance de police en vertu de laquelle tout rassemblement, formé de plus de cinq personnes, était défendu.

L'altération des monnaies offrait au roi le moyen d'établir de nouveaux impôts, sans avoir recours à la délibération des États, c'est-à-dire, en se passant du consentement des assemblées représentatives : aussi devait-elle trouver de vives oppositions parmi la Bourgeoisie, dont la fortune matérielle était réellement compromise par cet expédient financier. Ces oppositions, vaincues dans la rue, triomphèrent, au sein des États-Généraux où les députés du Tiers firent reconnaître, en fait et en droit, ce grand principe de toute politique; savoir : « Que
» l'on ne pourroit imposer aucun subside sur les

» peuples que de l'octroi des gens des États (1). »

Cette législation mit un terme aux hostilités de la Bourgeoisie contre la royauté. Nous en trouvons la preuve dans l'engagement contracté par les bourgeois de Paris à l'égard de Louis-le-Hutin; et en vertu duquel ils consentirent à lui fournir quatre cents cavaliers et deux cents fantassins, entretenus à leurs frais, pour continuer la guerre de Flandre. Si le monarque vendit tous les offices de judicature, ou leva quelques décimes sur le clergé, on aurait tort de l'accuser de cupidité, car il diminua la somme de ses revenus particuliers, en augmentant celle des libertés publiques. Il contraignit les serfs, qui se trouvaient encore dans ses domaines, à recevoir le bienfait de l'affranchissement; et les rendit aptes à entrer en Bourgeoisie, privilége exclusivement accordé à tout citoyen émancipé.

Il faut citer la fameuse ordonnance de Louis-le-Hutin, par laquelle ce prince, avant de s'asseoir sur le trône, écrivait le programme de son règne. C'est un titre d'une grande importance, en ce sens qu'il consacra l'alliance de la royauté avec la dé-

---

(1) Nicole Gille *et le Rosier de France*, cités par le comte de Boulainvilliers, *sixième lettre.*

mocratie. — « Comme selon le droit de nature,
» dit-il, chascun doit naître *franc*, et par anciens
» usages ou coustumes, qui, de grant ancienneté, ont
» été introduites ou gardées jusques cy, en nostre
» royaume et par aventure *pour le meffet de leurs*
» *prédécesseurs*, moult de personnes de nostre com-
» mun peuple soient encheües *en lien de servitude*
» *de diverses conditions*, ce qui moult nous desplaît ;
» *nous*, considérant que nostre royaume est dit et
» nommé le *royaume de France*, et voulant que la
» chose en vérité soit accordant au nom, et que la
» condition des gents amende *de nous en la venue*
» *de nostre nouvel gouvernement*, par délibération de
» nostre grant conseil, *avons ordene et ordenons* que
» généraument, partout nostre royaume, de tant
» comme il peut appartenir à nous et à nos succes-
» seurs, *telles servitutes soient ramenées à franchises;*
» et à tous ceux qui de *ourine*, ou *ancienneté*, ou de
» nouvel *par mariage*, ou par *résidence des lieues de*
» *serve condition*, soient encheües ou pourroient
» eschoirs en liens de servitude, *franchise soit don-*
» *née à bonnes et convenables conditions : voulant*
» *aussi que les autres seigneurs, qui ont des hommes*
» *de corps, prennent de nous exemple.* »

Quelques historiens n'ont vu, dans ce beau

manifeste, qui rachetait le servage, qu'un moyen de finances mis en pratique pour subvenir aux nécessités du fisc. Châteaubriand, avec sa grande autorité, a fait justice de ces allégations. — « Le roi, dit-il, en affranchissant ses serfs, » gens de corps, gens de proueste, gens de morte-» main, diminuait ses revenus, car les serfs étaient » soumis à certaines taxes ; il était donc équita-» ble que la couronne, en accordant la liberté, » ne le fît pas aux dépens de sa force (1). »

En devenant roi de France, Louis-le-Hutin avait accepté la mission de fortifier le pouvoir monarchique et non de l'affaiblir. C'est pour cela qu'il disait aux collecteurs, aux sergents et aux officiers de finances : — « Vous commet-» tons et mandons pour traitez et accordez avec » eus (les serfs) de certaines compositions, par les-» quelles suffisant recompensation nous soit faicte » des émoluments, qui desdites servitudes po-» vent venir à nous et à nos successeurs. »

Philippe-le-Long, frère de Louis-le-Hutin, resta fidèle à ces principes adoptés par la monarchie ; il institua les milices bourgeoises, fit élire, dans chaque bailliage, des capitaines pour les com-

---

(1) *Études Historiques*, tom. III, pag. 120.

mander, et marqua ainsi un nouveau progrès dans l'histoire des classes populaires.

L'établissement des milices bourgeoises n'était que la généralisation d'une ordonnance de Saint-Louis en vertu de laquelle les *six corps* de métiers furent constitués militairement, à la suite des immenses désordres qui avaient été commis par les *Pastoureaux*. Ces villageois fanatiques, révoltés contre un ordre social qui leur faisait supporter presque tout le poids des misères humaines, troublèrent les cités et l'État, dans l'unique but de détruire la fortune des riches bourgeois; et massacrèrent les prêtres, en accusant la Providence, jusque sur les marches des autels (1251). Le *populaire parisien* était sans cesse en émoi, parce que la police du prévôt royal et celle des seigneurs ecclésiastiques lui semblaient insuffisantes pour le protéger contre tant de violences. Saint-Louis força les bourgeois de faire le service du guet, accompagnés de vingt sergents à cheval et de quarante sergents à pied, ayant à leur tête un chevalier, officier-général. Cette garde urbaine, dans les rangs de laquelle on voyait l'aristocratie du peuple, fut nommée *le guet-du-roi*.

Les milices furent organisées à l'instar des petites armées communales qui établirent universellement la prépondérance de la royauté. Toute la Bourgeoisie française devait fournir des troupes pour la défense de l'État ; aussi ces troupes se composaient-elles d'autant de compagnies qu'il y avait de paroisses répandues sur toute la surface du royaume. Chaque paroisse donnait à sa compagnie une bannière distinctive ; mais lorsque ces divers corps marchaient en bataille, ils n'obéissaient qu'à un seul chef et n'avaient qu'une bannière, celle de la cité principale, c'est-à-dire celle de la ville de Paris qui flottait devant eux, symbole de l'unité d'action et de but.

Ainsi furent constituées les compagnies d'arbalétriers qui prirent plus tard le nom de *Compagnies de l'Arquebuse*, après l'invention des armes à feu, lorsque l'arquebuse eut remplacé l'arbalète. Les compagnies du guet furent constituées d'une manière identique, à Paris d'abord, ensuite dans les provinces. Elles formèrent diverses confréries et corporations : celles des archers, des arbalétriers et des arquebusiers. Les gardes civiques ou bourgeoises, auxquelles Philippe-le-Long donna une constitution extrêmement vigoureuse, n'eurent point d'autre origine ; mais toutes entrèrent dans la société générale sous la forme d'une communauté particulière.

Ces organisations sociales qui se faisaient en l'honneur de la Bourgeoisie, modifiaient singulièrement la condition des personnalités. Le Tiers-État, bien réglé, bien discipliné, bien instruit dans la science politique, envahissait les charges publiques. La plupart des officiers royaux, établis en opposition des officiers féodaux, puisqu'ils étaient les agents du pouvoir central, appartenaient à cette classe laborieuse, doublement émancipée par l'industrie et par la pensée. Conservant, dans l'État, ces hautes prérogatives, ils abandonnaient, dans les communes, leurs priviléges inférieurs dont s'emparaient avidement les compagnies judiciaires locales ou l'administration générale elle-même. Né dans la sphère sociale et politique la plus basse, le Tiers-État visait à la plus haute; et, s'il renonçait à la magistrature communale, ce n'était que pour mieux convoiter l'exercice du pouvoir suprême. Après avoir régi ses propres affaires, il ne tendait à rien moins qu'à diriger, par son intervention prépondérante dans le gouvernement, les affaires de l'humanité.

Disons-le pourtant : la Bourgeoisie et le *menu*

populaire ne firent irruption dans le domaine du roi qu'à la suite d'une grande catastrophe. L'autorité du prince, type de la liberté largement constituée après l'émancipation des serfs, était menacée, au cœur du royaume, par de puissants feudataires, tels que les ducs de Bourgogne, de Bretagne et de Flandre, types de la féodalité ou de la servitude. L'antagonisme de ces hommes, et par suite de leurs idées, produisit une révolte si formidable, que les hauts barons espérèrent étouffer, par des voies-de-fait, l'esprit civilisateur et démocratique de la monarchie.

Un prince étranger, vassal du roi de France, soutint, par égoïsme, la cause des feudataires insurgés. Alors commença une lutte fatale qui devait providentiellement se dénouer par un prodige : merveilleux dénoûment d'un drame où l'humanité toute entière parut au rang des acteurs, puisqu'on y vit, au milieu des plus sanglantes et des plus sauvages péripéties, la royauté, captive à l'extérieur avant de l'être à l'intérieur, devenir tour-à-tour aventurière avec Charles V, et folle avec Charles VI ; la féodalité reparaître et déchirer elle-même ses propres entrailles avant d'écraser le Tiers-État ; la Bourgeoisie triompher de la noblesse, durant les défaites nationales; et enfin, le *menu populaire* mettre en lambeaux la Bourgeoisie, prendre sa part de toutes les iniquités générales et les faire absoudre, en quelque sorte, par des crimes dont l'histoire voudrait perdre le souvenir.

Cette époque, où retentit le choc terrible de deux nationalités, offre tous les caractères d'une guerre civile. A la mort de Charles IV, Édouard III, roi d'Angleterre, petit-fils de Philippe-le-Bel, et fils d'Isabelle, au mépris de la loi salique, réclama le titre de roi de France; mais le Tiers-État défendit l'esprit et la lettre de la loi salique. Cette résistance, légitime et souveraine au point de vue du droit, fit naître de nombreux mécontentements entre les hauts barons, qui en appelèrent aux armes. Pour apaiser les plus audacieux, on maria la fille aînée de Philippe-le-Bel avec Eudes de Bourgogne, oncle de Jeanne, que la loi salique éloignait du trône. Le comté de Bourgogne passa ainsi entre les mains d'un vassal déjà redoutable par sa puissance, et l'on rendit à Philippe, comte d'Évreux, qui avait épousé Jeanne, fille de Louis-le-Hutin, l'investiture du royaume de Navarre dont on l'avait dépouillé. La politique démocratique de la race capétienne était abandonnée; on affaiblissait la royauté qui avait plus que jamais besoin d'être fortifiée, et l'on semblait croire que l'effervescence des passions et des ambitions particulières, au milieu des calamités d'une guerre générale, dût se résumer dans une pacification universelle. Ce fut le contraire qui eut lieu.

Une armée anglaise débarqua sur les côtes de France; les barons normands, bretons et flamands, irrités des concessions féodales qui venaient d'être faites, sans qu'ils en retirassent le moindre bénéfice, fraternisèrent avec les soldats d'Édouard, combattirent sous les drapeaux ennemis, et leur glaive, instrument de victoire, passé aux mains des étrangers, produisit toutes nos défaites nationales. Alors la royauté en appela au patriotisme de la Bourgeoisie qui se leva courageusement pour libérer le territoire. Chaque homme de la commune voulut combattre autour du prince, mériter le titre de *bon François,* et réparer, autant que possible, les désastres survenus à la suite des batailles de l'Écluse et de Crécy, en suivant Philippe-de-Valois qui les conduisit devant le camp des Anglais. Ce prince ne put engager avec Édouard une bataille décisive, pour délivrer la ville de Calais, où la famine s'était introduite à la faveur du siége qu'elle soutenait avec tant d'héroïsme. En voyant le roi de France et son armée s'éloigner de leurs murailles avec un secours depuis si longtemps attendu, les Calésiens demandent à capituler. Le roi d'Angleterre veut d'abord qu'ils se rendent à discrétion ; ensuite, il se contente de « six des plus notables bourgeois, les chiefs nus, » tous déchaux, le hart au col, les clefs du château » et de la ville en leurs mains. »

Cette dernière proposition fut accueillie avec autant de consternation que la première, par tous les habitants de Calais réunis sur la grande place. Eustache de Saint-Pierre, l'un des principaux bourgeois, les rassura par ces paroles sublimes de patriotisme : « Grant mechef seroit de laisser mo- » rir tel peuple par famine ou aultrement; auroit » grante grâce devant nostre Seigneur qui le pour- » roit garder. J'aye si grante espérance d'avoir par- » don devant nostre Seigneur, si je meurs pour ce » peuple sauver, que je veulx estre le premier. » A ces mots, un frisson d'admiration s'empare de tous les habitants. Jean d'Ayres, cousin d'Eustache de Saint-Pierre, Jacques et Pierre Wisant et deux autres bourgeois dont l'histoire a perdu le nom, imitent ce noble dévouement. Le gouverneur de Calais va les livrer. Il les recommande à la miséricorde du roi d'Angleterre qui promène sur eux un regard farouche et s'écrie : « soict faict vesnir le coupe-» tête. » La reine arrive heureusement avant le bourreau : elle les fait asseoir à sa table et les renvoie chargés de présents ; mais ils ne rentrèrent un jour dans leur ville que pour en être chassés le lendemain avec tous leurs compatriotes. Édouard remplaça la population française par une population anglaise, qui lui assurait la conquête de cette héroïque cité.

Telle était la conduite du Tiers-État, non pas seulement à Calais, mais partout, car il représentait alors, la loyauté, la moralité, la justice, l'ordre public, le dévouement à la patrie; tandis que les officiers royaux exprimaient l'égoïsme et la cupidité. En effet, le trésor était vide ; on essaya de le remplir en établissant des impositions exorbitantes sur toutes les denrées : en prenant des décimes au clergé ; en extorquant les juifs et en altérant le titre des monnaies : on espérait fonder enfin la richesse nationale sur l'appauvrissement des propriétaires et des financiers. Ce système inique était fatal à la Bourgeoisie et aux classes populaires dont il détruisait l'industrie, car les corporations d'arts et métiers ne pouvaient plus se livrer aux transactions commerciales, par cela seul que la propriété individuelle n'avait plus de garantie. Le fisc, qui avait émis des valeurs fictives, dans un moment d'avidité, se vit bientôt forcé de les reprendre. Toute production avait cessé; mais la consommation continuait toujours; à l'activité humaine avait succédé l'inertie, et le progrès social, expression du mouvement universel, semblait lui-même s'immobiliser.

Les institutions politiques étaient en pleine décadence : nul pouvoir ne dominait en l'absence morale de tous les pouvoirs. Mais les éléments de la civilisation sont multiples et divers : les uns servent de correctif aux autres. Après bien des efforts individuels qui furent stériles, une prospérité féconde reparut à la nouvelle d'une prochaine convocation des États-Généraux. Il se réunirent *pour avoir avis et délibération sur la manière de résister à nos ennemis et à leur emprise* (1) : les députés bourgeois offrirent au prince un impôt indirect levé sur toutes les ventes de denrées, boissons et marchandises, pour entretenir, pendant un an, une armée de trente mille hommes.

(1) Ordonnance du 28 décembre 1355.

L'alliance régénératrice de la démocratie et de la royauté, devait nécessairement amener le double développement de la sociabilité et de la morale publique; aussi Charles-le-Mauvais entreprit-il d'y mettre des entraves. Cet homme ne pouvait que faire obstacle à l'humanité. Pendant qu'il se révolte contre le roi Jean, symbole des destinées actuelles de la France, il cherche à séduire son fils, le Dauphin, symbole de ses destinées futures. Mais celui-ci, déjà préoccupé de l'immense fonction qu'il doit remplir un jour, ne peut traduire, par la protestation, le pouvoir qui naît de l'affirmation universelle; ni la société royale et populaire, par la révolte. Il part néanmoins pour son duché de Normandie, tient sa cour à Rouen et y mène une si joyeuse vie, qu'on ne se doute point du grave motif qui le détermine à inviter Charles de Navarre. Un grand dîner se prépare : au moment où les deux princes vont se mettre à table, le roi Jean entre dans la salle du banquet, suivi d'hommes d'armes, *lance son bras dessus Charles-le-Mauvois, le prent par derrière de la tête et le tire moult roide contre lui disant :* « Or sus, traître, tu » n'es pas digne de seoir à la table de mon fils (1). »

(1) Froissard, *Chroniques*, tom. III, pag. 128.

Le Navarrais, devenu prisonnier, fut transféré d'abord à Château-Gaillard et ensuite à Paris ; on le renferma au Louvre, d'où ce prince exerça une influence aussi formidable que funeste sur la Bourgeoisie et le *même populaire*.

Il correspondit secrètement avec Étienne Marcel, prévôt des marchands, avec les échevins et avec l'évêque de Laon ; il capta ainsi toutes les hautes individualités de la représentation générale qui se déclarèrent bientôt contre le roi et en faveur du vassal révolté. Chose bien remarquable et qu'on a trop peu remarquée! la Bourgeoisie, devenue hostile à la royauté, source de toute émancipation, protégeait la noblesse féodale, source de toute servitude. Il est vrai que les trois ordres du royaume, dominés dans l'assemblée, par Étienne Marcel et par l'évêque de Laon, oubliant qu'ils sont chargés de rectifier le pouvoir, se hâtent de le démolir. Alors, comme de nos jours, sous prétexte de réformes, la Bourgeoisie préparait des révolutions.

La première déclaration des États-Généraux fut ainsi conçue : « Aucun règlement n'aura force de
» de loi qu'autant qu'il sera approuvé du clergé, de
» la noblesse et du Tiers-État ; et l'ordre qui aura
» refusé son consentement ne sera point lié par le

» vote des deux autres. » La Bourgeoisie était donc assez haut placée dans l'ordre politique, tel que l'avait constitué la royauté, pour que le Tiers marchât de plain-pied avec les deux ordres supérieurs de l'État. « La liberté dépasse déjà, dit Châteaubriand, la limite de la monarchie constitution-
» nelle ; car la majorité absolue des suffrages est
» reconnue aujourd'hui bastante à l'achèvement de
» la loi (1). »

Le principe de l'égalité des suffrages réalisé au sein de la représentation nationale, est une grande conquête pour le Tiers-État, qui obéit aux excitations révolutionnaires d'Étienne Marcel, prévôt des marchands, lequel, malgré sa haine pour la noblesse, obéit lui-même à Charles-le-Mauvais. Ces deux hommes, manifestation complète de l'alliance de la féodalité et de la démocratie contre la royauté, marquent une ère nouvelle dans l'histoire générale ; mais la noblesse, type de la puissance matérielle, est obligée de céder le pas, sur le terrain de l'argumentation, à la Bourgeoisie, type de la puissance intellectuelle.

En ouvrant les États du royaume, Pierre de la Forest, chancelier de France, avait exposé, au

(1) *Études historiques*, tom. III, pag. 323.

nom du roi Jean, les besoins du gouvernement et déclaré qu'on abandonnerait le système d'altération monétaire, si la représentation nationale consentait à remplacer *cette sorte de taxe pour un subside équivalent.* Les députés de la Bourgeoisie lui répondirent en rédigeant une longue série de décrets qu'ils firent adopter par les députés du clergé et de la noblesse : les trois ordres se déclarèrent constituants, et le roi de France fut contraint de sanctionner une législation faite sans lui et contre lui.

« Les trois ordres accordèrent, dit Mounier,
» une gabelle sur le sel, une imposition sur les mar-
» chandises et des taxes sur les revenus. Tous les
» citoyens y furent soumis : NOBLES ET NON-NOBLES,
» MÊME LES PRNICES. Ils fixèrent le nombre de trou-
» pes nécessaires pour la guerre. Ils envoyèrent dans
» chaque bailliage trois commissaires qui furent
» nommés *Élus* chargés de recevoir les impositions,
» de faire exécuter les conventions arrêtées entre le
» monarque et les États, de juger toutes les person-
» nes qui pourraient y contrevenir, ou d'ajourner les
» rebelles devant les *généraux ou super-intendans*
» *des aides.* On donna ce titre à neuf personnes
» choisies par les États, trois dans chaque ordre.

» Il fut déclaré que les super-intendants ne pour-
» raient rien décider sur les objets de leur adminis-
» tration, sans être tous du même avis ; que les de-
» niers qui proviendraient des impositions, seraient
» consacrés aux frais de la guerre, qu'ils seraient
» distribués par des commissaires que choisiraient
» les Trois-États.

» Le roi promit de consulter sur les monnaies,
» les super-intendants, et de n'accorder aucune
» trêve aux ennemis sans en avoir reçu le conseil
» par *des personnes des Trois-États.* Il promit en-
» core que ni lui ni sa famille ne demanderaient
» aucune portion des sommes accordées. Il fut pro-
» noncé que les commissaires jureraient de ne pas
» obéir aux lettres contraires que le roi pourrait
» leur donner par *importunité ou autrement,* qu'ils
» en seraient déclarés responsables, qu'ils seraient
» obligés de résister aux officiers du roi qui vou-
» draient *sous ombre de ses mandements,* prendre
» *l'argent des aides,* et qu'ils pourraient réclamer
» l'assistance des bonnes villes ; enfin, il fut décidé
» que les aides cesseraient si les engagements pris
» par le roi, n'étaient pas observés (1). »

(1) *Nouvelles observations sur les États-Généraux de France.* 1789, pag. 33.

Après que la Bourgeoisie eut imposé, à la royauté, cette législation qui changeait tous les rapports des sujets avec leur souverain, et donnait, aux États-Généraux, un pouvoir qui n'avait toujours appartenu qu'au prince, le roi Jean rendit une ordonnance conforme à ces décrets constitutifs. Il s'engageait à laisser distribuer aux hommes d'armes, par les commissaires de la représentation nationale, l'argent levé pour la guerre ; à fabriquer des monnaies fortes et stables ; à ne plus convoquer l'arrière-ban sans une nécessité absolue et d'après l'avis des Trois-États, si faire se pouvait ; à rendre les capitaines responsables des désordres commis par les soldats ; à ne laisser les compagnies s'arrêter plus d'un jour dans les villes sur leur passage ; à renoncer, dans ses voyages, pour lui et pour sa maison, aux réquisitions de blé, de vin, de vivres, de charrettes et de chevaux que les paysans étaient tenus de lui fournir, en sa qualité de monarque ; à confirmer toutes les ordonnances rendues en faveur des laboureurs ; à interdire le commerce à tout juge ou conseiller des cours judiciaires ; à restreindre le nombre des sergents ; à obliger lesdits sergents de ne rien exiger au-delà de leur salaire ; à défendre aux créanciers de transporter leurs dettes à des personnes privilégiées ou plus puissantes que leurs débiteurs : en un mot, à contraindre tout citoyen à rester dans la juridiction de ses juges ordinaires.

Tels sont les principaux articles formulés dans la fameuse ordonnance du roi Jean ; ordonnance que la plupart des historiens ont voulu comparer à la *Grande Charte* de Jean-sans-Terre. S'il est vrai que le prince anglais ait jeté, par cette législation, le premier fondement de la liberté britannique, il serait faux de dire que celle du prince français ait le même caractère. Pour affirmer un pareil paradoxe, il faudrait nier les actes et les doctrines communes à tous les rois de la race capétienne. Quoi qu'il en soit, la sanction que le roi Jean accorda aux décrets de la représentation constituante, réalisa une immense révolution, puisque les bases du pouvoir humain furent changées. Là où régnait naguère un homme-principe, expression vivante de la volonté nationale, on vit s'élever la domination d'une assemblée ; mais comme l'individu collectif, sous le nom de roi, exprimait l'universalité ; l'assemblée particulière, sous le nom d'États-Généraux, n'exprima et ne pouvait exprimer qu'une individualité. C'est ainsi qu'Étienne Marcel, prévôt des marchands, domina bientôt la société politique et, par conséquent, le roi lui-même, auquel on ne laissa d'autre autorité que celle d'un général à la veille d'une bataille.

Dès l'origine du gouvernement représentatif, la royauté, cherchant dans la démocratie un appui universel pour résister aux insubordinations locales de la féodalité, avait organisé souverainement l'aristocratie des bourgeois; elle donnait, aux capacités roturières, une importance toujours croissante par la perspective de l'anoblissement (1), afin qu'elles pesassent davantage dans la balance politique, et qu'elles servissent ainsi de contre-poids à l'aristocratie des chevaliers. Les princes espéraient créer, de la sorte, un pouvoir populaire plus enclin que le pouvoir féodal, à reconnaître leur suprématie. D'un autre côté, la force des usages qui régissaient les corporations d'arts et métiers, entretenue régulièrement, maintenait l'esprit démocratique dans un état permanent d'activité et de progrès, sous le double rapport de l'industrie et de la civilisation. Mais on sait combien ces mots : « vieux usages, » offrent d'élasticité. S'ils ne signi-

(1) M. Leber, *Histoire critique du pouvoir municipal*, pag. 290.

fient presque rien par eux-mêmes, avec de la volonté, bonne ou mauvaise, on peut les prêter à tout. C'est ainsi qu'ils servirent souvent d'étendard aux factions, bien qu'ils parussent spécialement destinés à garantir l'ordre public ; et ils imprimèrent alors un caractère terrible à l'élément populaire devenu hostile au principe monarchique. En accordant la noblesse à la Bourgeoisie pour mâter l'orgueil féodal, la royauté avait divisé la démocratie. Elle introduisait la distinction et le monopole partout où dominait le droit commun en vertu de l'égalité : il fallait donc s'attendre à des conflits d'un nouveau genre, d'artisan-roturier à bourgeois anobli, dès que l'autorité royale serait contestée.

Néanmoins, la Bourgeoisie privilégiée exerçait, par la pratique du pouvoir municipal, un vaste patronage sur le *menu populaire;* car cette aristocratie plébéienne, qui remplissait en même temps les plus importantes fonctions de l'industrie, nonobstant ses distinctions et ses prérogatives, servait à constituer l'État sur le principe de l'égalité. En effet, ces *grands bourgeois* ne vivaient-ils point comme le *menu populaire* et avec le *menu populaire,* au sein d'une communauté et d'une confrérie ? Les uns et les autres ne représentaient-ils pas des forces sociales identiques et homogènes ? bien plus, ces hautes individualités manufacturières ou industrielles n'existaient-elles pas, politiquement, au même titre que les petits artisans et les ouvriers eux-mêmes, qu'elles protégeaient par une organisation militaire dont elles avaient le maniement? Ce protectorat leur donnait, il est vrai, une grande prépondérance morale et matérielle dans la cité, précisément celle dont jouissaient alors les nobles, hommes d'armes, *seule profession estimée selon l'opinion générale,* dit Ducange, — *voce communi,* — en ces époques obscures où le matérialisme des faits était un obstacle au rayonnement des idées ; mais l'anoblissement d'un seul artisan rejaillissait sur toutes les professions. Hommes des classes moyennes et des temps intermédiaires, les bourgeois, ne pouvaient donc, en aucun cas, s'isoler de leurs semblables, ni faire un seul pas hors de l'humanité. L'on peut dire que dans la jurande, dans la confrérie et dans les États-Généraux, ils existaient moins par eux-mêmes que par la tradition antérieure et qu'en vue de la postérité; car l'individu a beau s'abîmer moralement dans le fatalisme de ses propres actes, il n'en est pas moins l'expression universelle, et par conséquent, divine du principe de solidarité et de réversibilité humaine. Voilà pourquoi les grands bourgeois devaient travailler, dans les États-Généraux, dans la confrérie et dans la jurande, à réaliser, en faveur du menu populaire, une équitable répartition de bien-être moral et matériel dans la société.

Ce que nous disons de la Bourgeoisie de Paris en particulier, s'adresse, en général, au Tiers-État de la représentation nationale. Tant que les rois voulurent perfectionner les formes constitutives du royaume, en se faisant les protecteurs des diverses classes populaires, les gens du Tiers demeurèrent utiles au trône et aux princes; mais lorsque ceux-ci essayèrent de régner pour la satisfaction de leur égoïsme, les députés du peuple et de la Bourgeoisie s'inspirèrent des vrais principes d'humanité, quelquefois pour les faire triompher, le plus souvent pour les compromettre. C'est ainsi que le monarque se trouva tout-à-coup en présence de ces hardis tribuns qui, après une longue possession de l'industrie et de l'art, de la science et de la politique, entreprirent d'accomplir, par des moyens plus ou moins humains et plus ou moins barbares, l'affranchissement complet de la démocratie à l'égard de la royauté.

Cette œuvre grandiosement révolutionnaire, qui tant de fois mit en péril toute la civilisation, commence avant la fin de l'âge féodal et se poursuit encore à notre époque. L'action des siècles n'a pu la suspendre, que par intervalles, comme si elle marquait un nouveau but pour les États civilisés. Il nous importe donc de bien caractériser les hommes qui l'ont transmise de génération en génération, car ils donnent je ne sais quelle physionomie distincte aux événements, qu'ils ont tour-à-tour imposés ou subis : âmes souvent irrésolues, quelquefois indomptables ; brandissant leur idée, fatale ou providentielle, sous la forme d'une pique ou d'une arquebuse, et se servant de l'opinion pour dépraver l'esprit humain, comme pour le moraliser. A leur tête paraît Étienne Marcel, prévôt des marchands, le premier bourgeois de Paris qui ait osé proclamer le principe de la souveraineté du peuple, au milieu du XIVᵉ siècle ; et mettre ainsi en présence l'idée monarchique et l'idée républicaine : aussi les Parisiens font-ils remonter jusqu'à lui, la longue histoire de leurs révolutions.

CHAPITRE VI.

LA BOURGEOISIE DE PARIS SOUS LA PRÉVÔTÉ D'ÉTIENNE MARCEL.

La fortune vient de trahir, encore une fois, la valeur de nos armes sur le champ de bataille de Poitiers, et la royauté française est tombée au pouvoir des Anglais, en la personne de Jean II, dit Le-Bon (19 septembre 1358). Le Dauphin, duc de Normandie, à peine âgé de dix-huit ans, s'éloigne aussitôt de l'armée et se dirige vers Paris, avec le titre de gouverneur, lieutenant-général et défenseur du royaume, se promettant de libérer à la fois l'État et le roi, la constitution et le territoire, simultanément envahis par les ennemis de l'intérieur et de l'extérieur.

Il arrive, précédé par la nouvelle du désastre que les factions exploitent déjà dans l'intérêt de leur fortune. La calomnie, arme terrible des pouvoirs occultes contre les pouvoirs publics, la calomnie s'attaque à son courage. On l'accuse d'avoir fui devant les lances anglaises ; et ce mensonge est accepté, comme une vérité, par la Bourgeoisie parisienne, qui suit les inspirations d'Étienne Marcel, le trop célèbre prévôt des marchands. Le Dauphin ne trouve qu'insubordination et péril dans la *bonne ville* où il venait chercher une soumission intelligente et salutaire.

Les Bourgeois de Paris hésitent pourtant ; l'agitation qui règne parmi eux, en ce moment, leur inspire peu de sécurité pour l'avenir, et ils se demandent les uns aux autres : — « Devons-nous » obéir au prisonnier des Anglois ou au Dauphin ? »
— Quelques factieux répondent, avec Robert-le-Coq (1) : — « Le roy est de très malvois sang et » pourry... il ne vaut rien... il gouvernoit très mal » et n'estoit pas digne de vivre par ce qu'il avoit fait » murdrir sa femme. » — D'autres ajoutaient relativement au Dauphin : — « Les hommes ont trop » de courage et vivent de trop male vie pour obéir » à un enfant qui a lâchement déserté en présence » de l'ennemi. »

---

(1) *Acte d'accusation dressé contre Robert-le-Coq.* — Bibliothèque de l'École des Chartes, tom. II, pag. 351. Article de M. Drouët d'Arcy.

Et tous s'écrient bientôt, avec les meneurs de la sédition : — « Montrons que nous ne sommes » point nés pour porter l'esclavage, mais pour en » garantir le peuple de France. »

Désirant soustraire son autorité à l'action subversive d'une révolte locale et fomentée par une poignée d'individus, le Dauphin convoqua les États-Généraux : ceux de la Langue d'Oc, à Toulouse, et ceux de la Langue d'Oil, à Paris. La vie nationale eut, pour ainsi dire, deux centres, et l'opinion publique deux directions; l'une morale et patriotique, l'autre immorale et absolument révolutionnaire.

Au sein des États qui siégeaient à Paris, les Trois Ordres étaient loin de s'équilibrer numériquement. La noblesse était morte sur les champs de bataille de Crécy et de Poitiers, ou bien, vivait en transfuge dans le camp anglais ; le clergé se laissait absorber moralement par Robert-le-Coq, ancien avocat devenu évêque de Laon ; et le Tiers-État, sur huit cents députés, en comptait à lui seul plus de la moitié qui obéissaient tous à Étienne Marcel. Le prévôt des marchands n'avait donc qu'à parler, pour réagir contre le pouvoir monarchique et devenir le maître de la situation : il le fit, à dater du premier jour. C'est ainsi qu'il résuma, non-seulement les votes de l'assemblée, mais encore tout le travail révolutionnaire de cette époque.

Doué d'une intelligence politique vraiment remarquable, il entra dans le pouvoir de cet homme quelque chose de formidable et de surnaturel. Fils et petit-fils de magistrats populaires, dont le nom était un objet de culte dans la cité et dans l'État, il représentait, ou mieux, il était censé représenter, aux yeux de la Bourgeoisie de Paris, la tradition démocratique, de même que le Dauphin exprimait la tradition royale. A ce titre, Étienne Marcel exerçait une influence illimitée sur chaque chef de métier, ainsi que sur chaque député noble ou roturier. Lorsqu'il paraissait dans les maisons particulières ou dans les places publiques, dans les carrefours ou dans les halles, enfin, dans l'Hôtel-de-Ville ou dans la salle des États-Généraux, on s'attroupait et l'on criait :

— « Le bonjour à maistre Marcel. — Écoutons »nostre Presvôt ; il faust faire ce qu'il nous con- « seillera. »

La royauté semblait donc avoir disparu pour céder le terrain à la démocratie manifestée par la

Prévôté des marchands. Acteur véhément d'un drame dont il était, pour ainsi dire, l'auteur, Étienne Marcel devint le centre de cette transformation. Président des États-Généraux, par cela seul qu'il était le chef de la Bourgeoisie de Paris, il dictait lui-même la lettre de toute délibération, avant d'en indiquer le véritable esprit ; il développait, au cœur de chaque député, le sentiment de ses droits individuels et celui de la liberté humaine, pour mieux satisfaire à son égoïsme ; enfin, il excitait la puissance révolutionnaire de la nation, et n'avait pour but que d'entretenir les forces de son parti. Les bourgeois le saluaient alors comme un libérateur sans penser que viendrait un jour où ils le poursuivraient comme l'auteur des catastrophes sociales !

Après le désastre de Poitiers, Robert-le-Coq avait dit : « Or, il est temps de parler. Honni soit » qui bien ne parlera, car oncques mais n'en fust » temps si bien comme maintenant. » Pour donner l'exemple, il proposa la destitution du chancelier, Simon Bucy, affirmant que « ce n'estoit pas » grand chose, car l'on avoit bien vu autrefois que » les Trois-États du royaume avoient desposé le roy » de France. »

A peine cette « fausse et mauvaise parole lui fust » issue de la bouche, » qu'un de ses amis lui marcha sur le pied; aussi chercha-t-il à se rétracter de la manière suivante : « Ce que j'ay dict que, autre- » fois les Trois-États desposèrent le roy de France, » je entendois à dire que le pape le desposa à la re- » queste des Trois-Estats (1). »

Étienne Marcel, voyant que l'évêque de Laon compromettait les destinées de son parti, en ne généralisant pas assez ou en généralisant trop les questions, se leva pour proposer aux Trois Ordres de refuser l'entrée aux séances, non pas seulement au chancelier, mais à tous les officiers qui seraient envoyés par le Dauphin. Il ajouta qu'il fallait les suspendre de leurs fonctions, quoiqu'ils fussent presque tous membres de la Bourgeoisie (il est vrai qu'ils n'en avaient pas moins pour cela un caractère monarchique); et enfin, qu'il fallait mettre en accusation les ministres du roi : comme si leur mort devait marquer une nouvelle phase de la vie publique. Chaque proposition d'Étienne Marcel fut adoptée par l'assemblée.

Jamais États-Généraux n'avaient été convo-

(1) *Acte d'accusation dressé contre Robert-le-Coq.*

qués dans des circonstances plus graves. Symbole de l'unité nationale, cette représentation pouvait sauver la patrie, en réalisant ce principe au sein de la société. Pour cela, il était nécessaire de voter une levée de troupes et d'argent, et de poursuivre la guerre dans l'unique but de libérer le roi et l'État, c'est-à-dire, la constitution et le territoire. Telle devait être l'œuvre de la Bourgeoisie; mais elle fut trop agitée par des questions d'hommes et de partis, pour s'occuper des questions véritablement patriotiques; et les députés se firent révolutionnaires, au lieu de se faire soldats.

Après avoir nommé une commission composée de cinquante membres chargés de travailler à la réforme politique, c'est-à-dire de révolutionner l'État et la société, non-seulement durant le temps de la session, mais encore après la dissolution de l'assemblée, ils constituèrent un nouveau conseil formé de vingt-huit d'entre eux, sous la présidence de Robert-le-Coq. Ce dernier avait dit à Étienne Marcel « que sitôt comme le roy seroit » retourné, il feroit couper sa tête. » Il répéta aux députés : « telles paroles en substance, afin de les » tenir en doubte, et que par le doubte que ils » eussent de leurs corps et de leurs vies, ils ne la-

» bourassent point à la délivrance du roy, mais de
» tout leur pouvoir labourassent au contraire (1). »

Heureusement pour la monarchie, que tels *prêchements et sermons* ne retentissaient point universellement dans le royaume. Les États de la Langue d'Oc, convoqués, avons-nous dit, à Toulouse, en même temps que ceux de la Langue d'Oil l'étaient à Paris, *délaissant toute remontrance de leesse et de festivité* (2), décrétèrent qu'il serait levé mille cavaliers, deux mille arbalétiers et deux mille pertuisaniers ; que, durant toute la captivité du roi, ni hommes ni femmes ne porteraient argent ni perles ; et que menestrels et jongleurs, n'exerceraient leurs jeux ni leur art en signe de tristesse publique. (3).

Toulouse, centre d'affirmation monarchique, donnait donc une force réelle au Dauphin contre Paris, centre de protestation révolutionnaire. Aussi les factieux de la capitale comprirent-ils alors qu'il ne s'agissait pas uniquement de démolir, mais encore qu'il fallait reconstruire ; une pioche suffit en

---

(1) *Acte d'accusation dressé contre Robert-le-Coq.*
(2) Alain Chartier, pag. 414.
(3) *Petite Chronique de Saint-Denis.* — Dom Joseph. Vaissette, *Histoire du Languedoc*, tom. IV, pag. 291. — Belleforest, *Histoire des neuf rois de France, qui ont eu le nom de Charles*, liv. V, pag. 873.

premier lieu ; pour le second, au contraire, il est nécessaire de mettre la pensée au nombre des matériaux. Pourtant Robert-le-Coq ne vit, dans la situation, qu'un moyen de réformer la royauté, c'est-à-dire, le principe du pouvoir humain dont il voulait faire une question d'homme. Il dit à Charles-le-Mauvais, tour-à-tour prisonnier au Louvre et au Châtelet, et qu'il prétendait substituer à Jean II, prisonnier à Londres :

— « Sire laronciaux, ancore te aideray-je à met-
» tre cette couronne en la tête comme roy de
» France (1). »

Mais tandis que Robet-le-Coq s'adressait au Navarrais pour transformer la monarchie, Étienne Marcel s'adressait aux États de la langue d'Oil, pour constituer une République. Il propose aux députés de faire sortir l'autorité exécutive de l'hôtel Saint-Pol, résidence de la royauté, pour la faire entrer dans l'Hôtel-de-Ville, résidence de la démocratie. On le voit : Robert-le-Coq ne veut être que le ministre d'une royauté de sa façon ; Étienne Marcel, au contraire, réclame la dictature de tous pour lui-même, au nom de la souveraineté du peuple.

(1) *Acte d'accusation contre Robert-le-Coq.*

Cette tendance contradictoire des deux chefs du mouvement révolutionnaire, qui avaient enfin jeté leur masque et dont on voyait le visage, provoqua une grande division parmi les Bourgeois de Paris, dont l'éducation était trop monarchique pour jouer leur propre destinée dans un jeu aussi redoutable que l'escamotage d'un trône ou l'établissement d'une République. Ils comprirent qu'ils avaient été dupes de deux ambitions individuelles également perverses; et ils se rapprochèrent du Dauphin, dépositaire du seul pouvoir moral qui pût les protéger, contre leurs faux amis et contre eux-mêmes. Le duc de Normandie profita de ce retour subit de l'opinion pour dissoudre les États ; mais il promit loyalement de consulter le roi sur chaque décret, et de réunir les députés, dès qu'il pourrait leur communiquer ses intentions souveraines. L'évocation du pouvoir royal absent suffit pour empêcher une révolution démocratique; néanmoins, la situation resta la même, puisque le duc de Normandie et Étienne Marcel demeurèrent toujours en présence ou en état d'hostilité, et, par ces deux hommes, l'idée monarchique et l'idée républicaine.

Le Dauphin se rendit à Metz pour demander conseil à l'empereur Charles IV, son oncle maternel ; et chargea le duc d'Anjou, son frère, de publier, après son départ, un édit qui mettait en circulation une monnaie dont le titre était altéré. Cette ordonnance exaspéra tous les Bourgeois de Paris, parce qu'elle violait les engagements pris autrefois envers les représentations nationales. D'ailleurs, elle était d'autant plus fatale au développement de l'industrie, que les marchés se faisaient en espèces d'or et d'argent. Pour regagner sur-le-champ toute la popularité qu'il avait perdue, Étienne Marcel provoqua un édit en vertu duquel chaque marché se ferait désormais à *sols et à livres inaltérables, non plus en espèces d'or et d'argent* sujettes à tant d'altérations ; et, après avoir formé un centre de résistance dans chaque corps de métier, il dit à *grant foison* de bourgeois : — « Or, il est temps d'agir ; » doibt-on souffrir que deux enfants gouvernent » pour ruiner les marchands, les ouvriers, toute la » partie industrieuse et utile de la nation ? »

Vainement le Dauphin, obligé de revenir au plus vite dans la capitale, essaya-t-il de fléchir le prévôt des marchands, dans une conférence qui eut lieu près de Saint-Germain-l'Auxerrois ; le fougueux agitateur demeura inflexible. Étienne

Marcel traita le gouverneur du royaume, non pas d'égal à égal, mais de supérieur à inférieur. — « Quelles que soient vos intentions secrètes, » disait-il avec jactance, je saurai bien empêcher » l'exécution de vos mandements, puisque les Bour- » geois me suivent armés à découvert. Si vous » estes venu parler d'une nouvelle monnoie, telles » paroles sont superflues : aucun ne sera de vostre » alliance. » — En tenant ce langage, il montrait au prince *un grant foison de peuple qui étoit là* dans une attitude séditieuse.

Bientôt d'effrayantes clameurs s'élevèrent de toutes parts; les boutiques se fermèrent, les ouvriers quittèrent leurs travaux, les maîtres des divers métiers prirent eux-mêmes les armes; et les jurandes industrielles, transformées en jurandes politiques, devinrent autant d'ateliers formidables, où les classes ouvrières ne s'occupèrent qu'à seconder les sinistres projets d'Étienne Marcel. Le prévôt des marchands pouvait donc tout oser avec audace. Le lendemain, il parut en plein Parlement, imposa sa propre volonté à toute la magistrature muette, et somma le duc de Normandie de rappeler les députés des États-Généraux, de faire arrêter et mettre en accusation les ministres du roi poursuivis de la haine du peuple.

Le Dauphin ne gouvernait alors qu'à la condition de se soumettre ; il obéit, parce qu'il était sûr de commander plus tard.

La représentation nationale ouvrit sa nouvelle session, aux Cordeliers, le 5 février 1358. Voici quelle y fut la situation des partis. Le sire de Picquigny et les partisans de Charles-le-Mauvais se groupèrent autour de Robert-le-Coq ; mais Nicolas-le-Chanteur, Jean de Saint-Onde, Jean de Godard, Jean Delile, Jean Prévost et Gile Marcel, la plupart avocats ; Charles Consac, Belotet, Bourdon, et Giffart, échevins de Paris, se rangèrent autour d'Étienne Marcel, qui, en sa double qualité de président et d'orateur, prit le cahier des doléances rédigé par les électeurs des bonnes villes, et fit entendre aux princes, dans la séance d'ouverture, avec une rare habileté de langage, toutes les remontrances populaires :

« — Enfin, nous sommes réunis, dit-il, pour la-
» bourer à la délivrance du roy, au rétablissement
» du royaume et au sauvement du peuple ; pour
» advisier à la réparation des abus et, par spécial,
» aux malversations de finances qui ont changé le
» bien-être du commun en malaise de tous. Nous

» sçaurons bien, avec notre avoir et notre sang,
» aider monsieur le Dauphin à délivrer le roy, notre
» seigneur et maistre, à chasser les Anglois épandus
» parmy le royaume, à défendre et à garantir le
» peuple de France qui moult a souffert, et souffre
» des ennemis. Ceulx qui ont le gouvernement et
» sont eslevés dans l'Estat, n'y mettront nul re-
» mède, car ils sont faulx, malvais et traistres, et
» faut commencier par les abbattre à terre.

» Quand nous aurons faict ainsi de ceulx qui se
» disent les serviteurs du roy, ce faict aura esté
» pour le bien, profit et sauvement de tout le peu-
» ple ; et chacun l'avouera volontiers. Quoiqu'on
» n'ose point accuser les coupables, ainsi que faict
» cilz qui bat le chien devant le lion, car ces offi-
» ciers ont acheté ou affermé les charges de judica-
» ture ; et, clercs ou conseillers, ils entourent le
» prince comme pour l'empescher de se confondre
» avec le menu populaire.

» J'ay souventesfois ouï dire au mien grant-père
» comme il avoit veu le roy Sainct-Louis, escouter
» les plainctes de ses subjets et accomoder les dif-
» férends sous le gros arbre de Vincennes. Il n'a-
» voit oncques d'autre cortége que les bourgeois ;
» ou d'autre décoration aux yeux du peuple que

» d'estre un très bon roy. En ce nous voulzons por-
» ter et soutenir le gouvernement ; puis, nous, et
» ceulx de Paris et les autres des bonnes villes,
» paierons, malgré nostre gêne et malaise, comme
» bons et fidèles subjets, l'ayde qu'on nous de-
» mande pour la rançon du roy et pour l'entretien
» des gens d'armes, servirons mesme dans leurs
» compagnies et dresserons la bannière de France,
» tout étant ramené à franchise dans le royaume
» et rien à servitude. »

Après ce *premier parler qu'Étienne Marcel dist* au Dauphin, au comte d'Anjou et au comte de Poitiers, les trois fils du roi Jean, Robert-le-Coq, orateur du clergé, énonça *moult de choses contre les officiers,* et ajouta *qu'il y avoit tant de mauvaises herbes que les bonnes ne pouvoient fructifier ni amander.* Quand il eut fini son discours, le prévôt des marchands, voulant faire un acte d'autorité, déclara *qu'il approuvoit au nom des bonnes villes toutes les paroles issues de la bouche de Monseigneur l'évêque de Laon.*

Par un décret de l'assemblée, tous les officiers qui avaient acheté à prix d'argent le droit de disposer arbitrairement de l'honneur, de la fortune et de la vie même des bourgeois, furent destitués;

Paris resta plusieurs jours, en vertu de cette ordonnance, privé de toute juridiction. Étienne Marcel était seul autorisé à continuer les fonctions de sa magistrature : il devint, par le fait, dictateur dans l'Hôtel-de-Ville.

Comme la puissance de cet homme exceptionnel était fondée sur l'opinion publique, pour conserver son influence, il avait toujours besoin d'être en contact avec elle, par ses actes ou par ses discours. On le voyait flatter les membres les plus importants de la Bourgeoisie en leur promettant d'agir avec modération, tandis qu'il ne parlait au menu populaire que de réformes absolues, et d'une meilleure répartition du bien-être social. Il ne négligeait aucune de ces ressources fatales que la civilisation met sous la main des agitateurs, et faisait un soldat de chaque mécontent; organisant de la sorte, une armée qui pourrait, au besoin, entrer en lutte directe avec la monarchie, et fonder le gouvernement révolutionnaire dont le prévôt désirait être l'expression.

Les États-Généraux ne tendaient à rien moins qu'à réaliser l'idée républicaine d'Étienne Marcel. Ils décrétèrent l'établissement du conseil des TRENTE-SIX, qui devait être formé de douze nobles, de douze prélats, et de douze bourgeois, mais qui ne fut réellement composé que de six nobles, de douze évêques ou abbés et de dix-huit bourgeois, chargés de régler toute les affaires du royaume. Or, l'audace des factieux, maîtres du gouvernement, devint bientôt telle, que les *prud'hommes* de l'assemblée s'en épouvantèrent. Le triomphe des membres du conseil ne propageant que des violences, une grande réaction monarchique eut lieu même parmi les députés qui accordèrent au Dauphin le titre de régent.

Étienne Marcel, vaincu dans la salle des États, alla chercher une victoire à l'Hôtel-de-Ville. Il opposa d'abord les Bourgeois de Paris aux députés de la nation ; ensuite, il voulut leur opposer la nation elle-même. A cet effet, il organisa un large système de propagande révolutionnaire ayant pour but d'agiter les provinces en faveur de la capitale, et d'exciter les bourgeois contre les nobles, les vilains des campagnes contre les gentilshommes, qui, d'après les principes de cette époque, devaient être déchus de leurs exemptions et priviléges, attendu qu'ils ne les possédaient qu'à la charge de défendre l'État et de maintenir l'intégrité du territoire. Or, le territoire était envahi de toutes parts et, pour ainsi dire, hérissé de lances anglaises, l'État lui-même avait succombé sous les coups d'une faction bourgeoise ; et la noblesse répondait moralement de toutes ces calamités publiques. C'est alors que les hommes d'intelligence, pour qui le présent n'est jamais qu'une aspiration vers l'avenir, en étudiant une civilisation où bouillonnaient tant d'éléments barbares, virent s'élever déjà, au foyer central de la politique, toutes les flammes de la *Jacquerie.*

Suivant les conseils du comte d'Eu, de Tancarville et de l'archevêque de Sens, le régent prononça la dissolution des États-Généraux ; ensuite il partit lui-même pour la province et y leva une armée qu'il destinait à réduire les factieux de Paris. C'était la première fois qu'Étienne Marcel se trouvait en présence d'un grand péril ; il le contempla sans en être effrayé. Comme tous les révolutionnaires dont la figure se dessine largement dans la vie des peuples, pour avoir épuisé les violences, l'artifice, la déclamation et la calomnie, il n'en conserva pas moins son audace, et sut persuader aux bourgeois que le régent voulait introduire dans Paris une armée de nobles, afin d'anéantir leurs jurandes privilégiées.

Aussitôt de nouvelles fortifications sont construites et les anciennes réparées ; on élève partout des parapets, des machines de guerre, des tours garnies de canons et de balistes. Étienne Marcel préside lui-même à ces travaux ; il fait barrer les rues de la ville avec des chaînes de fer ; il forme, avec quatre rangs de hautes barriques pleines de sable et de pierres, les premières barricades qu'on ait vues dans Paris ; et enfin, pour organiser la révolte sur un plan encore plus formidable, il bâtit, à la porte Saint-Antoine, la Bastille, forteresse imprenable érigée alors dans un but de fausse liberté au nom de la démocratie, et que la royauté transforma, plus tard, en une véritable prison d'État.

Paris ressemble à une place forte assiégée. On y double le nombre des *guetteurs :* milice rangée sous la bannière de la ville. Les bourgeois sont obligés de partager la garde et la police de la ville avec des hommes à figure hideuse où le crime a gravé son empreinte. Étienne Marcel les incorpore et les distribue de manière à intimider les gens de bien. Chaque quartier organise un corps de troupes divisé en compagnies de cent hommes, qui se subdivisent en pelotons plus ou moins compactes, de cinquante, de trente et de dix hommes et qu'on appelle *gendarmes de Paris*. Les officiers qui commandent les pelotons et les compagnies, été ont désignés par l'élection ; car la majorité des voix appartient au *menu populaire* nouvellement incorporé, et dont les passions sont exploitées par les *alliez* du prévôt.

Celui-ci ne quitte jamais les armes; il veille aux portes nuit et jour, fait fouiller ceux qui entrent dans la capitale et ceux qui en sortent, et regarde la Bourgeoisie avec méfiance, parce qu'elle s'épouvante des excès, parce qu'elle murmure et qu'elle peut, d'un instant à l'autre, réagir contre lui. Les paysans des campagnes voisines, exposés aux poursuites des Navarrais, qui font des reconnaissances jusque sous les murs de Paris, viennent demander un refuge à Étienne Marcel. Ils fuyaient une soldatesque n'ayant d'autre discipline que la dévastation, pour se trouver au sein d'une populace qui expliquait l'ordre social par le pillage. En effet, les Parisiens se livraient à de si horribles exploits, que les religieuses quittaient leurs monastères, afin d'échapper aux violences révolutionnaires. — L'anarchie n'a qu'une seule manière d'être ; à toutes les époques elle se manifeste par les mêmes terreurs et les mêmes épouvantes qui feraient croire à la fatalité, si la Providence ne les présentait comme un enseignement destiné à l'éducation ultérieure du genre humain !

Nous savons quels étaient les actes des *meneurs populaires* ; apprenons maintenant quels étaient ceux des princes.

Obligé de contenir, sous son autorité, les paysans poussés à la révolte par la propagande parisienne, le régent n'agit que moralement, tandis que Étienne Marcel fait tout le contraire. Celui-ci affecte de caresser l'opinion ; celui-là attend que l'opinion vienne lui faire des avances : aussi a-t-il adopté déjà le système d'inertie qui doit le rendre maître de la faction. Lorsque Étienne Marcel résume tous les actes de son époque, le régent ne veut en résumer que la pensée. Il comprend qu'au fond des agitations, les plus illégitimes en apparence, il y a toujours quelque chose de juste. C'est ainsi qu'il se propose de démêler, un à un, les griefs innombrables qui servent de prétexte au prévôt des marchands, et de cicatriser toutes les plaies du corps social, de régénérer par le droit commun, la société administrative et politique dont on a fait un monopole, de mettre hors du gouvernement les hommes qui, dans ces circonstances critiques, se trouvent trop petits pour être à la hauteur des événements ; enfin, d'employer son pouvoir personnel à la satisfaction des intérêts généraux de l'humanité.

Un pareil système devait obtenir d'heureux résultats, et rallier, autour de la bannière monarchique, la Bourgeoisie de Paris qui avait perdu, sous les coups de la révolte et du pillage, toutes ses illusions démocratiques. En effet, elle s'éloigna aussitôt de la faction et, par suite, d'Étienne Marcel, pour se rapprocher du régent qui, sur sa prière, rentra dans la capitale, non en vengeur, mais en protecteur. Cette défection des chefs d'ateliers ou *maîtres ès-arts et métiers* porta un coup terrible à la puissance du prévôt des marchands, puisque les mauvais ouvriers et la populace restèrent seuls attachés à sa personne. Il n'avait donc plus de force morale; aussi vit-on cet agitateur populaire, qui se mettait naguère au-dessus des faits et des idées, acccepter un patronage aristocratique. Il fit sortir Charles-le-Mauvais de sa prison et se ligua avec lui. Cette alliance ne pouvait être durable, puisque l'un et l'autre de ces deux hommes ne voulait dominer dans l'État que pour le compte de son égoïsme.

Le roi de Navarre ne s'était mis en contact avec le peuple que par l'intermédiaire de ses agents; il voulut s'y mettre par lui-même; aussi harangua-t-il la multitude et, dans un discours véhément, ce meurtrier du connétable de France, fauteur de tant de crimes, osa parler de son innocence, des malheurs publics nés de l'incapacité du gouvernement et de l'ordre social qui, disait-il, n'eût jamais été troublé, si l'autorité se fût trouvée entre ses mains.

Comme il protestait de *sa grande affection pour la défense de Paris,* à laquelle il était prêt à donner tout son sang, le peuple versa des larmes. Le lendemain, Étienne Marcel alla trouver le régent et le somma, au nom du Tiers-État, de rendre ses bonnes grâces à Charles-le-Mauvais : l'Université elle-même intervint en faveur de ce dernier, et Robert-le-Coq, qui avait commencé l'œuvre de cette réconciliation, l'acheva en affirmant, de son propre *plaisir et voulenté,* que le duc de Normandie *feroit au Navarrais comme bon frère à aultre doit faire.*

Cette pacification, entre des hommes qui exprimaient tant de principes hostiles, fut ce qu'elle devait être : une simple suspension d'armes, à la faveur de laquelle on se prépara, de part et d'autre, à soutenir une guerre plus décisive. Le roi de Navarre donna bientôt le signal de la rupture ; il arma contre le régent, et le régent arma contre lui. Étienne Marcel persuada encore une fois aux crédules Bourgeois de Paris, que l'armement du Dauphin était dirigé contre eux, et leur fit adopter un chaperon mi-partie rouge et bleu, avec cette devise : — *A bonne fin!* — Ce chaperon, disait le prévôt des marchands, distinguera *les vrais, bons et fidèles d'avec les faulx, maulvais et traistres*. Dès ce moment, quiconque voulut échapper aux fureurs de la populace, dut arborer ce signe de révolte, qui devint bientôt celui de la terreur universelle. Tous les nobles de Paris émigrèrent dans l'intérieur du royaume en compagnie des riches bourgeois ; quelques membres du *conseil des trente-six,* imitèrent leur exemple. Étienne Marcel les fit aussitôt remplacer par les hommes les plus compromis de sa faction, et qui, par conséquent, devaient être les plus dévoués à sa fortune.

Il importait au régent de dissiper les soupçons du peuple à son égard : c'était le seul moyen

de prévenir les séditions qui se formaient contre lui. A cet effet, il se rendit, seul et sans gardes, aux Grandes-Halles, et déclara à « grant foison de
» bourgeois qui étoient là, qu'il avoit intention de
» vivre et mourir avec eux, et que ils ne crussent
» pas aucuns qui avoient dit et publié qu'il faisoit
» venir gens d'armes pour les piller et gater, car il
» ne l'avoit oncques pensé; mais il faisoit venir les
» dites gens d'armes pour aider à défendre et à ga-
» rantir le peuple de France qui moult avoit à souf-
» frir, car les ennemis estoient épandus parmy le
» royaume et ceulx qui avoient le gouvernement
» n'y mettoient nul remède, si estoit son intention
» de gouverner dès alors en avant (1). »

Ce discours, quoique prononcé en présence d'hommes de différentes opinions, n'en provoqua pas moins d'applaudissements unanimes. Cette manifestation de l'esprit public, en faveur du prince, produisit un morne découragement dans l'âme des plus hardis factieux. Robert-le-Coq lui-même, jugeant de l'avenir par le présent, se préparait à fuir; mais Étienne Marcel fut d'avis qu'il fallait rester pour tenir tête aux événements.

« Le prévôt des marchans et ses alliez, considé-

(1) *Recueil des États-Généraux*, par Quinet, tom. VIII.

» rans et voyans que le peuple étoit prêt à faire le
» plaisir et voulenté du dit monsieur le Duc, leur
» seigneur, doutans que le dit peuple se émut con-
» tre eux, » assemblèrent à l'église Saint-Jacques-
de-l'Hopital, « le lendemain, jour de vendredi,
» grant foison de gens et par spécial ceux qui es-
» toient de leur parti. » Un officier osa parler au
milieu d'eux, et on l'écouta. Charles Consac, échevin, voulut discourir après lui, mais il y eut « si
» grant noise qu'il ne put estre ouï, » car le duc
de Normandie, par sa seule présence, empêchait
l'explosion de l'esprit révolutionnaire. « Dès qu'il
» se partit avec sa compagnie, » Robert-le-Coq et
Étienne Marcel se trouvèrent seuls vis-à-vis de la
multitude. Le prévôt des marchands se glorifia
d'être personnellement en péril et de mourir même, s'il le fallait, « pour le sauvement de tous. »
Jehan de Saint-Onde, échevin, parlant contre
les officiers en général, déclara « qu'on n'avait pas
» reçu les subsides; » ensuite, Charles Consac « re-
» commença, dit mille choses couvertes contre le
» duc, » et déclara ouvertement que « le prévôt des
» marchands estoit prud'homme et avoit fait ce qu'il
» avoit fait pour le bien, profit et sauvement de
» tout le peuple, ce qu'avoit dist Estienne ; » ajou-

tant que si « ceulx qui présens estoient et les aul-
» tres de Paris ne le voulsissent porter et soutenir, »
il chercherait « son sauvement là où il pourroit. »
— Pendant que « les aucuns qui estoient là de son
» alliance crioient qu'ils soutiendroient » le prévôt des marchands, et le « porteroient contre tous, »
les véritables chefs de la Bourgeoisie de Paris,
qui n'avaient pas quitté la ville afin de se vouer
au rétablissement de l'ordre, juraient, entre les
mains du régent, de vivre et mourir autour de sa
bannière.

Puisque tous les *grands, honorés bourgeois* se groupaient autour du duc de Normandie, Étienne Marcel devait chercher des *alliez* parmi les *petits* et les
hommes qui formaient la lie de la société. Aussi
fit-il sortir des prisons les larrons, les meurtriers,
les faux-monnayeurs, les faussaires et les empoi-
sonneurs, pour les introduire dans les rangs de
son parti, à la tête duquel on ne voyait pas, sans
étonnement, l'Université et le clergé de Paris. Bien
que les corporations, qui exprimaient la pensée
générale de cette époque, eussent arboré le chaperon mi-partie, et se fussent déclarées en faveur du
prévôt des marchands, la politique de cet homme
ne se résuma pas moins dans un fait horriblement

significatif : l'assassinat de Jean Baillet, trésorier des finances publiques.

Le meurtrier, poursuivi au nom du régent, fut pris dans l'église de Saint-Jacques-de-la-Boucherie et livré à la justice prévôtale; mais l'évêque de Paris, l'un des plus ardents alliés de Marcel, se récria sur ce qu'on avait violé l'immunité ecclésiastique, en arrachant le coupable des marches de l'autels, asile inviolable où l'humanité n'était justiciable que de Dieu. On rendit au clergé le cadavre de l'assassin ; et le lendemain, deux cérémonies funèbres, dirigées vers un même cimetière, traversèrent la capitale avec des cortéges divers : ici, le prévôt des marchands et l'évêque de Paris présidant, au milieu des masses populaires, à l'enterrement du meurtrier de Jean Baillet ; plus loin, le régent, assistant, avec quelques officiers, au convoi de l'ancien trésorier-général des finances, et méditant peut-être sur les divisions civiles et la ruine sociale, résultat de l'anarchie, lui qui était destiné à restaurer l'ordre et la fortune publique par le triomphe éclatant de l'unité monarchique !

Si le prince comprenait que la justice devait être la sauve-garde universelle contre le crime, le prévôt des marchands, au contraire, pensait que l'audace et la persévérance dans le crime étaient désormais sa seule chance de salut. Il fit assembler tous les corps de métiers à l'église de Saint-Éloi ; en détacha près de trois cents individus, qu'il dirigea vers le palais ; prit avec lui les plus féroces, et les conduisit ensuite dans l'appartement du duc de Normandie. Le prince, en ce moment, s'entretenait avec quelques prélats et quelques nobles, parmi lesquels se trouvaient le comte de Clermont, maréchal de Normandie ; le seigneur de Conflans, maréchal de Champagne, et le prévôt de Paris.

— *Sire,* dit Étienne Marcel, *ne vous esbahissez pas des choses que vous allez voir.*

Et, se tournant vers ses complices :

— *Allons, faictes en bref ce pourquoy vous estes venu* (1).

Les trois officiers désignés sont égorgés sous les yeux du régent qui, resté seul au milieu des assassins, ne perd pas courage et s'écrie :

— *En veut-on à ma personne ?*

—*Non, Sire,* ajoute Étienne Marcel, *mais pour estre sans péril aucun, prenez mon chaperon.* — Et

(1) *Chronique de Matheo Villani*, tom. VIII, chap. 38.

d'une main, il met son chaperon mi-partie rouge et bleu sur la tête du régent, tandis que de l'autre il prend celui du régent et le pose sur sa tête.

— Ceci se passait au milieu du quatorzième siècle. Vers la fin du dix-huitième, après la prise de la Bastille, le premier maire de Paris, successeur du dernier prévôt des marchands, mit une cocarde tricolore sur le front du roi Louis XVI, comme Étienne Marcel avait mis son chaperon sur le front du régent. C'est ainsi qu'à l'une et à l'autre époque, le prince qui représentait la royauté, fut contraint, par la démagogie, de porter les insignes de la révolte. Il est vrai que le prévôt des marchands garda pour lui les insignes de l'autorité.

En sortant du palais, il entra dans l'Hôtel-de-Ville, et la populace qui le suivait, resta sur la place de Grève. Marcel parut bientôt à la fenêtre de la grande salle et harangua le *populaire,* ayant toujours le chaperon royal sur sa tête. Il affirma hautement « que le faict qui avoit été faict, avoit
» été pour le bien et profit du royaume, et que
» ceux qui avoient été tués estoient faux, mauvois
» et traistres, et requist le dit peuple qui là estoit,
» que en ce on le voulsist porter et soutenir, et

» plusieurs crièrent à une voix qu'ils advouoient
» le dit faict et qu'ils vouloient vivre et mourir avec
» Estienne Marcel, leur prévost. »

Satisfait de cette adhésion, celui-ci retourna au palais et dit au régent, *qui estoit moult dolent et esbahy :* — « Ne vous mettez en malaise de ce qui
» est advenu, car ce a esté faict de la voulenté du
» peuple et pour éviter plus grand péril ; que les
» occis estoient faux, mauvois, traîtres, et, de par
» le peuple, qu'il voulsist ratifier le dit faict. »

Le prince dut ratifier les crimes du prévôt, *et le pria que ceulx de Paris voulsissent estre ses amis.* Étienne Marcel lui envoya deux pièces d'étoffe, *l'une de pers et l'autre de rouge,* afin qu'il fît faire des chaperons pour lui et pour ses gens; ensuite, il convoqua la représentation nationale. *Grant foison d'alliez* armés l'accompagnèrent à la séance du lendemain. Quoique Robert-le-Coq n'eût point participé aux crimes de la veille, il ne s'empressa pas moins de dire aux députés « qu'ils voulsissent
» bien les autoriser, par ce qu'ils avoient été faicts
» pour le sauvement de tout le peuple. » Et ceux-ci approuvèrent, à leur tour, les trois assassinats, craignant de provoquer, par leur protestation, un massacre général.

La position du duc de Normandie n'était pas tenable dans une capitale où, quoique régent, il n'exerçait pas la moindre autorité. Il quitta Paris le 25 mars 1358. Étienne Marcel comprit alors que ce prince, qui, par sa présence, ne pouvait rien sur les événements, pourrait beaucoup sur eux par son absence, attendu qu'il ne représentait pas un fait, mais un principe. Il envoya aussitôt à Compiègne, où le duc levait une armée, plusieurs docteurs de l'Université chargés de lui dire qu'il était prêt à cesser la guerre civile pour faire sa paix avec lui; mais le fils du roi Jean, sachant que les destinées futures de la civilisation dépendaient de ses actes, posa des conditions inacceptables, exigeant qu'on lui livrât les coupables d'entre les factieux, et s'engageant seulement à ne point les abandonner lui-même à la justice prévôtale. Entre le prince et le prévôt des marchands, tout accommodement était impossible.

De part et d'autre, on se préparait à la guerre. Pour lui donner un théâtre immense, Étienne Marcel voulut que la démocratie y déployât toutes ses forces contre la royauté. C'est alors surtout qu'il organisa, au quatorzième siècle, un système d'insurrection, aussi formidable et mystérieux que l'événement connu de nos pères sous le nom de la *Terreur*. Après une propagande très-active, les paysans se révoltèrent contre leurs seigneurs, sur la plus grande partie du territoire, et le prévôt des marchands, réalisa de la sorte les horreurs sanglantes qui caractérisent plusieurs phases de nos révolutions.

Jacques Bonhomme exprima les premières révoltes des paysans; mais les dernières, dont les actes furent si atroces, ne sont connues que sous le nom de la *Jacquerie*. C'en était fait de la noblesse et de l'État monarchique lui-même, si les bourgeois des villes eussent fraternisé avec les habitants des campagnes, ou mieux, si ceux-ci eussent fait alliance avec l'armée d'Étienne Marcel. Mais, au lieu de se diriger sur Paris, les *vilains* n'en voulant qu'aux gentilshommes, s'arrêtèrent devant les châteaux qu'ils livrèrent aux flammes, après avoir fait rôtir les chevaliers, leurs femmes et leurs enfants.

Cette guerre civile, si abominable dans ses détails, produisit, pendant quelque temps, une diversion favorable à Étienne Marcel, en ce sens, qu'elle empêcha le triomphe immédiat du régent. Celui-ci ne marcha sur Paris qu'après la fin de la

Jacquerie, lorsque la cavalerie féodale eut écrasé les paysans, et leur eut fait payer, crime à crime, le total des représailles qu'attendait l'humanité.

L'arrivée du duc de Normandie, sous les murs de Paris, exprime une nouvelle phase de cette situation révolutionnaire. Toutes les ressources d'Étienne Marcel étaient épuisées ; la démoralisation faisait chaque jour de nouveaux progrès dans son parti. Une seule chance de salut lui restait encore ; il s'en saisit avec un sombre désespoir. Robert-le-Coq lui ayant conseillé de s'allier à Charles-le-Mauvais, et de constituer entre eux une espèce de triumvirat, composé d'un prince, d'un évêque, d'un prévôt des marchands, Étienne Marcel fut obligé de consentir à cet acte qui avait tout le caractère d'une abdication.

Charles-le-Mauvais entra dans Paris à la tête d'un corps de troupes anglaises ; et vint recevoir à l'Hôtel-de-Ville, où les échevins s'étaient réunis, le titre de *capitaine-général.* A chaque pas qu'il faisait dans la nouvelle voie qu'il avait prise, au milieu de cette civilisation révolutionnaire, le roi de Navarre croyait se rapprocher du trône de France. Mais en vain avait-il prêté, entre les mains du prévôt des marchands, le serment de défendre la capitale jusqu'à la dernière extrémité, les Parisiens ne pouvaient pas croire à la sincérité démocratique d'un roi dont la cruauté ne s'était point démentie dans la guerre qu'il venait de faire contre les paysans des provinces, et dont la première ambition était l'envahissement de la royauté. Les artisans, les chefs de métiers, le peuple des halles, toutes les classes de la Bourgeoisie, ne lui épargnèrent, pour cela, aucun signe de répulsion. Les seigneurs, qui combattaient sous les drapeaux de ce prince, ne se contentèrent point de protester contre ses allures populacières; ils l'abandonnèrent, parce qu'il tendait la main à l'anarchie.

La double défection de la Bourgeoisie et de l'aristocratie, prouvait à Étienne Marcel, à Robert-le-Coq et à Charles-le-Mauvais, qu'ils avaient perdu, dans leur prétendu gouvernement, une popularité qu'ils avaient acquise avec tant de peine, dans l'opposition. D'ailleurs, quelque terrible qu'il soit, nul pouvoir révolutionnaire, aux prises avec les événements, ne saurait empêcher les réactions de la pensée générale, qui exprime l'action providentielle. Le prévôt des marchands et ses alliés s'épuisaient donc à force d'agir; le régent agissait peu, mais il observait beaucoup, afin de résumer un jour tous les côtés de la raison publique. Il voyait, depuis la bataille de Poitiers, l'intérêt de parti, en faveur duquel les Anglais étaient entrés dans Paris, toujours sacrifié à l'intérêt national; et cependant il ne douta jamais que le vrai sentiment français ne réagît fièrement contre cette intervention étrangère. C'est ce qui arriva, en effet, au sein de la représentation générale, où les députés, cédant alors aux inspirations du patriotisme, votèrent par acclamation le rétablissement de la royauté, de même qu'ils avaient unanimement décrété la constitution de la démocratie.

Cette manifestation du sentiment national devait être appuyée par les armes. Les troupes du régent entouraient Paris où la disette et le renchérissement des denrées entretenaient les pillages. « Le se-
» tier de froment qu'on avoit donné pour douze
» sols, » dit le second continuateur de Guillaume de Nangis, « se vendoit alors plus de trente livres
» parisis, et les bons compagnons ne pouvoient ob-
» tenir un quartaut de vin pour se désaltérer, s'ils
» ne payoient pour cela vingt-quatre livres. »
Étienne Marcel avait seulement soif de la victoire; il l'obtint sans beaucoup de frais, dans une première rencontre, et ses partisans, quelque peu

nombreux qu'ils fussent, purent encore s'écrier :
— *Vive le prévost des marchands !* —

Le bonheur de cet homme faisait mal à la reine Jeanne ; aussi intervint-elle par la parole dans cette lutte à main armée. Elle acheta la neutralité du roi de Navarre, moyennant quatre cent mille florins pris sur les subsides.

A la nouvelle de cette trahison, ceux qui disaient naguère *vivat,* poussent des cris de mort. Étienne Marcel entre dans l'Hôtel-de-Ville où il a fait assembler les échevins, et Charles-le-Mauvais sort de Paris ; mais pendant que les magistrats civils délibèrent, la garde urbaine en vient aux mains avec les Anglais qui l'ont insultée, et la populace, de son côté, pille les maisons des bourgeois suspectés de favoriser le parti du régent. L'œuvre de l'humanité commence à s'accomplir par le crime.

Les factieux eux-mêmes frémissent des résultats de leurs propres idées. Étienne Marcel reconnaît alors toute son impuissance pour le bien comme pour le mal ; aussi consent-il à abdiquer son pouvoir usurpé. Il va trouver secrètement Charles-le-Mauvais et lui offre, avec des sommes énormes, la délivrance des Anglais faits prisonniers par les bourgeois et la couronne de France, à la seule condition de fonder, non pas une royauté démocratique, mais une démocratie royale. Le Navarrais accepte tout, mais il n'obtiendra rien. Le prévôt des marchands n'aura pas l'adhésion des échevins. S'apercevant trop tard de la difficulté de son entreprise, Marcel prend la résolution de brusquer les événements et de livrer Paris au Navarrais, durant la nuit du 31 juillet 1358.

La capitale dormait tranquillement au milieu de la guerre civile. On avait défendu aux églises et aux colléges de l'Université, « de sonner les cloches » depuis la fin des vêpres jusqu'au lendemain matin » au grand jour, seulement il était permis de sonner » chaque soir le couvre-feu à Notre-Dame. » (1) « Or, » le prévost des marchands et ses alliés ne voulzent » pas que on veillast en ceste nuict aux portes ni aux » murs. Mais à Paris avoit un bourgeois nommé » Jehan Maillart, qui estoit garde par le gré du com- » mun, d'un des quartiers de la ville, qui estoit or- » donnée par quatre capitaines. » (2) Jean Maillart vint avec son frère Simon Maillart, « pour- » vus d'armes et de bons compaignons, dit Frois-

(1) *Mémoires de l'Académie des inscriptions*, tom. XIII, pag. 520.
(2) *Chronique inédite de* Jean de Nouelles, *manuscrit de la bibliothèque royale.*

» sard, un petit peu devant mie nuit, à la porte
» Saint-Aubin, et trouvèrent ledit prévost des mar-
» chands les clefs de la porte en ses mains. »

— *Estienne, Estienne,* lui dit Jehan Maillart, *que faites-vous cy à ceste heure?*

— *Jehan, à vous qu'en monte de sçavoir? je suis cy pour prendre garde de la ville dont j'ay le gouvernement.*

— *Vous n'estes-cy pour nul bien,* ajouta Maillart, et, se tournant vers ses *gaitteurs* : — *Je vous le monstre comment il tient les clefs des portes en ses mains pour trahir la ville.*

— *Vous mentez,* répondit Marcel.

— *Par Dieu,* reprit Maillart, *traistre; mais vous mentez. A la mort, à la mort tout homme de son costé, car ils sont traistres.*

A ces mots, il frappa le prévôt d'un coup de hache sur la tête et l'*abbatty à terre, quoique ce feust son compère* (1). Six de ses *alliez* furent tués en même temps que Marcel; les autres furent pris et conduits en prison pour avoir compris la liberté humaine d'une façon par trop brutale et anarchique. Ensuite *Jehan Maillart manda Pepin des Essarts et plusieurs autres bourgeois, fit drecier une*

(1) *Manuscrit de la bibliothèque royale,* n° 8,329.

bannière de France, et crièrent il et ses gens : Au roy
et au régent (1) !

La révolution, commencée par Étienne Marcel,
finit donc avec lui.

Que dire maintenant de ce prévôt des marchands
qui pensa et qui agit comme pas un homme n'avait encore agi ni pensé avant lui dans l'humanité? Voyant renaître l'anarchie féodale, qui devait nécessairement exprimer une triple oppression, celle de la royauté, celle de la Bourgeoisie
proprement dite et celle de l'État populaire, il résolut de frapper mortellement l'aristocratie et même
la monarchie, pour faire triompher la liberté illimitée, c'est-à-dire l'anarchie dans son expression
la plus sinistre.

Doué d'une rare pénétration, il eut l'expérience
des hommes et les méprisa, parce qu'il savait tous
les chemins par où l'on peut les envahir. Chaque ruine sociale servit de degrés à sa fortune
passagère et tourmentée. La naïveté traditionnelle de la Bourgeoisie proprement dite devint un
des éléments de son génie ; car, sous prétexte de
défendre les comptoirs et les boutiques contre les
exactions des princes, il prépara le pillage de toute

(1) *Chronique inédite de* Jehan de Nouelles.

la société, livrée pieds et poings liés à ses hordes sanguinaires. Il créa, au quatorzième siècle, ce que nous appelons aujourd'hui *la centralisation,* pour mieux généraliser son despotisme au nom de l'affranchissement universel; enfin, il opposa l'Hôtel-de-Ville à l'hôtel Saint-Pol, la démocratie absolue à la royauté des États. Une combinaison républicaine était la première de ses ambitions, et une combinaison monarchique devait être son dernier acte, qu'il ne lui fut pas donné de réaliser; car, lorsqu'il crut pouvoir s'adresser à ce mauvais homme, qui était déjà roi de Navarre, le prévôt des marchands vint se briser contre un principe, celui-là même en vertu duquel la monarchie française avait été constituée !

Ce fut l'heure de sa chute. Il tomba cet homme qui, sous prétexte d'élever la Bourgeoisie de Paris au point culminant de la puissance, mais espérant qu'elle se soumettrait à ses volontés, lui imposa le joug sanglant de la populace, parce qu'elle avait refusé de lui obéir. Il tomba de toute la hauteur des événements qu'il avait créés, parce que l'esprit révolutionnaire, dont il était l'expression, ne pouvait plus le retenir à leur sommet. Alors, comme il arrive toujours aux hommes qui ont joué avec la destinée des peuples et des rois, un grain de sable l'écrasa. Les intelligences les plus chétives se rapprochèrent de ce colosse pour le mesurer : aussi l'iniquité de sa vie ne fut-elle bien appréciée qu'après sa mort. On ne vit plus sur son front qu'une flétrissure morale et d'innombrables taches de sang. L'heure de la justice avait sonné pour celui qui vécut si longtemps au-dessus des lois. Étienne Marcel avait eu des princes à ses pieds; mais il devait être traîné dans les égoûts par la populace qui alla suspendre son cadavre aux piliers des Halles, usant contre lui des mêmes fureurs qu'elle déployait naguère contre la société.

Fatale destinée des tribuns!... celui-ci n'a rien créé dans l'État; mais, hardi réfractaire de la sociabilité monarchique, il a voulu déplacer les bases mêmes du pouvoir ; mais il a indigné le génie des peuples contre celui des rois : sa pensée ne doit pas mourir !

CHAPITRE VII.

LES BOURGEOIS DE PARIS ET LES MAILLOTINS.

La révolution produite par Étienne Marcel, mourut avec lui, mais d'une manière moins violente. La fin de cet homme ouvrait une carrière nouvelle à la Bourgeoisie de Paris, qui avait expié, par sa ruine, l'appui moral et matériel qu'elle avait trop souvent prêté aux séditieux. Les classes ouvrières rejetèrent sur-le-champ le chaperon mi-partie rouge et bleu, abandonnèrent les complots et reparurent dans leurs ateliers. Tous les insignes de la révolte, abattus par ceux-là mêmes qui les avaient arborés, firent place à ceux de l'autorité légitime. Lorsque le régent rentra dans sa bonne ville de Paris, où la rébellion humaine avait triomphé trop longtemps, il n'eut rien à faire pour pacifier les esprits et les intérêts si cruellement agités par la guerre civile. Son premier soin fut d'accorder une amnistie générale en garantissant les priviléges, immunités, franchises des bourgeois et gens des métiers; et la civilisation rentra ainsi dans les voies traditionnelles.

Jean Maillart avait, à lui seul, renversé le prévôt des marchands, restauré le pouvoir monarchique, et contenu les colères populaires, toujours implacables, en temps de révolution comme en temps de contre-révolution. Pour récompenser de si nobles services rendus à la société bourgeoise et à la cause royale, le régent lui concéda, « outre cinq cents livres de terre à Parisis,
» à sa vie, sur le tabellionnage et le sel de Meaux (1), » de grandes possessions territoriales, à perpétuité, pour lui et ses descendants.

« — Savoir, faisons, disait l'ordonnance, que
» pour considération du très-grand et très-agréable
» service que nostre très-vray et loyal subjet et
» obéissant Jehan Maillart, bourgeois de nostre
» bonne ville de Paris, a faict à la couronne de
» France, à monseigneur et à nous, lequel en temps
» de rébellion d'aucuns de nostre dicte ville, s'est
» aventurez et emprinz, et tant faict par luy et

(1) *Trésor de Chartes.* Registre, 86, pièce 195; registre 90, pièces 78 et 101.

» aultres loyaux subjez, que plusieurs de nos trais-
» tres et rebelles ont été morts, et aucuns pris, et
» sommes entrez en nostre dicte ville, et les bour-
» geois et habitants d'icelle venus à nostre vraye
» obéissance et subiection; et pour contemplacion
» des bons et agréables services que le dit Jehan
» nous faict, de jour en jour, incessamment, et es-
» pérons qu'il nous fasse au temps à venir; nous,
» de certaine science etc..., avons donné et octroyé,
» donnons et octroyons par ces présentes, audit
» Jehan, nostre hostel de l'Éri, vers le Pont-de-
l'Arche (1).

Le duc de Normandie voulut, en outre, tenir un fils de Maillart sur les fonts baptismaux, établissant ainsi, entre l'héritier présomptif de la couronne de France, et le bourgeois de Paris, ce lien moral et religieux, alors presque aussi puissant que celui du sang. Le régent accorda également à *son cher compère,* les droits de fouage, d'usage dans la forêt, de justice haute, moyenne et basse, avec pouvoir *de traîner, pendre, ardoir et punir les malfaicteurs et de faire tous exploits.* Enfin, étendant ses faveurs sur toute la famille, il donna des preuves *de véritable*

(1) *Registre du Trésor des Chartes.* Coté 96, année 1364, pièce 55.

affection à Simon Maillart, frère de Jehan, après avoir anobli ce dernier, sa femme Isabelle, ses deux fils, Jehan et Charles, et sa fille Jacqueline, mariée à Jehan-le-Coq, neveu du fameux évêque de Laon, qui, après la chute de Marcel, avait disparu dans une éclipse.

Cependant, il fallait reconstituer le pouvoir civil. Les suffrages populaires donnèrent la Prévôté des marchands à Gentien Tristan ; et l'administration de Paris fonctionna sous sa direction. Le régent ordonna aux échevins, de choisir, dans la Bourgeoisie, *telles personnes qu'ils voudroient* pour vérifier les comptes et les revenus de la ville, et le produit des octrois, subsides ou emprunts qui avaient été créés afin de subvenir aux frais des fortifications et de l'établissement de la garde urbaine ou *gendarmerie de Paris,* au temps d'Étienne Marcel. Gentien Tristan assembla le conseil des échevins, les maîtres des huit principales professions industrielles, et un grand nombre de notables qui nommèrent, par acclamation, Jean Belot, Jeoffroy-la-Flame, Guillaume Rabiolle, Jehan Favereau et Jacques de Langlès. Ces commissaires ne commencèrent leurs travaux qu'après avoir reçu les lettres d'investiture, délivrées par Gentien Tristan et scellées du sceau du Châtelet (1ᵉʳ décembre 1358).

En provoquant la formation d'une pareille commission, le duc de Normandie semblait appeler la Bourgeoisie à dresser elle-même le bilan de ses fautes et de ses désastres, par Doit et Avoir.

Héroïquement initié aux fonctions de la royauté, le régent, qui, par de semblables créations, satisfaisait pleinement aux intérêts sociaux, prit enfin la couronne de France et le nom populaire de Charles V. Appuyé sur les armes victorieuses de Bertrand Duguesclin, il libéra le sol national, recouvra toutes les conquêtes de Philippe-Auguste, forma une marine puissante, restaura les finances en établissant la Cour des aides, *tribunal présidé par la justice et par l'économie* (1), versa dans le trésor public la somme énorme de dix-sept millions, anéantit l'esprit révolutionnaire, et anoblit, non-seulement les maires, échevins ou pairs de Poitiers, de La Rochelle, d'Angoulême et de Saint-Jean-d'Angely, mais aussi tous les bourgeois de Paris qui conservèrent leurs lettres de noblesse jusqu'au règne de Henri III. Au dire d'un écrivain du siècle dernier :

(1) *Histoire du Patriotisme français*, par Rosset, avocat du Parl., tom. II, pag. 273, année 1769.

« Les efforts extraordinaires qu'ils avoient faits
» pour relever la monarchie accablée, leur amour
» pour le trône, méritoient bien cette distinction
» glorieuse. Il convenoit que la ville la plus patrio-
» tique du royaume brillât au milieu de toutes,
» d'un éclat qui ne pouvoit qu'augmenter le
» leur (1). »

Sous l'empire d'un homme qui comprenait ainsi les devoirs de la monarchie, et qui enlevait à la féodalité son prestige nobiliaire, la civilisation populaire et bourgeoise reprit un essor prodigieux. La paix fit naître la prospérité ; les marchands et les négociants purent se livrer, en pleine sécurité, aux grandes affaires et aux vastes entreprises commerciales, protégés qu'ils étaient, intérieurement, par une police vigilante qui se faisait sous l'œil de Charles V ; extérieurement, par le connétable Bertrand Duguesclin dont le nom seul défendait le sol de la France. Toute industrie obtenait sa part de progrès et de bien-être, car la royauté était devenue la triple expression de l'unité territoriale, politique et morale.

La mort de Charles V fut très-fatale à la Bourgeoisie. L'ordre public s'évanouit avec lui, mais la

(1) *Hist. du Patriot. français.*

guerre étrangère et la guerre civile reparurent subitement avec leurs anciens drapeaux. Les Parisiens nous prouveront bientôt qu'ils n'ont point désappris les leçons révolutionnaires d'Étienne Marcel.

Un enfant de douze ans monte sur le trône. Le jour de son avénement, il fait proclamer, au son des trompes, la suppression de tous les impôts et subsides. Il règne; mais le gouvernement, et presque la souveraineté de vastes provinces ont été confiés aux trois frères de Charles V, les ducs d'Anjou, de Berry et de Bourgogne. Ce partage entre les oncles du royal pupille, amena une discorde désastreuse; chaque prince voulut devenir régent; le besoin de l'unité engendra la division. Les trois prétendants armèrent l'un contre l'autre; ils allaient en venir aux mains, lorsque, sur la proposition du chancelier de France, on proclama chef du conseil de régence le duc d'Anjou, prince avare, cupide, odieux au peuple et à la Bourgeoisie, parce qu'il était toujours disposé à sacrifier à sa propre convoitise l'intérêt de la société.

Le duc d'Anjou commit tant de spoliations qu'il appauvrit l'État, si riche naguère. Ces iniquités politiques provoquèrent dans Paris une répulsion telle, que l'esprit de résistance domina bientôt l'opinion. Tous les métiers s'assemblèrent tumultueusement; ils envoyèrent au régent une députation présidée par Jean Culdoë, prévôt des marchands, qui réclama l'abolition des taxes, le soulagement des peuples; en un mot, l'accomplissement de la promesse royale.

Ces remontrances étant restées sans effet, les murmures augmentent. On ne s'attroupe plus sur les places publiques, dans l'intérêt pacifique de la légalité; mais on demande violemment la réforme des abus. D'immenses voies-de-fait vont avoir lieu : brutales protestations des classes opprimées contre le despotisme de la régence. Jean Culdoë intervient; les échevins et les marchands s'assemblent, selon leur coutume, dans le *Parlouer aux bourgeois* où le prévôt déclare qu'il faut encore temporiser. Mais le menu populaire, qui, attendant le résultat de la séance, stationnait sur une place voisine, a perdu patience et menace le despotisme de ce cri toujours formidable : — *Liberté! liberté!*

Un savetier réclame le silence et dit :

« — Jamais ne jouirons-nous en repos de nos
» biens? L'avarice toujours croissante des grands,

» nous chargera-t-elle incessamment d'impôts et
» de nouvelles exactions au-dessus de notre devoir
» et de nos forces? Faudra-t-il que, noyez de deb-
» tes, nous payions tous les ans plus que nous n'a-
» vons de revenus? Que dites-vous, messieurs les
» bourgeois, de cet extrême mépris où vous vivez?
» n'est-il pas vray qu'on vous osteroit, si l'on pou-
» voit, une partie de l'air que vous respirez, puis-
» qu'on vous envie jusques à la figure de l'homme,
» puisqu'on trouve mauvais que vous vous rencon-
» triez avec les notables aux assemblées et dans les
» lieux publics, et enfin, puisqu'on vous traite avec
» tant de différence que de demander arrogamment
» quel droit a la terre de se vouloir mesler avec le
» ciel et pourquoy la lie du peuple vouloir entrer
» en comparaison avec les riches? Ceux pour qui
» nous faisons tous les jours des prières, et à qui
» nous donnons tout ce que nous avons vaillant,
» n'ont point d'autre dessein que de s'en faire bra-
» ver et de braver nos yeux avec leurs beaux habits
» tout couverts d'or et de perles, et avec une longue
» suitte de valets; et c'est encore pour bastir de
» beaux palais qu'ils cherchent les moyens d'acca-
» bler d'imposts cette mère des villes du royaume.
» Il n'y a que trop longtemps que la patience du

» peuple souffre sous le poids de tant d'exactions,
» et si j'en suis crû, à moins que tout présentement
» on ne lève cet insupportable fardeau, mon avis
» est qu'on fasse prendre les armes à tous les bour-
» geois ; car il n'y en a pas un qui ne deust plus
» volontiers mourir que de conserver une vie si mi-
» sérable et d'endurer plus longtemps une si grande
» injure (1). »

Ce discours, qu'on dirait inspiré par le Socialisme contemporain, est tout un programme révolutionnaire ; aussi devient-il le signal d'une insurrection irrésistible. On s'arme de pioches, de fourches, de faux, de haches, de piques et d'épées ; le prévôt des marchands, qu'on entraîne pour donner un caractère légal à la révolte, est forcé de conduire la populace indignée jusqu'en présence du roi, qui se voit lui-même contraint de promettre aux séditieux, une satisfaction pleine et entière. Le lendemain, en effet, Miles de Dormans, chancelier de France, disait aux bourgeois de Paris : « — Le roi vous décharge de tous impôts et
» subsides, vous remet libéralement tous droits de
» péage, d'entrée et de sortie, et vous laisse la li-

---

(1) *L'anonyme de Saint-Denis*, traduit par le Laboureur, liv. II.

» berté de vendre et d'acheter sans rien payer de
» redevance, sous quelque prétexte que ce soit ; »
et le vénérable Jean Desmarets, donnait lecture
d'un édit qui abolissait tous les subsides imposés
depuis le règne de Philippe-le-Bel.

La joie des bourgeois fut extrême : chacun revint à son métier. Le duc d'Anjou, coupable d'avoir mis le gouvernement royal à la merci des classes populaires, sut se contenir pendant quelque temps; mais il ne tarda pas à donner un libre cours à sa cupidité. Il assembla sept fois les notables de la ville, et s'adressa particulièrement à Philippe de Villiers et à Jean Desmarets, citoyens intègres et tout-puissants au sein des corporations, pour obtenir l'établissement de nouveaux impôts. Ces démarches impolitiques donnèrent l'éveil au menu populaire. L'insurrection reparut plus formidable que jamais. Les portes de Paris furent fermées ; des barricades, faites dans les rues ; une armée entière, organisée et distribuée « en dizaines, en » cinquantaines, en soixantaines. » Bientôt l'esprit de résistance pénétra dans les grandes villes de province ; et Rouen, comme Paris, arbora ouvertement le drapeau de la révolte.

Cette protestation universelle épouvante le duc

d'Anjou, mais sans le guérir de sa lèpre morale d'avarice et de cupidité. Il cède pourtant : le peuple rentre dans l'ordre, comme lui; et, comme lui, pour en sortir à la première occasion. Le prince vient d'affermer, à des partisans, la perception d'un douzième denier; taxe nouvelle appliquée à toutes les *victuailles* vendues à Paris. Nul crieur n'ose publier cet édit; un huissier seul est assez téméraire pour accepter cette mission. Il monte à cheval, assemble la multitude, affirme qu'on a volé la vaisselle du roi, promet une belle récompense à ceux qui en découvriront les voleurs, et finit son allocution en s'écriant :

« — Demain, premier jour de mars, commen-
» cera la perception du douzième denier des vi-
» vres. »

Cela dit, il partit à toutes brides.

Le lendemain, quelques gens des aides se présentent, en effet, aux halles, avec une escorte considérable. Ils s'adressent à une vieille marchande de cresson, Pérolte-la-Morelle qui refuse de payer et appelle à son secours. Les bourgeois interviennent. Ils se jettent sur un *impositeur* et l'immolent sans pitié. — « Aussitôt, par toute la ville,
» dit Juvenal des Ursins, le menu peuple s'émut;

» ils prirent les armures, et, en grande commo-
» tion, couroient et recouroient, et s'assemblèrent
» plus de cinq cents. Quand les officiers et les con-
» seillers du roy, et l'évesque de Paris, virent et
» aperçurent la manière de faire, ils repartirent se-
» crètement de la ville, et emportèrent ce qu'ils
» purent de leurs biens meubles petit à petit. Et
» ceux qui ce faisoient estoient fort méchantes
» gens et viles personnes du pauvre et petit estat,
» et si l'on crioit, tous les autres y accouroient. Et
» pour ce qu'ils estoient mal armés et habillez, ils
» sceurent que en l'Hostel-de-Ville il y avoit des
» *harnois,* ils y allèrent et rompirent les huis où
» estoient les choses pour la défense de la ville,
» prirent les harnois et grande foison de maillets
» de plomb, et s'en allèrent par la ville, et tous
» ceux qu'ils trouvoient fermiers des aydes, ou qui
» estoient soupçonnez, ils les tuoient et les met-
» toient à mort bien cruellement. Il y en eut un qui
» se mit en franchise dedans Saint-Jacques-de-la-
» Boucherie, et lui estant devant le grand autel, te-
» nant la représentation de la vierge Marie, le pri-
» rent et tuèrent dans l'église. Ils s'en alloient aux
» maisons des morts, pilloient et roboient tout ce
» qu'ils trouvoient, et une partie jettoient par les

» fenestres, déchiroient lettres, papiers et toutes
» choses, enfonçoient les tonneaux après que tout
» leur saoul avoient bu. A la fin, ils furent encore
» plus pires à exercer leur mauvaistie. Il vint donc
» à leur connaissance qu'il y avait des impositeurs
» dedans l'Abbaye de Saint-Germain-des-Prèz ; si
» saillirent hors de la ville, et là vinrent et s'effor-
» cèrent d'entrer dedans, demandant ceux qui s'y
» estoient retirez. Mais ceux de dedans se défendi-
» rent vaillamment, tellement que point n'y entrè-
» rent. De là se partirent et vinrent au Chastelet
» de Paris, il y avoit encore deux cents prisonniers
» pour délits et dettes, et rompirent les prisons et
» les laissèrent aller franchement; pareillement fi-
» rent-ils aux prisonniers de l'évesque de Paris. Ils
» romprirent tout et délivrèrent ceux qui y es-
» toient... Pendant la nuit, toujours croissoit la
» multitude de peuple ainsi desvoyé. On le pensoit
» arrêter, rien ne faisoit, et ils passoient la nuit en
» gourmanderies et beuveries... Le lendemain, ils
» vouloient abattre le pont de Charenton ; mais ils
» furent arrêtez par messire Jehan Desmaretz et
» quelques-uns commençoient déjà à se repentir et
» à se refroidir. »

La révolte des Maillotins éclata sous les yeux

même des États-Généraux qui s'en effrayèrent ; aussi, n'osèrent-ils se prononcer ni pour le régent, ni pour le peuple. La haute Bourgeoisie, menacée du pillage, fut plus courageuse ; elle opposa à ce débordement humain une vive résistance, parce qu'elle se souvenait de tout ce qu'elle avait souffert du temps d'Étienne Marcel ; mais l'audace des insurgés s'accrut à chaque obstacle. Ils formèrent un comité directeur, réorganisèrent la garde urbaine, et y enrôlèrent tous les citoyens capables de porter les armes. L'anarchie allait triompher d'une manière absolue, sans l'intervention de Jean Desmarets qui prévint d'immenses catastrophes, et seul, put rétablir l'ordre public dans Paris, alors en pleine révolution !

Cet homme pieux, qui fut le protecteur de toutes les classes de la cité, ne faisait pas une œuvre politique. Sa pensée était plus vaste ; par elle, il accomplissait une œuvre sociale.

En ce moment, le roi marchait sur Paris à la tête d'une armée victorieuse, qui avait fait des exemples dans la ville de Rouen. Grande fut la terreur, non pas seulement des classes populaires, mais aussi des notables bourgeois qui, pour avoir contenu les fureurs de la multitude, n'en avaient pas moins défendu, avec un zèle admirable, les droits communs à toute la société. L'évêque de Paris et les chefs de l'Université allèrent à Charenton, supplier le jeune monarque de pardonner aux habitants de la bonne capitale. Une amnistie fut promise ; amnistie générale dont on ne devait excepter que les *meschantes gens,* qui avaient forcé les prisons du Châtelet.

Jean Desmarets se fit porter en litière dans les rues de Paris, pour annoncer aux bourgeois cette heureuse nouvelle. Chacun se réjouissait avec lui ; mais bientôt la cause exceptionnelle qui rétrécissait le cercle de l'amnistie, prit une extension telle; *si foison de gens* furent livrés à la justice prévôtale, que le peuple reprit les armes, et poussa les événements avec toute la fureur d'une réaction. C'est alors que l'esprit révolutionnaire, longtemps comprimé, se manifesta universellement dans les séditions des provinces et dans celles des principales villes du royaume. Les États-Généraux eux-mêmes, bien qu'ajournés à Compiègne, représentant une société épuisée, appauvrie, ruinée par mille déprédations et sollicitant le repos, l'union, la sécurité, sources de toute richesse, n'écoutèrent plus que la voix du ressentiment qui dominait les clameurs de l'époque. Au lieu de fixer l'impôt sur des bases nouvelles, indépendantes de la politique arbitraire et rapace du duc d'Anjou, les députés déclarèrent, dans une assemblée solennelle tenue à Paris, *qu'ils aimeroient mieux mourir que de laisser courir les aydes.*

Cette explosion de l'esprit national contre l'orgueil et la cupidité monstrueuse du régent, produisit une vive sensation dans la plupart des États de l'Europe, qui avaient, alors, comme aujourd'hui, les regards fixés sur la France, ou mieux, sur Paris. L'iniquité des gouvernants et l'espérance d'un changement prochain dans la condition humaine, parlaient à chaque homme un langage immense. L'heure des batailles populaires allait sonner ; déjà les communes flamandes s'étaient insurgées contre le comte de Flandre, et Philippe d'Artevelde, qu'elles avaient choisi pour chef, essayait de réaliser, dans les Pays-Bas, l'idéal révolutionnaire qu'Étienne Marcel avait révélé au monde.

Il n'y avait qu'une seule manière de réduire moralement les Parisiens révoltés, c'était de vaincre l'insurrection flamande en bataille rangée. Le duc d'Anjou sut le comprendre ; aussi fit-

ils marcher le roi-mineur au secours du comte de Flandre, dès qu'ils eurent réuni leur armée. Pendant que Charles VI combattait les bourgeois de Gand, ceux de Paris se disposaient à raser le Louvre, le château de Beauté-sur-Marne, et la Bastille ; mais un de leurs principaux meneurs, Nicolas-le-Flamand, élu prévôt des marchands, en remplacement de Jean Culdoë, pour avoir acquis une certaine célébrité par mille exploits révolutionnaires, au temps de Marcel, contint leurs mouvements dans les limites de la prudence : — « At-
» tendez, leur disait-il ; si ceux de Gand viennent
» à leur entente, ainsi que l'on espère bien, adonc
» sera-t-il heure de ce faire. Ne commençons pas
» chose dont nous nous puissions repentir (1). »

La bataille de Rosebecque justifia les craintes du prévôt des marchands ; l'esprit démocratique dut s'humilier devant le glaive royal. La chute de Philippe d'Artevelde et le triomphe du duc d'Anjou impliquaient une nouvelle transformation sociale et politique. Les exaltations populaires allaient faire place à une réaction féodale; aussi la victoire du régent, proclamée, à son de trompe, dans les rues de la capitale, fut-elle accueillie comme une

(1) *Juvénal des Ursins.*

défaite : — « Les Parisiens aucun semblant de joie
» n'en démontrèrent (1). » La cause de la petite
Bourgeoisie et celle des classes populaires était
perdue : la rébellion, dont les foyers, épars dans
les villes de Rouen, de Châlons, d'Orléans, de
Blois et de Beauvais, avaient pour centre Paris,
n'allait aboutir qu'à des catastrophes et qu'à une
sorte d'anarchie gouvernementale.

Au retour de Flandre, Charles VI marcha sur
Paris, et ne s'arrêta qu'à Saint-Denis, entouré
d'une armée formidable. Le prévôt des marchands,
à la tête d'une députation de notables, vint le supplier d'entrer dans la capitale *à son plaisir et volonté*. Vingt mille bourgeois, appartenant aux différents corps de métiers, déployaient leurs batail-
lons au milieu de la plaine. — « Voici l'orgueil-
» leuse ribaudaille, disoient les seigneurs ; s'ils fus-
» sent venus servir le roy au point où ils sont,
» quand il alla en Flandre, ils eussent bien fait ;
» mais ils n'en avoient pas la tête enflée, fors que
» de dire et prier à Dieu que jamais nul pied d'en-
» tre nous n'en retournât. »

La noblesse crut que les Parisiens sortaient de leur
ville avec le désir de tenter le sort des armes : aussi

(1) *Juvénal des Ursins.*

demanda-t-elle plusieurs saufs-conduits pour parlementer ; mais la Bourgeoisie protesta de ses intentions pacifiques. — « De par le roy, s'écria le con-
» nétable de France, retournez donc paisiblement
» en vos logis et mettez vos armures bas, si vous
» voulez que le roy descende à Paris. »

L'entrée de Charles VI, dans sa capitale, inspira une grande terreur ; car elle se fit avec un tel appareil de guerre, que Paris ressemblait à une ville prise d'assaut. L'armée royale renversa toutes les barricades, construites au milieu des principales rues ; et lorsque le prévôt des marchands, suivi des notables bourgeois, voulut faire sa soumission au roi ; le conseil de régence passa outre ne voulant pas que la royauté se compromît en recevant les hommages d'un magistrat qui exprimait toutes les tendances révolutionnaires.

Dès ce moment, la force matérielle comprima l'esprit public. — « Les gens d'armes, dit Juvenal
» des Ursins, estoient logés dans les différents quar-
» tiers en hostelleries, et il fut crié à son de trom-
» pes qu'on ne dit aucunes paroles injurieuses, ni
» qu'on prît bien ou qu'on fît dommage à autrui. Il
» y en eut qui usèrent d'aucunes manières sédi-
» tieuses et de mauvais langages; ils furent pris

» aussitôt et pendus à leurs fenêtres. Les ducs de
» Berry et de Bourgogne chevauchèrent par la ville,
» bien accompagnés, et firent prendre bien trois
» cents habitants, entre autres messire Gillaume
» de Sens, maître Jehan Filleul, maître Martin
» Double. Il n'y avoit personne à Paris qui n'eût
» grande crainte et peur. Il y en eut des principaux
» de la sédition qui furent décapités aux Halles, et
» la femme de l'un d'eux, qui estoit grosse d'enfant,
» se précipita, comme désespérée, des fenêtres de
» son hostel et se tua. Après ces choses, les gens al-
» lèrent par la ville pour oster les chaînes des rues,
» lesquelles furent emportées au bois de Vincennes.
» Toutes les armures furent prises dans les maisons
» des habitants ; une partie fut portée au Louvre et
» l'autre au Palais ; et on disoit qu'il y en avoit assez
» pour armer cent mille hommes. La duchesse d'Or-
» léans et l'Université de Paris vinrent devers le roy
» le prier et requérir qu'on procédât seulement à
» punir ceux qui estoient les principaux des sédi-
» tions. L'un d'eux, Nicolas-le-Flamand, eust aux
» Halles le col coupé. »

Tant de supplices ne désarmèrent point la colère du régent. Il existait alors dans Paris un vieillard, presque septuagénaire, respecté de tous et dont les conseils, suivis par trois générations de rois, donnaient au peuple de salutaires enseignements. Cet homme, qui a fait l'admiration de la postérité, s'appelle dans l'histoire : — *Messire Jehan Desmarets, conseiller et advocat du roy au Parlement.* Nul ne pesait d'un aussi grand poids que lui dans la balance des intérêts sociaux. On l'avait vu souvent, aux jours des ébranlements politiques, assembler les Bourgeois de Paris révoltés et proclamer, au milieu d'eux, les principes d'ordre universel, *car séditions et commotions lui estoient fort desplaisantes;* mais on l'avait vu, autant de fois, aborder hardiment les princes, les nobles et tous ceux qui exploitaient les classes inférieures de la société, pour défendre ces dernières au nom du droit et de la justice. Tout ce qui agissait en sens inverse d'une équitable civilisation ; tout ce qui se remuait à droite et à gauche, en haut et en bas, ayant pour but l'indignité ou la violence, la bassesse ou l'avidité, l'intolérance ou la terreur, encourait son blâme et sa réprobation. Bourgeois et manants s'inclinaient devant tant de majesté; mais les princes égoïstes lui avaient voué une haine mortelle parce qu'il aimait trop le bien public.

Par leur ordre, dit l'honnête chroniqueur de cette

époque, « il fut saisi et emprisonné au Chastelet.
» Il ne fallut guères de procès, et à peine sans exami-
» ner, ni dire les motifs, il fust déclaré qu'il auroit
» le col couppé, et quoi qu'il demandât à estre en-
» tendu en ses justifications et défenses, et quoi
» qu'il fût clerc et marié, il fut mené aux Halles, à
» la grande desplaisance de plusieurs gens de bien
» et notables, tant parents du roy et nobles que du
» peuple. »

Ce magistrat austère, qui avait travaillé si ardemment à l'amélioration matérielle et morale des hommes dans les écoles et dans les ateliers, et consacra sa vie au rétablissement de l'unité sociale, à l'encontre de tous les partis, marcha au supplice avec une pieuse résignation, en disant : *Judica me, Deus!*

« — Maistre Jehan, lui dit-on de toutes parts,
» criez au roy qu'il vous pardonne. »

« — J'ay servi au roy Philippe, son grand aïeul,
» au roy Jehan et au roi Charles, son père, bien et
» loyaument, répondit l'illustre condamné ; ne
» oncques ces trois rois ne me scurent que deman-
» der, et aussi ne feroit cestuy s'il avoit con-
» naissance d'homme : à Dieu seul veux crier
» mercy. »

On le voit : en allant à la mort, proscrit par les princes, il ne mettait pas en cause la personne du roi ni le principe de la royauté, symbole de la vie des peuples; mais il unissait la fierté du citoyen à la résignation du chrétien. — « Avec ledit Desma-
» retz, ajoute le chroniqueur, il y en eust douze
» autres qui furent décapitez, et c'étoit pitié de voir
» la perturbation qui estoit à Paris. »

Le jour suivant, on suspendit les supplices et un trône fut dressé sur les degrés du Palais. On contraignit le roi de s'y asseoir, entre le duc de Berry et le duc de Bourgogne, qu'entouraient un grand nombre d'officiers ou membres du conseil. Les bourgeois avaient été convoqués à son de trompe et autrement : « c'étoit merveilleux de voir la
» quantité de peuple qui y estoit. »

Messire Pierre d'Orgemont, chancelier de France, est autorisé à parler au nom du roi; il retrace d'abord « les grands et mauvais crimes et dé-
» lits commis par presque tout le peuple de Paris,
» ce qui estoit digne de très-grande punition, » et achève sa harangue en disant « qu'il y avoit d'au-
» tres prisonniers à punir et à pendre. » Aussitôt les ducs de Berry et de Bourgogne prient le jeune monarque, de pardonner aux Parisiens; « les dames et

» damoiselles échevelées firent pareille requête ; »
les bourgeois se prosternèrent; « une tête, baisant
» la terre, criant miséricorde : et le roy répondit
» qu'il vouloit bien que la peine criminelle fust
» convertie en civile. »

Tous les prisonniers sont délivrés; mais ils doivent payer, pour cela, en meubles ou en argent, la moitié de leur fortune. « Il y eut, dit Juvénal des » Ursins, une fort grande finance exigée et à peine » croyable. »

Tant de bouffonneries gouvernementales n'aboutirent qu'à un despotisme encore plus violent. Les princes firent signer à Charles VI des lettres patentes qui ordonnaient la confiscation des rentes et deniers de l'Hôtel-de-Ville et l'abolition de l'Échevinage. La Prévôté des marchands, sanglante dépouille d'Étienne Marcel et de Nicolas-le-Flamand, passa toute entière, avec ses priviléges, son greffe et sa juridiction, entre les mains du prévôt : l'homme du roi succédait potentiellement, de par le régent, à l'homme des bourgeois et du peuple. On ne pendait plus les individus; mais on décapitait les principes qui servaient de base à la société monarchique et chrétienne.

Le vertige dominait dans le conseil de la régence. Les anciens subsides rétablis ne suffisaient plus à son avidité; aussi les Parisiens ruinés et spoliés, durent-ils payer encore de nouvelles taxes, les gabelles, l'impôt dit *le péage,* douze deniers par livre sur chaque marchandise, le quart du vin que l'on vendait au détail et douze sols de plus par chaque muid. La constitution générale de la Bourgeoisie était détruite; les maîtrises et corporations de métiers, supprimées ; les quarteniers, dizainiers et cinquanteniers, abolis ; seulement quelques négociants, par une faveur spéciale, entrèrent dans les conseils de l'Hôtel-de-ville. La société française fut ainsi ruinée par ceux-là même qui auraient dû la protéger et travailler à sa fortune, dans l'intérêt même de l'autorité dont le destin leur était confié.

Cette situation anormale ne cessa qu'à la majorité du roi. Charles VI, fidèle aux lois traditionnelles de la monarchie, prenait enfin le sceptre et la tutelle des peuples. Tous les anciens ministres de Charles V furent rappelés; il y eut des tournois, et des bals masqués; mais ces réjouissances publiques se mêlèrent à des cérémonies funèbres, car les cendres du connétable Bertrand Duguesclin allaient être déposées dans les caveaux de Saint-Denis. La joie reparut après le deuil. Le jeune monarque donna aux Parisiens un autre spectacle; celui de l'entrée solennelle, dans leur ville, de sa belle fiancée. Elle fut reçue hors de la capitale par la Bourgeoisie de Paris, et au milieu des déguisements publics; mais le plus grand était celui de la reine Isabelle de Bavière, ou mieux d'*Isabeau, car ce monstre,* selon l'énergique expression de M. Èmile Deschamps, « ne devait rien avoir d'une femme, » pas même le nom (1). »

Trois ans se sont écoulés depuis l'abolition de l'Échevinage; mais cette législation du fait n'a pas anéanti le droit social, car l'esprit humain proteste contre elle et réclame une autre forme de civilisation. Le prévôt de Paris, Jean de Folleville, homme noble et bon clerc sorti du Parlemeut, déclare que la charge des deux Prévôtés réunies est trop lourde de moitié. « Fut d'opinion le conseil » qu'on advisât un notable clerc et prud'homme » qui y seroit commis, et s'appelleroit garde de la » Prévosté des marchands pour le roy. » On préludait ainsi à l'affranchissement de la Bourgeoisie et des classes populaires; l'homme de la commune n'en était pas moins l'homme du roi, puisqu'il ne

---

(1) *Causeries sur quelques Femmes Célèbres,* pag. 32.

pouvait pas être élu par le peuple ; mais, la restauration une fois commencée, elle devait s'accomplir finalement.

Un avocat, Jean Juvénal, qui devait être l'historien de cette époque, fut nommé « garde de la
» Prévôté des marchands pour le roi. Le dit mais-
» tre Jéhan Juvénal, institué au dit office, vint de-
» meurer en l'hostel de la ville, et trouva que les
» affaires, droicts et priviléges de la ville, avoient
» été délaissés. Et à l'aide d'aulcuns notables bour-
» geois, trouva moyen de les remettre sus ; il fallut
» commencer procèz tant contre la ville de Rouen
» que aultres. » Les seigneurs riverains de la Seine et de la Marne, durant l'oppression de la Bourgeoisie, avaient construit, sur les rives de ces deux fleuves, des moulins et des digues qui empêchaient le cours de l'eau, et rendaient, sinon impossible, du moins très-difficile, cette navigation indispensable à l'approvisionnement de Paris.

Jean Juvénal obtint du conseil l'autorisation de détruire immédiatement, sur la Marne et sur la Seine, les digues, les moulins, tout ce qui faisait obstacle à la navigation. L'ordre royal, si favorable à l'état populaire, fut exécuté à la même heure, en tous lieux à la fois, pendant la nuit. « De

» laquelle chose les seigneurs furent très-mal con-
» tens et envoyèrent à Paris : et voulussent ou non,
» fallut que de un denier de dommage qu'ils vou-
» loient avoir, prissent dix ; et leur fust permis de
» faire des moulins tellement que le navigage des
» vaisseaux ne fust point empesché. »

Une législation protectrice était substituée à la violence du fait ; la morale publique se trouvait satisfaite. Le règne de Charles VI commençait par le triomphe du bon sens qui réconciliait la royauté avec la Bourgeoisie, lorsque ce prince fut atteint d'une aliénation mentale. Aussitôt l'ambition de quarante-six princes du sang se réveille et s'exalte ; les ducs de Bourgogne et de Berry s'emparent de la direction des affaires publiques, persécutent les ministres populaires, et envoient à la Bastille La Rivière et le sire de Noviant, pour montrer au monde que tout est changé dans l'État.

Ces deux malheureux officiers subirent leurs tortures sans en être effrayés, quoiqu'en ces temps-là Montfaucon fût bien proche du Louvre ; mais lorsqu'ils comparurent devant leurs juges, au Châtelet, Jean Juvenal des Ursins se présenta pour les défendre, ou mieux, pour les sauver.

La colère des princes retomba sur l'avocat des

accusés, sur *le garde de la Prévosté des marchands*. Quelques procureurs du Châtelet reçurent l'ordre d'informer contre lui : on eut bientôt suborné trente témoins; mais on chercha longtemps un seul accusateur. Les princes ne désespérèrent pas, pour cela, d'arriver à leurs fins maudites. Malgré leur avarice, ils promirent tant d'argent à certains commissaires et à un misérable avocat, maître Audriguet, qu'ils acceptèrent tous les rôles qu'on voulut leur faire jouer; et qu'ils soutinrent l'accusation contre Juvénal des Ursins, *comme au nom du roy et du grand conseil.*

« — Or, advint que les dicts commissaires du
» Châtelet s'en vinrent soupper à l'Eschiquier, en la
» Cité, et se tinrent assez aises. Car aussi estoient-ils
» bien payez et beurent fort, tellement qu'ils mirent
» leur information sur le bord de la table, et d'aven-
» ture et jauglant et caquetant ensemble avec aul-
» cuns des solliciteurs et conducteurs de la beson-
» gne, les dictes informations cheurent à terre, et le
» lieu où ils souppoient estoit la chambre du mais-
» tre de l'hostel; si y survint un chien qui estoit de
» l'hostel, qui les prit pour ronger et les porta en
» la ruelle du lict dont les dicts commissaires ne
» s'advisèrent, car l'un s'attendoit que l'aultre les

» eût en sa manche, et quand le seigneur fust cou-
» ché, la dame en se voulant coucher prèz de son
» mary s'en alla à la ruelle et toucha de son pied
» aux dictes informations et dict à son mary qu'elle
» avoit trouvé un gros roolle en la ruelle du lict.
» Lequel luy dict qu'elle le luy baillast, ce qu'elle
» fit. Et quand il veïd que c'estoit une information
» contre Jéhan Juvénal, garde de la Prévôté des
» marchands de par le roy, il fust bien fort esbahy,
» en disant : — *Hélas! qui sont ces mauvaises gens*
» *qui le veulent grever!* »

Ce fait acquiert, par ce qui suit, une importance extrême, car la constitution civile de Paris était mise en cause dans le procès. Du sort d'un seul homme dépendait, en quelque sorte, le destin de tous.

Le bourgeois se leva aussitôt et courut à l'Hôtel-de-Ville remettre le dossier entre les mains de Juvénal. Celui-ci, instruit des accusations que l'on échafaudait contre lui, eut le temps de préparer sa défense pendant la nuit. Au point du jour, un huissier vint le citer pour comparaître, en personne, au château de Vincennes, devant le roi et son conseil. « Bientôt fut renommée comme publique

» qu'on luy devoit coupper la teste, dont tout le peu-
» ple s'esbahissoit. »

Trois ou quatre cents notables bourgeois accompagnèrent Juvénal jusque dans la salle du conseil. Dès que son accusateur eut parlé, l'accusé parla à son tour. « Il avait un beau langage et si estoit
» plaisant homme aymé, honoré et prisé de toutes
» gens ; aussi le dist Audriguet dict qu'il ne devoit
» point estre ouy, et qu'on le devoit envoyer en pri-
» son ; sur ce, y eut plusieurs paroles, et finalement
» le roy, en sa personne, dict qu'il voulait que son
» prévost des marchands fust ouy. »

Juvénal s'écria aussitôt: « Vous avez des preuves,
» montrez-les. Vos preuves ont été obtenues au
» moyen d'une enquête ; n'importe, mais on doit
» savoir en Parlement, que contre un officier royal
» on ne peut procéder par informations. En tout
» cas que l'accusation les produise. »

Maître Audriguet se retourne alors vers les commissaires, et ceux-ci se demandent, les uns aux autres, le dossier que l'accusé porte dans sa manche. Or, Charles VI qui, ce jour-là, voyait plus clair qu'il n'eût convenu aux ennemis de Juvénal, perdit patience et s'écria : — « Je vous dis par sen-
» tence que mon prévost est prud'homme, et que

» ceux qui ont fait proposer les choses sont mau-
» vaises gens. »

« Et dit au dict Juvénal : Allez-vous-en, mon
» amy, et vous, mes bons bourgeois. *Si s'en retour-*
» *nèrent.* »

Ainsi finit ce procès qui fit triompher la morale publique et dont les conséquences ultérieures devaient être l'assujétissement de la Bourgeoisie de Paris aux intérêts d'une faction.

Quelque temps après, le vendredi saint, Juvénal des Ursins sortait de l'Hôtel-de-Ville, pour aller faire ses dévotions. Il trouva, devant la porte, certains hommes couverts d'un linceul expiatoire. C'étaient les faux témoins qui, en le voyant paraître, se mirent à genoux devant lui, pour implorer son pardon. Les désignant l'un après l'autre, et chacun par son nom, Juvénal leur dit : « Vous
» êtes tel et tel ; puis bien doucement leur par-
» donna, dont ils le remercièrent humblement en
» baisant la terre et pleurant éffondément. »

Le triomphe de Juvénal des Ursins fut complet. Étranger à tous les partis, comme à toutes les factions, qui se disputaient déjà le pouvoir politique, ce magistrat populaire, formé à l'école de Jean Desmarets, s'occupait exclusivement de l'auguste

fonction qu'il avait à remplir dans la société civile. Son influence morale servait de contre-poids aux débordements de cette époque ; et Charles VI pouvait dire avec raison, dans les intermittences de sa folie : « Je n'ay fiance qu'en ma garde de la Pré-
» vosté des marchands et en ceulx de ma bonne
» ville de Paris. »

En effet, les princes de sa famille ne songeaient qu'à se disputer, entre eux, les lambeaux du pouvoir royal au détriment de la cause populaire, c'est-à-dire, dans l'intérêt de leur égoïsme. Juvénal des Ursins était le principal obstacle qu'ils dussent renverser, pour parvenir à leurs fins anti-sociales, car, seul, mais dirigeant officiellement la vie collective et la vie individuelle de la Bourgeoisie, dans le vrai sens de l'humanité, il s'efforçait de maintenir les principes d'ordre public ; et de rendre ainsi impossibles des événements d'autant plus sinistres qu'ils servaient d'expression à l'anarchie. Or, en ce temps-là, tout comme aujourd'hui, l'homme qui tenait entre ses mains puissantes les clés de la ville de Paris, était, en quelque sorte, maître du roi ; par le roi, maître du royaume ; par le royaume subjugué, maître de la civilisation. Il importait donc à Philippe de

Bourgogne, qui convoitait une pareille domination, de briser l'autorité morale de Juvénal des Ursins pour lui substituer, à la garde de la Prévôté des marchands, une de ses plus indignes créatures.

Tous les projets révolutionnaires du prince échouèrent contre l'administration aussi vigilante qu'honorable du magistrat, qui avait à sauvegarder la constitution civile et la fortune de toute la Bourgeoisie. Il lui était extrêmement facile de contenir Philippe de Bourgogne, car ce prince ne jouissait d'aucune popularité, parce qu'il s'était associé à la politique farouche qui prévalut sous la régence; mais il en fut autrement, dès que Jean-sans-Peur se présenta pour remplacer son père au-dessus de la société.

Avec lui, l'humanité allait faire une halte dans le crime et dans la discorde; néanmoins le progrès ne devait pas s'immobiliser, puisqu'il détermina la recherche du juste, du bien et du vrai, pour la satisfaction des intérêts collectifs. En effet, après les saturnales démagogiques et féodales des princes et des bouchers de Paris, qui, par leur sanglante dictature, terrifièrent la France, dont les destinées s'agitaient dans les querelles d'une famille et sous l'influence morale d'une reine-courtisane; on vit surgir une vierge-paysanne qui délivra la patrie de la guerre civile et de la guerre étrangère; devint le symbole impérissable de notre indépendance nationale, et semble s'écrier encore avec un grand poète :

L'air de la servitude est mortel aux Français! (1)

(1) Alexandre Soumet, *Jeanne-d'Arc*, 3ᵉ partie. *La Tragédie.*

CHAPITRE VIII.

LES BOURGUIGNONS ET LES ARMAGNACS AU SEIN DE LA BOURGEOISIE DE PARIS.

Nous entrons dans une des phases les plus lamentables de notre histoire. La lutte va recommencer entre l'aristocratie et la démocratie : l'une frappée au cœur par l'émancipation des classes bourgeoises et populaires, par les défaites successives de Crécy, de Poitiers, de l'Écluse, et surtout par la pensée révolutionnaire d'Étienne Marcel ; l'autre vaincue, subjuguée, réduite à l'impuissance sociale depuis la législation compressive et désorganisatrice que le duc d'Anjou a fait proclamer après la révolte des *Maillotins*. Cependant chacun de ces deux grands principes aspire à triompher l'un contre l'autre en s'incarnant dans un homme : le duc d'Orléans, frère du roi, et Jean-sans-Peur, son neveu, qui deviennent les arbitres de la situation. Le premier réunit autour autour de lui une armée de seigneurs ruinés, prodigues de tous les biens qu'ils ne possèdent pas ; le second, au contraire, n'ouvre les rangs de sa faction qu'aux bourgeois appauvris par la noblesse, aux anciens membres des corporations industrielles, au menu populaire indigné d'avoir perdu ses priviléges et ses franchises, et enfin, aux moines Mendiants, espèce de tribuns dont les prédications incendiaires jettent de sinistres lueurs sur les événements de cette époque.

D'Orléans et Bourgogne : voilà donc les deux principaux acteurs du drame sanglant dont chaque péripétie naît de la terreur ou l'engendre elle-même ! Autant la figure de l'un est séduisante et chevaleresque, autant la physionomie de l'autre est âpre et repoussante ; mais à peine entre-t-il en scène, que son rival est relégué au second plan et qu'il conserve le premier. C'est que le duc d'Orléans agit personnellement pour le parti féodal, si fatalement compromis par la régence du duc d'Anjou ; tandis que Jean-sans-Peur combat, ou mieux, est censé combattre au nom des classes opprimées. Cela suffirait à l'éblouissement du peuple, quand bien même ce chef de l'aristocratie, devenu le symbole d'une révolution démocratique, n'aurait pas enrôlé sous ses drapeaux l'intérêt humain, âme de la société qu'il veut subjuguer.

La Bourgeoisie recevait son contre-coup de ces calamités publiques ; aussi essaya-t-elle de former un parti intermédiaire et conservateur en ralliant le Parlement, les notables marchands et les docteurs de l'Université, dans une même opinion. Ce parti, qui renfermait trois grands éléments de tout ordre politique, la justice, la science et l'industrie, pouvait exercer une influence décisive sur les événements ; mais, constitué au sein d'une société monarchique dont la royauté était absente, il manquait de cohésion et d'unité. Il avait bien pour chef le *garde de la Prévosté des marchands*, homme d'intelligence et hautement considéré ; mais il lui fallait un esprit créateur, et Juvénal des Ursins ne pouvait lui offrir qu'un esprit conciliateur : rien de plus. La Bourgeoisie cherchait autour d'elle un homme d'action et d'organisation, nullement un penseur ; elle avait besoin d'un général habile en fait de stratégie politique, alors que chaque jour amenait une bataille dans les rues de Paris ; mais elle ne trouvait qu'un moraliste incapable de gouverner l'opinion d'un peuple qui foule aux pieds toutes les lois.

Qu'arriva-t-il ? Après que Juvénal des Ursins et les membres du tiers-parti eurent adjuré les factions de suspendre leurs hostilités par des paroles pacifiques, essayèrent en vain d'opérer, entre elles, ils un rapprochement absolument impossible, au point où les choses en étaient venues. On déploya donc au-dessus de toutes les discordes, le drapeau de la nationalité ; mais aucun bras puissant ne se rencontra pour le soutenir. Faute de ce bras, il cessa bientôt de flotter. Nul ne se ralliant plus à son ombre, la cause publique perdit peu à peu tous ses défenseurs. La Bourgeoisie elle-même, isolée dans l'État, et quoique sincèrement attachée à l'ordre, ne se laissa pas moins entraîner dans les mouvements les plus extrêmes. C'est ainsi qu'on retrouve sa main dans quelques œuvres de l'anarchie.

Cependant le duc d'Orléans et Jean-sans-Peur transforment Paris en un champ de bataille. Déjà leurs armées s'organisent et se provoquent. Les bannières d'Orléans portent un bâton épineux, avec cette devise : *Je l'envie,* c'est-à-dire, *je le défie.* Les bannières du duc de Bourgogne ont un rabot qui doit emporter les nœuds du bâton et déployent cette inscription : *Je le tiens.* La populace demande à grands cris que la lutte s'engage : mais la Bourgeoisie, justement effrayée, délibère encore. Elle se décide enfin à mettre le duc de Berry à la tête du tiers-parti, en lui confiant la garde du Dauphin et celle de la ville dont toutes les portes sont fermées ; elle permet aux habitants de Paris, quelle que soit leur bannière et leur condition, de se procurer des armes et des chaînes pour la défense de leurs quartiers respectifs ; mais, après toutes ces dispositions belliqueuses, elle intervient une dernière fois, dans la querelle des deux princes, avec l'espoir de prévenir une fatale collision.

Jean-sans-Peur avait laissé tranquillement déployer à la Bourgeoisie ce formidable appareil de guerre, parce qu'il comptait le faire passer dans son camp. Il écouta donc les propositions du tiers-parti avec un air d'abandon qui trompa tout le monde. Ensuite, voulant rejeter l'odieux de ses armements sur le duc d'Orléans, il convoqua lui-même les chefs des divers métiers pour leur tenir ce langage :

« — Vous savez, mes amis, que je ne suis pas
» venu de si loin pour mes intérêts, et que j'y ai été

» amené par l'intérêt du peuple accablé par tant
» d'exactions insupportables. Il paraît qu'on vous
» en préparait de plus rudes encore. On allait dou-
» bler l'impôt sur les marchandises, établir une
» taille à tant par feu, et d'autres tailles annuelles.
» Si je n'étais pas venu en personne, et si je n'y
» étais pas fortement opposé, vous auriez ainsi
» achevé de perdre ce qu'il vous reste de biens mo-
» biliers. Mais le duc d'Orléans persiste dans les
» mêmes desseins, et vous n'en êtes pas quittes, ni
» l'État n'est pas en sûreté; car il y en a beaucoup
» parmi vous qui lui sont favorables. Le seul re-
» mède serait d'être tous bien unis; si vous voulez
» prendre les armes sous ma conduite, je vous en-
» gage ma foi, qu'avant peu, je remettrai le royaume
» dans sa première tranquilité, et que vous jouirez
» plus paisiblement que jamais de l'entière posses-
» sion de vos biens (1). »

Toute la Bourgeoisie de Paris est subjuguée par ce discours. Les plus notables marchands font des avances à Jean-sans-Peur et lui prêtent de l'argent pour payer ses troupes. Le duc d'Orléans se voit obligé de compter avec son rival qui triomphe. La paix est signée : les deux princes irréconcilia-

(1) *Le Religieux de Saint-Denis.* — Monstrelet.

bles s'embrassent sur la bouche, couchent dans le même lit, gouvernent en commun, diminuent les dépenses, réduisent les pensions de tous les officiers royaux, éliminent un très-grand nombre de receveurs de finances et travaillent à la réformation de l'État. Mais Jean-sans-Peur a soin de faire savoir aux bourgeois qu'il a provoqué lui-même toutes ces améliorations et qu'il a dû vaincre de grandes résistances dans le conseil pour les obtenir. De cette manière, il fonde sa popularité, en renversant le parti de son rival et en attendant l'heure de le renverser lui-même. Toutefois, rien ne transpire de ses desseins ; il ne quitte presque pas le duc d'Orléans, pour mieux lui renouveler ses serments d'amitié. Le dimanche, 20 novembre 1407, les deux princes entendent la messe aux Augustins, y communient ensemble, s'invitent mutuellement à dîner et s'embrassent une dernière fois.

Trois jours après, à huit heures du soir, le duc d'Orléans était égorgé dans la rue Barbette ; Jean-sans-Peur se déclarait l'auteur de cet assassinat, et l'ignoble populace, qui de tout temps applaudit au crime, parce qu'il est un des éléments de sa nature morale, s'écrie, en faisant allusion aux devises des deux princes : *le baston espineux a esté raclé par le rabost.*

La Bourgeoisie demeura stupéfaite devant l'audace de Jean-sans-Peur. Celui-ci, disposant du conseil et de la ville, convoque tous les princes, conseillers du roi, seigneurs, comtes, barons, chevaliers, écuyers, membres de l'Université, clercs, bourgeois et artisans de tous les métiers qu'il ose faire juges de sa conduite, dans la grande salle de l'hôtel Saint-Pol. Maître Jean Petit y prononce, par son ordre, la justification du meurtre ; mais cette éloquence d'assassin pénètre d'horreur toute l'assemblée. Le chancelier Gerson parle à son tour, et pour l'honneur de l'humanité ; on l'entend protester contre ces doctrines abominables, au nom de la Bourgeoisie et du parti conservateur, qui répudient le duc de Bourgogne.

L'échec fut grand pour ce dernier ; aussi en appela-t-il aux passions de la populace, toujours prête à sanctionner les cruautés et à servir la violence, pourvu qu'on flatte ses propensions à l'anarchie. Un échafaud, dressé le lendemain au milieu du parvis de Notre-Dame, servit de nouvelle tribune à Jean Petit, qui vint y répéter son discours de la veille, en présence de la multitude. Mille cris horribles s'élevèrent pour l'applaudir. Paris en frémit; la cour émigra aussitôt; et Jean-sans-Peur, resté maître du roi, put disposer de la société selon son caprice.

Valentine de Milan, veuve du duc d'Orléans, rassemble une armée pour venger la mort de son mari : vain espoir ! Rien ne peut ébranler la puissance du Bourguignon ; car le tiers-parti lui revient en aide et lui fait obtenir les conclusions pacifiques du traité de Chartres. Il est vrai que Jean-sans-Peur avait promis à la Bourgeoisie de reconstituer les franchises de l'Échevinage et tous autres priviléges dont elle se trouvait dépouillée depuis la révolte des *Maillotins*. Cet homme, en qui revivait l'âme de Charles-le-Mauvais, se présentait comme le continuateur de Saint-Louis !

Ayant deviné la force secrète de toute politique vigoureuse, aux grandes espérances, aux grandes passions, aux grandes luttes, aux grandes révoltes qui éblouissent les hommes, ou qui les terrifient, Jean-Sans-Peur fait succéder l'ordre, l'unité, la liberté, la tradition, à la manière d'Étienne Boileau. Il organise un conseil entièrement composé de bourgeois de Paris qu'il associe à son pouvoir. Avec eux et avec les princes, il révise les registres et la constitution de la Chambre des comptes, ne laissant qu'un seul magistrat pour chaque office. L'ancienne magistrature de cette Chambre est dissoute et reformée avec les notables habitants de Paris; toutes les immunités de l'Hôtel-de-Ville, supprimées et abolies par le duc d'Anjou, sont restaurées; la Prévôté des marchands et la garde urbaine rentrent de nouveau dans leurs anciennes conditions d'existence. Tout bourgeois originaire de Paris obtient le droit de posséder des fiefs en franchise; privilége dont aucun bourgeois de France ne peut encore se prévaloir (1). Enfin, la constitution corporative des classes industrielles, réparée, agrandie, fortifiée, redevient l'élément fondamental de la civilisation.

Cela fait : la Bourgeoisie s'assemble à l'Hôtel-de-Ville, rentre en possession de ses immunités, nomme Jean Culdoë, prévôt des marchands, et vote des remercîments aux chefs de l'État. Culdoë, chargé de les leur transmettre, a trop d'expérience pour se compromettre dans cette circonstance; il fait rédiger la déclaration sui-

(1) Le Religieux de Saint-Denis. — M. de Barante, *Histoire des ducs de Bourgogne*, tom. III, liv. II, pag. 268.

vante, expression de sa politique : « Les bour-
» geois ont résolu de rester neutres s'il advenoit
» quelque guerre civile entre les princes et de ne
» pas s'en mêler. »

Cette déclaration déplut à Jean-sans-Peur, qui trouva le moyen d'intimider la Bourgeoisie et d'être agréable au *menu populaire*, en ordonnant *la recherche des financiers*. Le sire de Montaigu, super-intendant des finances, avait fait preuve d'intelligence et d'audace, toutes les fois qu'il s'agissait de lutter contre le Bourguignon : il n'en fallait pas davantage pour le désigner à sa haine. Des commissaires spéciaux furent chargés de l'interroger et de le juger, ou mieux, de le condamner, non pour sa cupidité dont on avait la preuve, mais pour un crime d'État purement imaginaire. Le peuple applaudit à sa chute, parce qu'on destitua ses commis; parce qu'on changea les bureaux, c'est-à-dire le matériel des finances et qu'il se crut pour toujours délivré de la Maltôte : mais la Bourgeoisie ne vit, dans le supplice de Montaigu, qu'une menace contre son indépendance politique.

En ce moment, Jean-sans-Peur gagnait l'esprit d'Isabeau de Bavière, et obtenait le titre de superintendant de l'éducation du Dauphin, prince âgé de quatorze ans, auquel il venait de faire épouser sa fille. Or, il avait été décidé, dans un lit de justice, que le Dauphin de France jouirait désormais de tous les droits d'un roi-mineur; le Bourguignon, en le mettant sous sa tutelle, se déclarait donc le maître du gouvernement. Les autres princes, naguère divisés, se réunirent aussitôt, pour le lui disputer dans un effort commun. Ils marchèrent sur Paris, commandés par le comte d'Armagnac, beau-père du duc d'Orléans (le fils de celui que Jean-sans-Peur a fait assassiner), homme d'énergie, de bravoure et d'habileté, l'un des premiers capitaines de son temps. Le Bourguignon se trouve en présence d'un adversaire digne de lui. Toute la France aristocratique s'avance, pour le renverser; il lui opposera, d'abord, *les bourgeois notables et d'anciennes lignées*; et, s'ils l'abandonnent au premier choc, la populace l'appuiera au second, car Jean-sans-Peur la tient en réserve, mais il ne veut s'en servir qu'à propager l'heure décisive où il aura besoin de la terreur.

En attendant, Paris hâte ses armements. Tous les bateaux, qui stationnent sur la Seine, sont coulés à fond, et les portes de la ville sont murées, à l'exception de trois principales qu'on a confiées aux gardes bourgeoises. Huit mille hommes d'armes entrent dans la capitale; ils sont distribués par quartiers et logés militairement chez les habitants. Des Essarts, prévôt royal, magistrat dur, violent et cupide, impose des taxes accablantes au milieu de la misère publique. Les classes moyennes s'indignent et murmurent; les centeniers refusent de retirer le commandement de la milice urbaine au duc de Brézè, qu'ils savent être dévoué au parti des Armagnacs, et de lui substituer le comte de Saint-Pol, neveu de Jean-sans-Peur. Le Bourguignon s'effraie de cette résistance imprévue; mais si la Bourgeoisie blâme hautement les excès qu'il tolère, ce n'est point pour intervenir dans la guerre civile; c'est encore pour la prévenir.

Toutes les autorités civiles agissent en ce sens. L'Université envoie une députation au duc de Berry, alors loin du théâtre des événements ; et ce prince, *ayant grant déplaisir à voir le roy et le royaume entre les mains d'aussi vilaines gens que des Essarts et ses pareils, promet de se rapprocher de la ville.*

Le duc de Berry se remet à la tête du parti conciliateur ; il prend le titre de gouverneur de Paris, *par le Roy*. La paix est signée à Bicêtre ; les désastres sont ajournés. On voulut donner au Dauphin le titre de régent de France; cette mesure de salut ruinait l'ambition de tous les factieux; mais le duc de Berry, qui craignait de perdre, par ce seul fait, l'importance politique et morale qu'il venait d'acquérir, se fit opposant. Vainement lui envoya-t-on une députation nombreuse, composée des principaux seigneurs de la cour, des membres de l'Université, des présidents du Parlement et de la Chambre des comptes, du prévôt des marchands et des bourgeois les plus considérables; rien ne put vaincre sa résistance. On cria partout : à la trahison! Les meneurs du parti bourguignon persuadèrent aux classes moyennes que le duc de Berry voulait livrer leur ville au comte d'Armagnac, et qu'elles avaient besoin d'un vaillant homme de guerre pour défendre leurs franchises de même que leurs propriétés. Il y eut alors un soulèvement en faveur de Jean-sans-Peur qui rentra dans Paris, et y fut reçu comme un libérateur.

Dès ce moment, tout change; le parti conciliateur, lâchement déserté par le duc de Berry, est absorbé par la faction bourguignonne. Jamais danger plus grand; nul bourgeois, nul artisan ne peut échapper à la panique générale. Paris est soumis à une influence occulte et formidable. Des chaînes sont tendues sur la Seine ; l'Échevinage demande au roi et en obtient le titre de capitaine de la milice urbaine pour le comte de Saint-Pol. Celui-ci, l'un des meilleurs officiers de l'armée de Jean-sans-Peur, connaît assez la situation morale des partis pour savoir qu'il ne ralliera jamais les magistrats, les gens riches, les amis de l'ordre sous la bannière bourguignonne ; aussi ne veut-il s'adresser qu'à la populace. Le comte la groupe autour de lui et en forme sa garde, qui obéit au commandement des Legoix, des Saint-Yon et des Thibers, tous bouchers de la ville, n'ayant d'autre mérite que d'être habitués à répandre le sang, et qu'il a choisis pour leur dévouement féroce à la cause de Jean-sans-Peur.

Avant de poursuivre, quelques mots sur la corporation des bouchers.

Cette association, dont l'origine était fort ancienne, ne figurait point dans l'organisation générale des métiers. Les bouchers n'avaient pas voulu que leurs satuts fussent enregistrés dans le livre d'Étienne Boileau, pour mieux se soustraire à la surveillance du prévôt de Paris. En formant une jurande complétement distincte des autres communautés industrielles, ils avaient rejeté toute constitution écrite et se gouvernaient eux-mêmes, d'après les coutumes traditionnelles, sous la direction d'un chef, élu pour connaître de tous les différends qui s'élevaient dans la corporation. Au reste, cette association, peu nombreuse, car les femmes et les bâtards ne pouvaient, en aucun cas, hériter des priviléges attachés à la profession de leurs maris, ou de leur père, était seulement composée d'un groupe de plusieurs familles possédant en commun les boucheries de Paris et celle du cimetière de Saint-Jean.

Le comte de Saint-Pol, ayant confié aux principaux membres de cette corporation, devenus chefs des gardes urbaines, la levée des milices royales, ceux-ci enrôlèrent aussitôt cinq cents hommes pris entre les garçons bouchers, les écorcheurs, les chirurgiens, les pelletiers, les tailleurs et *foison* de gens suspects, recrutés dans le quartier des Halles (1). Cette horde formidable obéissait à Simon Caboche, écorcheur de bêtes à la boucherie de l'Hôtel-Dieu, et à maître Jean de Troye, chirurgien-tribun, qui, ameutant le peuple dans les rues, lui distribuait des chaperons et des croix bourguignonnes, et se montrait le plus remarquable entre les plus

(1) Monstrelet.

féroces. Toutes les voies du crime étaient ouvertes, on allait s'y précipiter.

Caboche et Jean de Troye étant devenus, en quelque sorte, les uniques artisans de cette triste civilisation, refusèrent aux bourgeois le droit de marcher armés dans les rues de Paris, et ne gardèrent ce privilége que pour leur troupe. Si, dans leurs patrouilles, ils apercevaient un citoyen ami de l'ordre et du bien public, ils s'écriaient : — *C'est un Armagnac!* et l'assommaient ou le traînaient vers la Seine pour l'y noyer, à moins qu'il ne fût riche, et ne consentît à leur payer une rançon proportionnée à sa fortune, ce qui n'empêchait pas sa maison d'être pillée.

Un jour, les bouchers s'introduisirent dans la salle du conseil, et demandèrent au Dauphin la permission de poursuivre tous ceux qui n'avaient pas encore adopté le chaperon bleu et la croix bourguignonne. Dès lors, la vie sociale fut impossible dans Paris; le prévôt des marchands, les échevins, tous les conseillers de la ville et les notables bourgeois émigrèrent pour échapper à la mort. L'anarchie prit une forme encore plus horrible, surtout lorsque les bouchers virent briller les lances des Armagnacs sous les murs de la capitale assiégée. L'armée du comte de Saint-Pol fut taillée en pièces, et les hordes cabochiennes prirent honteusement la fuite. Les pillages augmentèrent avec la terreur; mais Jean-sans-Peur vint rétablir sa fortune avec un corps de troupes anglaises; et les vaincus de la veille furent les vainqueurs du lendemain.

En ce moment, le trop célèbre Legoix, blessé à la bataille d'Étampes, venait de mourir à Paris : les soldats de Caboche lui firent de magnifiques funérailles à l'église de Sainte-Geneviève. — Jean-Sans-Peur suivit son convoi ; il menait le deuil de la barbarie.

La Bourgeoisie émigrée rentre dans Paris sous la protection d'une paix qui se prépare. Des processions ont lieu; le Parlement, l'Université, l'Échevinage, plus de cinquante mille artisans et tous les étudiants, pieds nus, un cierge à la main, implorent la Providence qui veille à la conservation des Empires. Un parti préservateur s'organise de nouveau parmi les bourgeois. Il intervient dans les affaires, obtient avec la réconciliation des princes, les conclusions pacifiques d'Auxerre, et le Parlement lui accorde la restitution des biens pillés ou confisqués. On crée une chambre spéciale où tous les crimes d'État seront jugés selon les grands principes de la justice humaine ; mais le duc de Bourgogne pose, comme condition du traité de paix, cette clause particulière : — *Tous les crimes pourront être rachetés au prix de l'or !* Il proclamait ainsi l'inviolabilité des *Cabochiens* qui avaient acquis assez de richesses, dans le pillage public, pour racheter leurs forfaitures.

Sur ces entrefaites, le conseil convoque les États-Généraux. A la lutte sanglante des armées, succède une lutte non moins âpre, non moins acharnée : celle de la parole. En effet, les docteurs de l'Université combattent noblement contre les frères Mendiants, instruits à l'école de Jean Petit ; et les classes moyennes, contre les *Cabochiens*. L'ascendant moral de la Bourgeoisie et des docteurs devient si grand, qu'il fait peur à Pierre des Essarts. Il prend la fuite. On lui donna pour successeur, Le Borgne de la Hanse, vertueux magistrat, qui contint, un moment, l'agitation populaire plus formidable que jamais.

En effet, si les bouchers étaient vaincus dans la salle des États-Généraux, ils triomphaient à l'Hôtel-de-Ville où Jean de Troye, Jean de l'Olive, Denis de Saint-Yon et Robert du Belloi, venaient d'être choisis pour former un nouveau corps municipal. L'Échevinage, ainsi livré aux factieux, allait réagir contre le parti de l'ordre et caractériser la seconde phase de cette révolution.

Pour combattre Jean-sans-Peur, qui représente le penchant le plus mauvais de l'esprit humain, le comte d'Armagnac a mis à la tête de son armée le Dauphin de France qui représente, au contraire, toutes les forces morales de la civilisation. Pierre des Essarts s'empare de la Bastille au nom de ce dernier prince ; car il a changé de drapeau, sinon de conscience. Les Cabochiens sont frappés de terreur ; mais Legoix, Denis de Chaumont, Caboche et Jean de Troye, montrent encore plus d'audace. Ils destituent, de leur autorité privé, Pierre Gentien, le prévôt des marchands, homme de sagesse et de mérite, qu'ils remplacent par André Épernon, homme d'action et de véhémence révolutionnaire ; ils promènent dans les rues la bannière de la ville, en hurlant des cris féroces, et la plantent devant l'hôtel du duc d'Aquitaine, aux applaudissements d'une horde de factieux, tandis que Jean de Troye va remettre à ce prince une liste de cinquante seigneurs dont il demande la tête. Le chancelier d'Aquitaine est obligé de paraître à une fenêtre de l'hôtel, et de lire tout haut, plusieurs fois de suite, au milieu d'ignobles éclats de rire, cette liste de proscription où son nom figure au premier rang. A peine a-t-il fini, que les séditieux enfoncent les portes de l'hôtel pour y prendre une partie des victimes désignées. Quelques seigneurs sont égorgés ; le Louvre, transformé en prison, reçoit les autres proscrits ; et les ordonnances cabochiennes passent des mains du duc d'Aquitaine à celles du bourreau.

Toute la sociabilité humaine était en péril ; mais nul honnête homme n'osait faire la moindre résistance. Une réaction se préparait pourtant dans la Bourgeoisie ; Juvénal des Ursins, devenu avocat-général, conférait dans le cloître Notre-Dame avec le vieux duc de Berry : « — Serons-nous toujours » en ce point, lui dit ce prince, que ces mé- » chantes gens oient auctorité et domination ? » L'ancien prévôt des marchands lui répondit : « — Ayez espérance en Dieu, monseigneur, car en » brief temps vous les verrez destruitz et venus en » grande confusion, et serez paisible capitaine de » la ville de Paris. »

A cette époque, et toujours, on essaya d'excuser les fureurs et les pillages en les présentant comme les résultats du danger actuel de la patrie et de la nécessité : moyen infaillible de fausser la conscience humaine en la dépouillant de son libre arbitre pour qu'elle échappe à l'action de l'éternelle justice. La Bourgeoisie, sans cesse opprimée, et sans cesse conciliatrice, voulut ôter au crime toute espèce de prétexte. Elle parla de pacification ; et, dans une assemblée de l'Hôtel-de-Ville, on lut un projet d'accommodement qui devait être soumis aux princes des deux camps. Ce projet fut accueilli avec acclamation. L'humanité allait triompher, lorsque Hélion de Jacqueville, capitaine-gouverneur, et Caboche, suivis de leurs farouches partisans, arrivèrent à la séance armés de pied en cap. Ils s'écrièrent : — « Nous ne voulons pas de cette » paix traitresse. » — Simon Caboche ajouta d'une voix terrible : — « S'il y a ici quelqu'un de quelque » qualité qu'il soit, assez hardi pour consentir à » ceste paix, par le sang de Nostre Seigneur Jésus-» Christ, il sera traité comme ennemi de la noble » ville de Paris. »

Le lendemain, ces magistrats-assassins publiaient de nouvelles ordonnances, et d'autres listes de proscription où se trouvaient inscrits les noms des plus riches bourgeois, que l'on devait massacrer à la première insurrection. Les Cabochiens croyaient les faire émigrer et rester, de la sorte, maîtres de la situation ; mais il n'en fut pas ainsi ; les classes moyennes, au lieu de déserter le combat, gardèrent leur position sur le champ de bataille. Groupées, dans les assemblées des quarteniers, avec les cinquanteniers et les dizainiers qui se joignirent à eux, elles provoquèrent de puissantes défections. Une commission judiciaire qui avait été instituée pour juger révolutionnairement les seigneurs enfermés au Louvre, suspendit d'elle-même ses condamnations ; la terreur enfin reculait devant ses propres œuvres.

Après avoir vu la société se dissoudre, voyons maintenant si elle pourra se reconstituer.

Le 2 août 1415, les conseillers du Parlement de Paris enregistrent un projet de paix, comme *juste, saint et nécessaire* (1), pendant que les bourgeois s'assemblent à l'Hôtel-de-Ville en présence des *Cabochiens*. Ceux-ci ont à leur tête, Henri de Troye, qui est venu remplacer son père, Jehan, parce qu'il en a toute la férocité.

La séance est ouverte ; l'échevin Henri du Belloi, ancien factieux, nouvellement converti à la

---

(1) *Abrégé de l'Histoire de Paris*, par F. L. J. de la Barre, tom. III, liv. VIII, pag. 310.

religion de l'ordre social, parle en faveur du projet d'accommodement qui sera soumis aux princes ; Henri de Troye se lève et déclare que cette paix *seroit fourrée de peau de renard*. Une opposition imposante se déclare contre lui ; se tournant alors vers les Écorcheurs : — « Il y en a ici, dit-il, qui
» ont trop de sang ; ils ont besoin qu'on leur en
» tire ; il en faudra venir aux couteaux. »

Une horrible mêlée allait avoir lieu ; le poignard aurait déjà remplacé la parole, si en cet instant suprême, les Cabochiens n'avaient eux-mêmes demandé que le projet de pacification fût soumis aux délibérations des assemblées de quartier. Les bourgeois acceptent aussitôt cet amendement, et, à leur tour, ils s'écrient : — « Oui, oui,
» dans les quartiers ! dans les quartiers ! — La chose
» se décidera en place de Grève, » poursuivent les bouchers avec un accent féroce ; mais un charpentier, Guillaume Cirasse, leur répond avec un admirable sang-froid : — « Nous verrons bien s'il y a
» à Paris autant de frappeurs de cognée que d'as-
» sommeurs de bœufs (1). »

On s'assembla, le lendemain matin, dans les seize quartiers de la ville. Jean de Troye, concierge du

(1) F. L. J. de la Barre, *loco citato*.

palais, se rendit à celui de la Cité, l'un des centres les plus importants ; Juvénal des Ursins s'y trouvait déjà pour contre-balancer l'influence des terroristes. — « Le roi, dit ce dernier, désirant la » paix, veut que toutes chose dictes ou faictes aux » temps passés, soient abolies de part et d'autre » et que rien ne puisse les rappeler. » Ces simples paroles suffisent pour ruiner la dernière espérance des Cabochiens. Vainement Jean de Troye montre-t-il aux bourgeois un Mémoire qu'il tient entre ses mains, et dont il désire donner lecture ; on se jette sur lui, pour s'emparer de ce Mémoire et le déchirer en morceaux. — Quelques heures plus tard le projet de pacification était adopté par tous les quartiers, excepté par celui des Halles et de l'Hôtel-d'Artois que le duc de Bourgogne habitait.

Pendant que le Dauphin et le duc de Berry allaient délivrer les prisonniers du Louvre, Jean-sans-Peur, sortant de Paris en fugitif, enlevait Charles VI, pauvre monarque en démence, que la guerre civile amusait autant que le jeu des cartes, inventé pour lui. Juvénal des Ursins courut à la poursuite du prince rebelle, avec deux cents chevaux, et le rejoignit au bois de Vincennes. — « Sire, dit-il au roy, venez-vous-en en vostre

» bonne ville de Paris, le temps est bien chaud
» pour vous tenir sur les champs. » — « Laissez,
» Juvénal, je mesne le roy voler, » répliqua Jean-
sans-Peur. Mais l'infortuné Charles VI avait déjà
tourné bride; aussi le bourgeois répondit-il au duc :
— « Monseigneur, il nous paroît, aux houseaux de
» vos gens, que vous le mesnez trop loin voler. »

Les résultats de cette journée furent immenses.
Les bouchers, qui s'étaient emparés de l'Hôtel-de-
Ville avec une compagnie d'arbalétriers, n'osèrent
pas courir les chances d'un combat avec la milice
urbaine, commandée par Pierre Augier; tous les
officiers de la commune furent éliminés ; on ne conserva qu'André Épernon, le prévôt des marchands,
lequel s'était prononcé en faveur des principes
d'ordre et d'humanité ; Cirasse et Mérille entrèrent dans l'Échevinage, en remplacement de Jean
de Troye et de du Belloi ; et Tanneguy-Duchâtel,
obtint la Prévôté de Paris : noble magistrature, où
il remplit d'augustes fonctions en agissant toujours, aux yeux de ses contemporains, comme s'il
était en présence de la postérité.

Ces grandes transformations sociales, politiques
et administratives s'accomplissaient aux applaudissements de tous les gens de bien, tandis que les

bourgeois donnaient une rude chasse aux Cabochiens. — *Ribauds, ribauds,* leur disaient-ils, *nous vous tenons.* — Mais ces hommes hideux sortirent de Paris au plus vite; le duc d'Orléans y fit une entrée solennelle.

En ce temps-là, Jean-sans-Peur, traitant avec le roi d'Angleterre, s'engageait à lui livrer Charles VI et son royaume.

Il ne fallait rien moins que cette trahison pour arrêter le développement matériel et moral de la société, car, dès lors, la guerre étrangère et la guerre civile marchèrent de front sur le territoire de la France pour mieux la subjuguer. Jean-sans-Peur, à la tête des Anglais, revint sous les murs de Paris, et déploya sa bannière sur la butte des Moulins, près de la porte Saint-Honoré, devant laquelle il groupa les émigrés féroces, bouchers et Cabochiens, qui comptaient prendre la ville, sans coup férir, parce qu'ils avaient des intelligences dans le quartier des Halles, centre des soulèvements formidables. Cependant nul Bourguignon n'osa bouger. Le comte d'Armagnac, suivi de plusieurs conseillers du Parlement et de ses hommes d'armes, parcourut toutes les rues, ordonnant aux ouvriers de rester à leurs métiers, et les menaçant de la corde, s'ils approchaient des murailles (1). Jean-sans-Peur, harcelé de tous côtés, se retira à grande hâte, passa en Flandre et consulta les États d'Artois : mais les seigneurs bourguignons refusèrent de combattre contre les Armagnacs, qui avaient arboré l'oriflamme et auxquels Charles VI, actuellement dans leur armée, donnait une force morale irrésistible.

D'ailleurs, l'invasion des Anglais et la prise d'Harfleur avaient mis fin au désaccord qui existait naguère entre les nobles et les bourgeois. Le Dauphin, en se mettant à la tête du gouvernement, malgré les princes, manifestait hautement l'intention de sauver le pays. C'est dans ce but qu'il se livra aux Armagnacs, seul parti qui, fort de son alliance avec la haute Bourgeoisie, conservât encore, à cette époque de trahisons, un dévouement sincère au progrès social et au triomphe de la nationalité.

Cette alliance de l'aristocratie et des classes moyennes pouvait donc affranchir le royaume, car, « outre le grand corps de troupes du roy, dit le » religieux anonyme de Saint-Denis, les bourgeois de » Paris firent offre de six mille hommes bien armés,

---

(1) *Journal d'un Bourgeois de Paris.* — Le Religieux de de Saint-Denis. — Monstrelet. — *Registre du Parlement.*

» pour combattre à la tête aux jours de batailles ;
» mais le duc de Berry faisant grand reçit de ceste
» milice en présence de plusieurs chevaliers de sa
» suite, l'un d'entre eux, nommé Jehan de Beau-
» mont, respondit avec mespris : — *Qu'avons-nous*
» *à faire de ces gens de boutique, puisque nous som-*
» *mes trois fois plus nombreux que les Anglois?* —
» Je ne sais s'il croyoit les roturiers indignes des
» armes, mais j'assurerai bien en avoir connu qui y
» ont acquis grand honneur; et je diray encore que
» le royaulme estoit plus florissant, quand on y re-
» cevoit toute sorte de gens avec plus d'acception
» de valeur que de condition (1). »

Cette division aussi funeste qu'impolitique devait aboutir au désastre d'Azincourt, qui creusa une même fosse à la noblesse et à la haute Bourgeoisie. La civilisation entière se trouvait compromise par ce désastre national. Un deuil immense couvrit nos cités, et Christine de Pisan put s'écrier, dans ses *Lamentations sur la guerre civile :* « Ah! France,
» France, jadis glorieux royaume! hélas! comment
» diray-je plus?... Alez, alez, vous François, vostre
» gloire est desfaillie (2). »

(1) *Grandes Chroniques de France*, année 1415, pag. 1,006.
(2) *Écrits politiques*, publiés par M. Thomassin, 1838, pag. 145.

En effet, le flambeau de notre civilisation s'était éteint sous le vent des trahisons. Les bourgeois de Paris, en proie à un délire inexprimable, cherchaient un moyen de se préserver de l'anarchie ; et ils ne voyaient autour d'eux que menaces ou catastrophes. Jean-sans-Peur, maître des environs de la ville, faisait rôder, autour de ses murailles et de ses portes fermées, les Jacqueville, les Caboche, les Chaumont, les Saint-Yon et mille autres encore dont le nom est inscrit en caractères sanglants dans les annales de cette époque.

Les vrais amis du bien public gémissaient de tous côtés, car ils comprenaient que l'état social serait finalement subjugué, soit par Jean-sans-Peur, soit par le comte d'Armagnac. Or, ces deux hommes extraordinaires ne se ressemblaient nullement: celui-ci était dur, impitoyable, mais généreux; celui-là, au contraire, toujours vil et toujours cruel. L'un portait le drapeau de la nationalité; l'autre, le drapeau de la trahison; et, de ces deux individualités disparates, la seconde allait éclipser la première!

On ne pouvait reprocher à Jean-sans-Peur aucune faute, mais on lui reprochait des crimes; et ces crimes, qui en faisaient un homme barbare sous le rapport de l'humanité, en faisaient un homme gigantesque sous le rapport de la politique révolutionnaire. Ce n'est pas avec un semblable caractère que l'on perd, auprès des masses, une popularité acquise à force de concessions. Le comte d'Armagnac, au contraire, était, avant tout, le chef de l'aristocratie. Il méprisait trop le peuple pour le flatter ; aussi ne le gouvernait-il, avec le titre de *connétable* ou *capitaine-général de toutes les forteresses de France,* qu'avec brutalité. Heureux de faire trembler ceux devant qui les honnêtes gens fuyaient naguère, il ne se soucie que médiocrement de la Bourgeoisie, qui doit déterminer pourtant ou son salut, ou sa perte.

La présence de Jean-sans-Peur, devant les murs de Paris, pouvait justifier la sévérité du comte d'Armagnac contre les Bourguignons de la ville; car les bouchers et les *Cabochiens,* dont le nombre se trouvait considérable, s'étaient organisés en associations secrètes et conspiraient la mort du roi, de la reine, des princes et de tous les Orléanistes, sans exception. Mais rien ne saurait justifier les excès d'autorité dont il se rendait coupable, en multipliant les taxes, pour ruiner la Bourgeoisie, et en repoussant durement les remontrances de l'Université, qui centralisait la force morale de la civilisation. D'ailleurs, il n'eut pas même le mérite d'étouffer la nouvelle conjuration des Cabochiens, — avouée par Jean-sans-Peur, qui en avait tracé le plan de sa propre main, — puisqu'elle fut découverte pendant qu'il était retenu au siége d'Harfleur.

Tout se péparait pour l'insurrection : encore une heure, et le signal du massacre allait être donné. La femme de Lallier, changeur, demeurant sur le Pont-au-Change, surprend le secret des conjurés et va le révéler à Bureau de Dammartin, membre du Conseil qui gouverne. Le roi et la cour se réfugient au Louvre, pendant que Tanneguy Duchâtel rassemble des hommes de guerre, s'empare des Halles, centre d'action des séditieux, et enfonce les portes des maisons où leurs chefs armés attendaient l'instant d'engager la lutte de l'anarchie contre l'ordre social. La plupart d'entr'eux furent traînés en prison : les autres allèrent grossir l'armée de Jean-sans-Peur. Des prisonniers, les uns furent pendus en plein jour, les autres furent noyés durant la nuit; mais, au dire d'Anquetil, le plus coupable de tous, devait être le moins puni. C'était un chanoine de Paris, neveu du chancelier d'Orgemont, qui s'était fait le général d'une ignoble armée. Chargé de bénéfices lucratifs qu'il devait à la générosité des princes, il se mettait à la tête de cette populace immonde, afin de mériter le titre de chancelier de France que le Bourguignon lui avait promis. Guillaume d'Orgemont ayant été réclamé par l'évêque et par le chapitre de Paris, fut condamné seulement à la prison, au pain et à l'eau pour le reste de ses jours, après avoir été *mitré* et *prêché* publiquement, et avoir assisté à la pendaison de ses complices.

La justice humaine était donc relativement satisfaite, lorsque le connétable d'Armagnac revint à Paris. Tout le monde trembla, car il ne respirait que vengeances. Enveloppant, dans une même rigueur, et le parti de l'ordre, et le parti du désordre, il ne se contenta pas d'abolir l'écorcherie, la boucherie de Paris, et la corporation des bouchers avec ses immunités, mais il anéantit encore toute la constitution corporative de la Bourgeoisie : acte impolitique et brutal qui rappelait les plus mauvais jours de la régence du duc d'Anjou. Par son ordre, les congrégations et les assemblées de jurandes ou de confréries furent également interdites; les docteurs de l'Université, exilés ou emprisonnés, et les chaînes des rues, enlevées : en un mot, il généralisa les proscriptions et les supplices, alors que les coupables étaient déjà punis ou que la justice devait atteindre seulement quelques individus. Sous prétexte de fortifier l'état social, le comte d'Armagnac restaurait lui-même l'anarchie, au nom du gouvernement. Aucune clameur n'osa s'élever contre lui ; mais il se fit, autour de son pouvoir, un de ces silences formidables que l'homme de parti n'entend presque jamais, et que l'homme d'État doit toujours comprendre.

Le connétable ne le comprit pas.

Pendant que sa dictature, dont il avait trouvé l'élément au sein du parti conciliateur, allait se perdre finalement dans la proscription, Jean-sans-Peur, que le parti proscripteur avait constamment trouvé à sa tête, devenait humain à l'égard des bourgeois qui fuyaient de Paris, et pratiquait l'indulgence envers tout le monde. La faction bourguignonne se fortifiait visiblement à chaque faute commise par le comte d'Armagnac, dont la plus grande fut de se brouiller avec Isabeau de Bavière ; car la reine de France, exilée à Tours, faisait un premier pas vers l'ennemi. La Bourgeoisie devait bientôt la suivre !

La société était en pleine dissolution ; et Henri V, roi d'Angleterre, s'emparait du royaume de France, presque sans coup férir. Au lieu de rencontrer une armée patriotique, prête à mourir sur un champ de bataille, en lui barrant le passage ; il s'avançait entre deux partis toujours en présence pour s'entredétruire, mais indifférents, l'un autant que l'autre, à tout ce qui intéressait le salut de la nationalité. Les Bourguignons de Paris ne songeaient qu'à livrer la ville à Jean-sans-Peur, et le comte d'Armagnac compromettait son autorité en formant une commission inquisitoriale chargée de poursuivre sans pitié quiconque lui déplaisait : tout le monde tremblait devant ce tribunal présidé par la Terreur !

La Bourgeoisie, au milieu de ces lugubres préoccupations, voit avec plaisir Isabeau de Bavière prendre le titre de *régente* et se rapprocher du duc de Bourgogne, qui, par ses liaisons avec le roi d'Angleterre, peut l'arrêter diplomatiquement dans sa marche conquérante ; ou s'y opposer de vive force, après une pacification qui réunira les Armagnacs et les Bourguignons sous un même drapeau, celui de l'indépendance nationale. Des négociations sont ouvertes entre la reine et Jean-sans-Peur d'une part, et les députés du Conseil de régence, agissant, d'autre part, au nom du Dauphin, en l'absence et contre le gré du comte d'Armagnac. Celui-ci, dont la cruauté augmente à mesure que sa puissance décline, remet en vigueur les ordonnances les plus impopulaires; défend aux bourgeois de s'assembler sous quelque prétexte que ce soit; prélève sur eux des emprunts forcés; emprisonne ou bannit quiconque ose lui résister; et fait fabriquer, dit-on, des médailles de plomb pour être distribuées aux individus qu'il se promet d'épargner dans un massacre général qui doit assurer sa victoire définitive. — Nous aimons à croire, en l'honneur de l'humanité, que ce projet barbare est une pure calomnie bourguignonne, inventée pour justifier la trahison de Perrinet Leclerc, « que son effigie, la face écrasée de pierres » et souillée de boue, a expiée pendant trois siè- » cles, au coin de la rue de la Harpe et de Bussy, » comme à un pilori éternel (1). »

Ce bourgeois, fils d'un marchand fertier du Petit-Pont, *quartinier,* c'est-à-dire magistrat de son quartier, réunit quelques Bourguignons et devint l'âme d'une révolution. Après s'être concerté avec

(1) M. Victor Hugo, *Notre-Dame de Paris*, tom. II, p. 225.

le sire de l'Isle-Adam, capitaine de Jean-sans-Peur, ayant sous ses ordres une compagnie anglaise campée à Pontoise, Perrinet Leclerc dérobe, à son père, durant son sommeil, les clés d'une des portes de la ville, dont la garde lui est confiée. C'est ainsi qu'il introduit les Anglais de l'Isle-Adam, et les dirige lui-même vers le Châtelet où les Bourguignons sont réunis.

Ceci se passait durant la nuit du 28 au 29 mai 1418.

En vertu de cette trahison, les destinées de l'État furent livrées au couteau des *Cabochiens*, devenu, en quelque sorte, l'unique levier de la politique bourguignonne. Le chancelier et les ministres étaient traînés en prison ; et l'on entendait de toutes parts ces cris sauvages : — *A mort! à mort! vive Bourgogne! vive le roi d'Angleterre!*

Quelques jours après, le massacre des Armagnacs, dont on a rempli les prisons, est proposé par un potier d'étain, nommé Lambert ; et le massacre va s'accomplir. Capeluche, bourreau de Paris, conduit tour-à-tour les assassins aux prisons du Châtelet, de Saint-Éloi, de Saint-Martin-des-Champs, de Saint-Magloire, et du Temple. Chemin faisant, on s'arrête pour égorger le comte d'Armagnac, dénoncé par un maçon chez lequel il s'est caché ; puis on arrive au Châtelet. Les gardes et les geôliers veulent défendre leurs prisonniers ; on les tue, on met le feu à la prison et l'on repousse à coups de piques les détenus que la flamme et la fumée obligent de sortir. Ailleurs les prisonniers sont appelés, l'un après l'autre ; et assommés au fur et à mesure qu'ils paraissent. Cette hideuse boucherie, commencée à quatres heures du matin, durait encore à onze heures du soir (12 juin). Le sang des victimes formait, autour du Châtelet, une large mare s'élevant à la hauteur de la cheville du pied des assassins, qui frappaient toujours ; et Jean-sans-Peur, contemplant ces abominables exécutions, à côté de Capeluche, leur disait :

— *Mes enfants, vous faictes bien!!*

Quatre siècles plus tard, Danton se fit le plagiaire de Jean-sans-Peur. On sait qu'il présida aux massacres de septembre, en qualité de ministre de la justice révolutionnaire !

A l'une comme à l'autre de ces deux époques néfastes, on ne vidait les prisons que pour mieux les remplir. Legoix, Saint-Yon, et Caboche, exécuteurs des hautes œuvres bourguignonnes, poursuivaient quotidiennement leurs exécrables exploits. L'humanité était, en quelque sorte, soumise à Capeluche, bourreau de Paris avec lequel nous avons vu que Jean-sans-Peur avait fraternisé publiquement! Encore un autre exemple qui ne devait pas être perdu pour la postérité révolutionnaire, car on vit, en 1793, je ne sais quel membre de la Convention faire asseoir à sa table, le bourreau. — L'histoire ne dit rien des nombreux dialogues de Jean-sans-Peur et de Capeluche; elle nous apprend seulement que le cadavre de ce dernier pendait aux piliers des Halles, quelques jours après. Les geôliers commençaient à suffire au Bourguignon, qui avait dit aux juges :

— *Ce misérable va trop loin!*

En parlant et en agissant de la sorte, Jean-sans-Peur se flattait de vaincre la répulsion morale que le massacre des prisons avait soulevée contre lui. Vainement rétablit-il, dans cette espérance, la Prévôté des marchands et l'Échevinage, les jurandes et les confréries; vainement restitua-t-il à la Bourgeoisie tous ses priviléges, les chaînes des rues et les armes qui devaient lui servir pour la défense de ses propriétés menacées : les classes moyennes regardèrent désormais ce prince comme incompatible avec la civilisation.

C'est alors qu'écrasé par son triomphe présent, autant que par ses revers passés, Jean-sans-Peur comprit qu'il devait faire la paix civile avec ses adversaires, pour mieux poursuivre la guerre étrangère contre ses alliés. Des propositions furent acceptées et jurées par le Dauphin, de même que par le duc de Bourgogne, dans une première entrevue : l'un et l'autre se séparèrent, mais ils devaient se revoir une dernière fois. On se revit, en effet, sur le pont de Montereau où le duc de Bourgogne, frappé d'un coup de hache par Tanneguy Duchâtel, vint tomber aux pieds du fils de Charles VI. Jean-sans-Peur ne s'inclina devant lui qu'en mourant.

Ainsi finit cet homme, qui, à la façon d'Attila, ne détruisait que pour détruire. Type des agitateurs égoïstes et barbares, il exprime l'assassinat, la trahison et l'intérêt bas et sordide, tout ce qui déprave les sociétés. Son conseil ordinaire ne se composait que de bouchers; mais leur couteau sanglant, instrument de mort, ne pouvait, en aucun cas, devenir un instrument de progrès, d'émancipation et de vie publique.

Où allait donc l'humanité, en se passionnant, tantôt pour la paix et tantôt pour la guerre civile; aujourd'hui pour une réaction aristocratique et demain pour une réaction démagogique; et en tombant ainsi des mains du comte d'Armagnac à celles de Capeluche?

Si l'on veut résoudre ce grave problème, il faut savoir ce qui s'agite dans la cité, où il y a lutte à mort entre les partisans du duc d'Orléans et les partisans de Jean-sans-Peur. Que la Bourgeoisie passe dans le camp des bouchers, et soudain le despotisme aristocratique s'écroule; qu'elle passe dans le camp des Armagnacs, et soudain la terreur *cabochienne* disparaît à son tour. Mais alors la lutte change; elle se résume toute entière entre les bourgeois et les *menuz populaires,* qui, sous prétexte de devenir membres importants de la société politique, font reculer la civilisation jusqu'en pleine barbarie.

L'idée révolutionnaire déborde de toutes parts au sein des jurandes, des maîtrises, des corporations d'arts et métiers, tantôt restaurées, tantôt détruites. Les classes moyennes résistent, il est vrai; elles défendent pied à pied le terrain de l'ordre social contre les *manants,* entraînés vers *les ex-*

ploits et folles esmeutes par un besoin indéfini de changement et de progrès. L'Hôtel-de-Ville fut le centre de ces actions et réactions, pendant lesquelles on vit la Prévôté des marchands et l'Échevinage, conservés jusqu'alors entre les mains des notables commerçants, déchoir entre celles des écorcheurs, qui livrèrent les richesses de l'aristocratie bourgeoise au pillage *des simples gens de mestiers,* voulurent faire de l'ordre avec du désordre, et ne réalisèrent que la destruction matérielle et morale de la société.

Alors ils sont à l'œuvre, dit Christine de Pisan, « ces hommes qui, sans jamais estre sortis de
» leurs ateliers, sans avoir fréquenté gens légistes
» ou coutumiers en chose de droit et de justice, ni
» avoir appris à parler ordonnément par raisons
» belles et évidens, ni les autres savoirs qui affiliè-
» rent à gens propres à establir ez gouvernemens,
» veulent se mesler de gouverner autruy. Or, que
» penses-tu qu'il advienne d'un malostru qui tout
» à coup se croit devenu maistre? Il n'est subjection
» si perverse. Mais qu'il se hérisse bien le visage,
» tenant un pic en sa main, jurant laidement et me-
» naçant chascun, trop bien croit faire la besogne.
» Mais qu'est-ce à voir dans le conseil de leurs

» assemblées où le plus fol parle le premier, ayant
» son tablier devant soi. Ce seroit tout pour rire,
» s'il n'y avoit péril à les entendre ; et sur ce, se
» fondent-ils en leurs contenances et parler... mais
» quelle horreur estre à voir au partir de cette dia-
» bolique assemblée de innombrable menue gent
» fumant l'un l'autre comme brebis, prêts et appa-
» reillés de tous maux faire ? Il suffit que l'un com-
» mence, et il n'y a pas de fureur ni cruaulté de
» sanglier qui se puisse accomparer, sans savoir ce
» qu'ils demandent.

» Doncques il n'appartient pas que menuz popu-
» laires aient autorité de quelconque office ni pré-
» rogative de gouvernement ès cités ou villes :
» lesquelles choses sont pertinens aux bourgeois
» notables et d'anciennes lignées, de degré en de-
» gré, selon la faculté tant des dits offices que des
» personnes. »

Telle est la conclusion du *Livre de la Paix* que Christine de Pisan écrivait au milieu de la guerre civile. Organe de la grande Bourgeoisie, toujours si fière envers la petite, elle exprime, d'une manière très-énergique, l'antagonisme inexorable des diverses classes de la société ; mais elle ne dit rien pour les concilier, car, à la manière dont elle apprécie les faits, elle semble ignorer qu'on ne civilise point les hommes en l'absence des idées morales. En effet, elle ne considère pas les événements d'assez haut, pour trouver, au fond de sa conscience, la loi génératrice de l'avenir. Peu d'intelligences pressentaient alors une ère nouvelle, tout-à-fait distincte du Moyen-Age. Si quelques-uns la saluaient de loin, comme un refuge où la civilisation viendrait s'abriter après tant de discordes; leurs aspirations salutaires tombèrent fatalement sous le coup des factions, qui voulaient détruire l'édifice social, au lieu de le reconstituer.

Au reste, le caractère sinistre que cette époque a toujours présenté aux regards du philosophe et de l'homme politique, tient précisément à ce que le nouveau but de l'État, qui se manifestait par de si redoutables voies-de-fait, n'avait pas encore obtenu sa révélation morale dans l'opinion de la France. « Le malheur de cette noble nation, aussi » énergique que généreuse, » disait un penseur, dans la *Gazette d'Augsbourg,* « est et a été de tout » temps que les idées, comme les orages du prin- » temps, ne lui viennent qu'avec l'action et après » les événements (1). »

(1) Mois de juin 1842.

On ne vit donc paraître, à cette époque de renversement, aucun homme réparateur; nul de ces génies puissants que Dieu tient quelquefois en réserve pour la restauration des sociétés humaines. Il nous faut assister encore à d'autres confusions et à des terreurs sanglantes, car les *menuz populaires* se soulèvent de nouveau. Les *Cabochiens* ont juré de venger le meurtre de Jean-sans-Peur; et son système révolutionnaire triomphe complétement après sa mort, c'est-à-dire, le jour où son fils et Isabeau de Bavière, — la femme et le gendre de Charles VI ! — livrent la couronne de France à Henri de Lancastre, roi d'Angleterre.

Au xve siècle, comme à toutes les époques, l'esprit de parti était, pour ainsi dire, l'élément constitutif du peuple français; et c'est ce qui explique les crises sociales, politiques et nationales qu'il a dû subir durant le cours des siècles.

« Il sembloit, dit Mezerai, que le ciel voulût
» venger tant d'horribles meurtres par le plus
» grand de ses fléaux. Dès le mois de juin (1418),
» la peste se mit à Paris, y régna furieusement
» jusques à la fin d'octobre et tua plus de quarante
» mille personnes, presque tous du menu peuple,

» et de ceux qui avaient trempé leurs mains dans
» le sang. » — Une telle situation n'était pas ordinaire ; elle avait même une signification formidable.

Puisque la colère divine s'appesantissait sur les races humaines, Paris, centre de toute régénération, fatale ou providentielle, après avoir été glorieuse entre les plus grandes cités, devait en être la plus infortunée. Sa Bourgeoisie était constamment aux prises avec les calamités. La famine et la peste l'avaient choisie pour victime en même temps que la guerre civile et la guerre étrangère ; tristes symboles qui semblaient dire aux hommes qu'en changeant de partis, ils ne changeaient que de fléaux.

Paris souffrait donc pour l'humanité tout entière : c'était alors la ville des expiations et des épouvantes. On croyait assister aux funérailles de la civilisation ; et nous touchions à la Renaissance !

CHAPITRE IX.

LA BOURGEOISIE DE PARIS SOUS LA DOMINATION ANGLAISE.

La trahison de Perrinet-Leclerc avait porté ses fruits déshonorants. Paris obéissait à un prince étranger, que l'armée de Jean-sans-Peur entourait de son dévouement. On eût dit, en ce noble pays de France, que personne n'était plus digne de porter le nom de Français ! La Bourgeoisie, dévorant sa honte et sa servitude, courbait la tête, au lieu de réagir contre les saturnales des Anglais, en se levant avec fierté au nom de l'indépendance. Ensevelie dans un égoïsme sordide, elle ne donna signe de vie que pour demander la paix, afin de rétablir sa fortune matérielle sur la ruine morale de la patrie. Chacun songeait à cette paix ; mais elle se fit au détriment de la nationalité qui fut sacrifiée à l'esprit de vengeance. Le traité de Troyes, acte spoliateur qui résumait toutes les tendances révolutionnaires, fut signé, le 21 mars 1420, par Charles VI, dont Isabeau de Bavière tenait la main ; par Henri V, roi d'Angleterre et par Philippe-le-Long, duc de Bourgogne. En vertu de de cette pacification, Henri V épousa la fille de Charles VI, qui devait transmettre perpétuellement après sa mort, à lui ou à ses héritiers, le royaume de France dont on lui confiait déjà l'administration. En outre, les princes s'engageaient à ne jamais se réconcilier avec Charles, « qui se dit » Dauphin, à cause des horribles et énormes cri- » mes qu'il a commis. » — On le voit : les fauteurs du traité essayaient de donner une sanction morale à cette œuvre d'iniquité patriotique !

Deux ans plus tard, Charles VI meurt à Paris, et Henri V à Vincennes. Henri VI, enfant au berceau, reçoit pour hochet deux couronnes, celle de France et celle d'Angleterre. Mais le Dauphin apprend la mort de son père au château d'Espally, en Velay : « Il s'habille de noir, dit Château- » briand, et entend la messe dans la chapelle du » château ; puis on déploie la bannière aux fleurs » de lis d'or. Une douzaine de serviteurs crient : » Noel ! et voilà un roi de France ! (1) »

(1) *Études historiques*, tom. III, pag. 389.

Il y eut alors deux royautés bien distinctes, deux connétablies, deux chancelleries ; enfin, tous les corps de l'État furent doubles. Le retour vers l'unité devait amener la solution de ce triste problème : la France redeviendra-t-elle un royaume indépendant ou bien ne sera-t-elle plus qu'une province anglaise ?

Paris subit l'oppression de Londres pendant dix-sept ans. Le duc de Bedfort gouverna le royaume, au nom de Henri VI, en qualité de régent. Homme d'État habile et prévoyant, tous ses efforts ne tendirent qu'à rallier les classes moyennes à la faction bourguignonne. Suppression des impôts ; multiplication des priviléges accordés aux jurandes ; lettres de Bourgeoisie concédées aux manants ; droits d'acquérir et de conserver des fiefs-nobles, des arrière-fiefs et des francs-aleus, c'est-à-dire, jouissance pleine et entière du titre de noble et des immunités attachées à ce titre, enfin il mit tout en usage pour se créer un parti puissant dans le royaume, principalement à Paris ; mais la domination anglaise ne pouvait point prendre racine sur le territoire français. Le génie de la victoire passa providentiellement sous les drapeaux de la patrie ; et de nombreuses conspirations protestèrent contre le joug de l'étranger. Les peines capitales n'effrayèrent pas les nobles conjurés; car le véritable patriotisme, émanation de la foi, ne recule jamais devant le martyre..

Plein d'inquiétude pour l'avenir, le régent sacrifie tout au présent, et flatte sans cesse la puissance populaire. Au mois de février 1422, firent serment « tous ceulx de Paris : c'est assavoir bour-
» geois, mesnaigers, charretiers, bergers, vachers,
» porchers des abbayes et les chambrières, et les
» moines mêmes d'être bons et loyaulx au duc de
» Bedfort, frère de feu Henry, roi d'Angleterre, ré-
» gent de France, de lui obéir en tout et par tout,
» et de nuire de tout leur povair à Charles, qui se
» disoit roy de France, et à tous ses alliez ou com-
» plices. Les ungs de bon cœur le firent, les aultres
» de très malvese voulenté. »

Si l'on veut être édifié sur la condition matérielle des peuples qui prêtèrent serment, il suffit de lire le passage suivant, emprunté, comme celui qui précède, au *Bourgeois de Paris*, seul historien de cette époque :

« 1423. — La darraine semaine d'aoust vint le
» duc de Bourgogne à Paris à petit preu (profit)
» pour le peuple, car il avoit grant compaignie qui

» tout dégastoient aux villaiges d'entour Paris, et les
» Angloys aussi y estoient. En icellui temps le vin
» estoit très cher plus que long-temps n'avoit esté,
» et si y avoit tres pou raisin ès vignes, et encore
» ce pou desgastoient lesdits Angloys et Bourgui-
» gnons, comme eussent fait porcs, et n'estoit nul
» qui en osast parler ; ainsi estoit le peuple mal
» gouverné par la malle et convoîteuse voulenté des
» gros (qui) gouvernoient Paris, qui toujours es-
» toient avec les signeurs, et n'avoient nulle pitié
» du pauvre peuple qui tant avoit de pouvreté ; mais
» firent lesdits gouverneurs pour complaire aux si-
» gneurs, à ung lundy sixiesme jour de septembre
» après dîsner environ trois heures, créé la mon-
» noie que trois doubles ou niquets ne vauldroient
» que ung blanc qui devant valloient six tournois,
» et de ce advint qu'on ne pot celle journée, ne lan-
» demain, ne pain, ne vin à Paris pour son argent
» finer (avoir). »

Telle était la situation du peuple français alors que tout se faisait chez lui au nom de l'Anglais. Le duc de Bedfort commandait en maître dans le royaume subjugué ; appuyant son autorité sur l'armée anglo-bourguignonne, il exerçait une action d'autant plus formidable, que les princes du sang et les deux plus puissants vassaux de la couronne, les ducs de Bourgogne et de Bretagne, lui avaient juré foi et hommage comme à leur légitime souverain. L'Université, le Parlement et la Bourgeoisie de Paris agissaient également comme si les principes de nationalité se trouvaient à jamais effacés de la conscience universelle. Tout le poids des iniquités et des désastres retombait sur la tête d'Isabeau de Bavière, *pour ce qu'on disoit qu'elle estoit cause des grans maulx et douleurs quil pour lors estoient sur terre* : mais Jeanne d'Arc allait paraître. Nous l'avons déjà dit : une courtisane couronnée avait perdu la France, une vierge devait la sauver.

« En celui temps avoit une pucelle, comme on
» disoit, sur la rivière de la Loire, qui ce disoit
» prophète ; et disoit telle chose adviendra pour
» vray, et estoit contraire au régent de France et à
» ses aidants, et disoit-on que maugré tous ceulx
» qui tenoient le siége devant Orléans, elle entra
» en la cité à tant grant foison d'Arminaz et grant
» quantité de vivres, que oncques ceulx de l'ost
» ne s'en murent, et si les veoient passer à un trait
» ou deux d'arc près d'eulx, et si avoient si grant
» de vivres, que ung homme eust mangé pour trois

» blancs de pain à son disner, et plusieurs aultres
» choses de elle racontoient ceulx qui mieux ai-
» moient les Arminaz que les Bourguignons ne que
» le régent de France. Ils affirmoient que quand
» elle estoit bien petite, qu'elle gardoit les brebis,
» que les oyseaux des bois et des champs, quant
» elle les appeloit, ils venoient manger son pain
» dans son giron comme privez (1). »

La levée du siége d'Orléans, par Jeanne d'Arc, étonna le monde. Il semblait, en effet, que cette *pauvre bergerette* trouvât le roi de France trop petit pour ce qu'elle voulait faire, puisqu'elle essayait de restaurer la société française sans le concours de Charles VII. Tout en elle était extraordinaire et surnaturel; en arrivant à la cour qui se trouvait alors à Chinon, elle avait reconnu le roi malgré le déguisement dont il s'était affublé. — « Dieu vous doint (donne) bonne vie, gentil
» roy ! lui avait-elle dit. » — « Ce ne suis-je pas qui
» suis roy, répondit Charles. » — « Eh ! mon Dieu,
» gentil prince, ajouta Jeanne, c'estes vous, et
» non aultre. »

« C'estoit chose merveilleuse, dit un chroniquer
» contemporain, comme elle se comportoit et se

(1) *Journal d'un Bourgeois de Paris.*

» conduisoit en son faict, avec ce qu'elle disoit et
» rapportoit lui estre enchargée de la part de Dieu,
» et comme elle parloit grandement et notable-
» ment, veu qu'en aultres choses elle estoit la plus
» simple bergère qu'on veit oncques. »

Cependant on refuse de l'écouter avant qu'elle n'ait subi de sévères épreuves. On la conduit à Poitiers, siége provisoire du Parlement. Les magistrats et les docteurs de l'Université lui font subir divers interrogatoires. L'un d'entr'eux lui demande, en fort mauvais français, quel idiôme parlent les voix célestes qu'elle entend : — « Un » idiome meilleur que le vôtre, répond-elle vive- » ment. » — « Croyez-vous en Dieu? ajouta le même » docteur. » — « Mieux que vous, répliqua-t-elle. » Un autre examinateur lui fait observer que si Dieu voulait délivrer la France, il n'était pas besoin de gens d'armes. — « Ah! mon Dieu! répon- » dit Jeanne, les gens d'armes batailleront et Dieu » donnera la victoire. »

Les théologiens l'interrogent à leur tour ; Jeanne d'Arc les confond et leur impose silence : — « Je » ne sais ni *a* ni *b*, dit-elle, je viens de la part » du roy des cieux pour faire lever le siége d'Or- » léans et pour faire sacrer le roy à Rheims. »

Ces deux grandes époques de la carrière de Jeanne d'Arc sont accomplies. Passant, en un jour, de la vie pastorale à la vie militaire, elle a sauvé la patrie en donnant à la royauté la victoire humaine et la consécration divine, et en ouvrant à la civilisation, régénérée par la force morale des principes, une ère nouvelle d'affranchissement. Elle n'a donc plus rien à faire désormais, aussi veut-elle quitter la cuirasse et reprendre le fuseau; mais un roi ne renonce pas aisément à un appui tel que le sien. Charles VII l'ayant conjurée de rester à la tête de son armée, Jeanne d'Arc se résigne et obéit; cependant elle ne se considéra plus, à dater de ce jour, comme un instrument providentiel. — *Gentil roy,* dit-elle au prince, *ores est exécuté le plaisir de Dieu.*

Alors elle conduisit l'armée royale vers Paris. Plusieurs villes et villages se soumirent à son approche. Soissons, Laon, Crespy, Neufchâtel, Compiègne, La Ferté-Milon, Château-Thierry, Creil, Chantilly, Luzarches, Choisy, Lagny, Montmorency et Saint-Denis ouvrirent leurs portes; Jeanne d'Arc ne s'arrêta qu'au village de La Chapelle, sous les murs de Paris où le régent, *qui toujours enrichissoit son pays d'aucune chose de ce royaume, ny rapportoit riens que une taille quant y revenoit* (1).

« Les quarteniers, chascun en son endroit, com-
» mencèrent à fortifier Paris aux portes de boule-
» vars, ès maisons qui estoient sous les murs, re-
» drecer les fossez dehors la ville et dedens. Et en
» iceluy temps les Arminaz firent escrire lettres
» scellées du scel du comte d'Alençon, et les let-
» tres disoient : — *A vous, prévost de Paris et pré-
» vost des marchans et eschevins,* et les nommoient
» par leurs noms, et leur mandoient de salus par
» bel langaige (2). » Mais tous les corps constitués, le Parlement, l'Université, l'Échevinage et
la Bourgeoisie officielle étaient, presque entièrement dévoués, sinon au régent, du moins au duc
de Bourgogne. On avait chassé de Paris tous les
citoyens coupables de dévouement aux principes
de la nationalité française; aussi les chefs de la
faction, effrayés des progrès du vrai patriotisme,
persuadèrent-ils au peuple que les *Arminaz pille-
roient et saccageroient la ville s'ils y étoient reçus.*

Les bourgeois se joignirent donc aux Anglo-

---

(1) *Journal d'un Bourgeois de Paris sous le règne de Charles VII.*
(2) *Ibid.*

Bourguignons pour repousser Jeanne d'Arc, qui fut blessée sur les remparts; et l'armée royale s'en revint de l'autre côté de la Loire.

Ce succès de Bedfort marquait la première défaite de Jeanne. Cependant l'esprit national manifesté par de nombreuses conspirations, devenait de plus en plus hostile aux Anglais. Le régent se hâta d'appeler Henri VI à Paris. Le monarque fut reçu, aux portes de la ville, par les échevins qui d'abord portèrent le dais et le remirent ensuite aux chefs principaux des grandes corporations industrielles, aux drapiers, aux épiciers, aux changeurs, aux orfèvres, aux merciers, aux pelletiers et aux bouchers. En passant devant l'hôtel Saint-Pol, le roi d'Angleterre aperçut, à une fenêtre, son aïeule maternelle, Isabeau de Bavière, et la salua en ôtant son chaperon. Isabeau s'inclina profondément; mais elle ne put retenir ses larmes. La conscience humaine a des tortures pour tous les coupables.

Bedfort espérait éblouir les Parisiens par l'éclat des fêtes. Il fit sacrer et couronner Henri VI dans l'église Notre-Dame (27 novembre 1431), et donna, ce jour-là, un festin somptueux dans la grande salle du Palais, où prirent place les prélats, les

seigneurs, et les corps constitués. « Mais l'ordre
» fut si mal donné, dit Sauval, que la popu-
» lace vint se placer aux tables destinées pour le
» Parlement, la Ville et l'Université, si bien qu'il
» leur fallut manger avec des savetiers, des ma-
» nœuvres et autres canailles, et, quoi qu'on pût
» faire, on n'en chassa qu'une petite partie. D'ail-
» leurs, on fit une si mauvaise chère, que les vian-
» des qui furent servies, étaient cuites depuis trois
» jours, ou guère moins; aussi chacun s'en plai-
» gnit, jusqu'aux malades de l'Hôtel-Dieu, qui di-
» soient que *oncques si pauvre ne si nud relief de*
» *tout bien ils ne virent* (1). »

Le mécontentement fut si général que, le 21 décembre, Henri VI vint au Parlement, avec un nombreux cortége, croyant nécessaire de faire prêter, à tous les conseillers, le serment suivant :

— « Vous jurez et promettez que à nostre sou-
» verain seigneur Henri, par la grace de Dieu roy
» de France et d'Angleterre, ci-présent vous obeirez
» diligemment et loyalement, et serez des loyaux
» officiers et vrais sujets et de ses hoirs perpétuel-
» lement, comme vray roy de France, et que jamais
» à nul autre roy de France n'obeirez ou favorise-

(1) Tom. II, pag. 645.

»rez. *Item,* que vous serez en aide, conseil ou
» consentement que nostre dit souverain seigneur,
» ne ses hoirs roys de France et d'Angleterre, per-
» dent la vie ou membre, ou soient pris de mau-
» vaise prise, ou qu'ils souffrent dommage ou di-
» minution en leurs personnes, de leurs estats,
» seigneuries ou biens quelconques ; mais si vous
» saviez ou connoissiez aucune chose estre faite,
» pour pensée ou machinée qui leur pust porter
» dommage ou préjudice, ou à leurs adversaires
» profit, aide ou confort, ne faveur, comme qui
» ce soit, vous l'empêcherez en tant que vous
» pourrez et saurez, et par vous-mesmes, par mes-
» sages ou lettres le ferez savoir auxdits roys ou à
» leurs principaux officiers, ou autres leurs gens et
» bienveillants auxquels pourrez avoir accès, tout
» le plus tôt qu'il vous sera possible, sans dissimu-
» lation aucune ; et entendrez et vous employerez
» tous vos pouvoirs, à la garde, tuition et défense
» de sa bonne ville de Paris (1). »

Six jours après, Henri VI proclamait, en faveur
de la Bourgeoisie, une ordonnance conçue en ces
termes :

« Ces priviléges sont accordés au prévôt des

(1) Félibien, tom. II, pag. 816.

» marchands, échevins, bourgeois, manants et
» habitants de la ville de Paris qui y auroient
» maisons, ou qui y auroient demeuré un an et
» un jour, et auroient pris des lettres de Bour-
» geoisie. Premièrement ils seront payés préféra-
» blement de toutes rentes qui leur seront dues
» par personnes dont les biens auront été ou se-
» ront confisqués en France, pourvu que ce ne soit
» pas pour crime de lèse-majesté. Le même cas de
» lèse-majesté excepté, quand les biens d'un homme
» marié seront confisqués pour le roi, la moitié
» des meubles et acquests communs entre l'homme
» et la femme demeureront à la femme. Il leur est
« permis de procéder par voie d'arrêt sur les biens de
» leurs débiteurs forains et des débiteurs de leurs
» débiteurs, et même d'arrêter les personnes de leurs
» principaux débiteurs; ils peuvent acquérir et te-
» nir fiefs-nobles, arrière-fiefs et francs-alleux par
» tout le royaume ; ils seront tenus et reputés pour
» nobles, et jouiront, quant à ce, de tous priviléges
» et prérogatives de noblesse, à l'exception du bail
» de leurs parents mineurs en ligne collatérale qu'ils
» ne pourront avoir ; mais ils auront la garde de
» leur enfants et descendants mineurs en ligne
» directe, feront inventaire de leurs meubles, joui-

» ront des fruits de leurs héritages, et auront soin
» de nourrir et entretenir leurs mineurs, jusqu'à ce
» qu'ils aient vingt ans ou qu'ils soient mariés ; au-
» quel cas ils seront reputés majeurs. Il ne sera fait
» aucune prise sur les denrées et marchandises qui
» seront amenées à Paris ou dans la banlieue, tant
» par eau que par terre, depuis le lieu où on aura
» pris et chargé les marchandises ; et le roi prend
» en sa protection et sauvegarde tous les marchands
» et les voituriers. Il y prend de même tous les mar-
» chands et leurs valets qui amèneront à Paris du
» bétail *à pied fourchu* pour y être vendu, sans qu'il
» puisse être pris par qui que ce soit, pourvu que ceux
» qui l'amèneront déclarent qu'ils le conduisent à
» Paris ; et s'ils le vendent ailleurs, il sera confis-
» qué pour le roi ; et les procès qui surviendront à
» l'occasion de la prise de ce bétail seront jugés par
» le prévôt de Paris. Au même prévôt appartiendra
» la connaissance de tous les débats qui naîtront à
» cause ou par le moyen des lettres scellées du
» sceau du Châtelet. Par privilége, le prévôt des
» marchands et les échevins useront du sceau de la
» Prévôté des marchands, lequel aura cours dans
» le royaume, suivant l'ancienne coutume. Tous
» ceux à qui les bourgeois de Paris, marchands, hô-

» telliers et autres, auront prêté ou prêteront de
» bonne foi leurs denrées, marchandises ou autres
» biens, et auront donné leurs cédules, seront te-
» nus, de venir répondre dans la ville de Paris à
» leurs créanciers bourgeois de cette ville, par de-
» vant le prévôt de Paris, nonobstant tous privilé-
» ges contraires obtenus ou à obtenir. Enfin tous
» les autres priviléges anciens, dont la ville a joui,
» lui sont confirmés pour continuer d'en jouir, en
» général et en particulier (1). »

Le gouvernement anglais, installé au centre de la France après tant de catastrophes sociales, avait reconnu son extrême faiblesse ; et il tâchait de raffermir sa puissance, en demandant secours aux influences bourgeoises et populaires. Mais toutes les concessions qu'on faisait à la société démocratique étaient accueillies sans enthousiasme. La surabondance d'énergie révolutionnaire, caractère général de l'époque précédente, avait disparu, depuis que les bourgeois de Paris étaient aux prises avec les angoisses de la vie expiatoire. Indifférents désormais à leur avenir politique, ils en laissaient le soin au hasard, cette divinité de l'homme qui abdique l'exercice de son libre arbitre et de sa

(1) Félibien, *Hist. de Paris*, t. II, pag. 817.

conscience. Les famines et les pestes, dont le règne coïncidait avec celui de l'Anglais, avaient communiqué au corps social des sensations tellement dou-douloureuses, qu'elles remuaient dans les esprits un fonds de souvenirs, de réflexions et de regrets. Il est encore impossible de contempler sans douleur une société en proie à de telles défaillances. Lorsqu'on étudie ces époques exceptionnelles, on comprend que l'humanité puisse vivre seulement parce qu'elle peut lutter et souffrir.

Elle souffre, elle lutte, en effet, tandis que les événements se multiplient. Le mécontentement du peuple éclate malgré toutes les concessions qu'on lui a faites. Il semble reconnaître que le bien-être matériel est impossible à réaliser par une législation dictée au nom de l'ennemi, et que d'ailleurs il ne constitue pas uniquement l'état normal de la civilisation. Le matérialisme politique avait donc moralement fini son temps; et avec lui, l'usurpation anglaise que trois siècles de victoires ne pouvaient légitimer. Vainement Henri VI, en passant à Rouen, avait-il signé la sentence de mort qui condamnait Jeanne d'Arc à être brûlée comme *sorcière, apostate, relapse, idolâtre, hérétique.* Le génie de la France ne devait pas mourir sur ce bûcher funèbre ; mais Isabeau de Bavière, mais le duc de Bedfort, mais tout ce qui servait de soutien au trône de l'étranger devait s'écrouler sous les coups de la défection ou du remords.

Déjà la reine de France et le régent n'existent plus ; déjà le duc de Bourgogne fait sa paix avec Charles VII : Corbeil, Pontoise, Lagny, Meulan, Poissy et Saint-Denis ouvrent leurs portes aux troupes nationales. A Paris, des clameurs populaires grondent autour du palais ; le Parlement délibère, le prévôt des marchands, les échevins, les membres du conseil du roi et des diverses compagnies judiciaires délibèrent aussi ; et les corporations industrielles sont convoquées. Tous les Parisiens sans exception, nobles, prêtres, religieux, bourgeois et manants, sont contraints de jurer les articles du traité de Troyes. Ceux qui refusent de prêter ce serment, sortent de Paris avec leurs femmes et leurs enfants ; les autres prennent les armes et portent une croix rouge sur la poitrine ; mais on ne voit au milieu d'eux aucune de ces hautes individualités qui suffisent à sauver tout un peuple.

Cependant, malgré leur serment, les chefs de la Bourgeoisie sont loin d'être favorables à Henri VI. Ils lui contestent d'abord ses droits au gouvernement ;

en attendant qu'ils puissent détruire son pouvoir odieux au milieu des transports suscités par une restauration nationale. Michau de Lallier, prévôt des marchands, Jean la Fontaine, Pierre de Lancras, Thomas Bicache, Nicolas de Louviers et Jacques de Bergières, après avoir obtenu d'Arthur de Bretagne, connétable de France, une amnistie générale de tout le passé, et la conservation des priviléges populaires, s'engagent à l'introduire dans la capitale. Au point du jour, le 13 avril 1436, on harangue le peuple; et quelques groupes, grossis en un instant, donnent naissance à la plus sainte, et à la plus légitime insurrection qui fut jamais. Le connétable de Richemont et Dunois entrent dans Paris avec deux mille lances. L'Isle-Adam, celui qui avait perdu la capitale en introduisant la bannière des Anglais sous les pas de Perrinet-Leclerc, plante aujourd'hui la bannière de France sur les murailles, en s'écriant : — « *Ville gaignée!* Les Anglais se lèvent et menacent encore : — *Saint-Georges!* s'écrient-ils, *Saint-Georges! traîtres de François, vous êtes tous morts!* Quelques coups de canon les mettent en fuite et la France est ressuscitée!

« Tantost après, dit le journal d'un Bourgeois, » vindrent parmy Paris le connestable devant dit,

» et les aultres signeurs aussi doulcement, comme
» se toutte leur vie ne se feussent point meus hors
» de Paris, qui estoit ung bien grant miracle, car
» deux heures devant qu'ils entrassent leur inten-
» cion estoit et à ceulx de leur compaignie de piller
» Paris, et de mettre tous ceulx qui les contredi-
» roient à mort, et par le recors d'eulx bien cent
» charretiers, et plus qui venoient après l'ost, ad-
» menoient blés et autres vitailles, disant on pillera
» Paris, et quand nous aurons vendu nostre vittaille
» à ces vilains de Paris, nous chargerons nos char-
» rettes du pillage de Paris, et remporterons or et
» argent, et messages, dont nous serons tous riches
» touttes nos vies ; mais les gens de Paris, aulcuns
» bons chrestiens et chrestiennes se mirent dans
» les églises, et appeloient la glorieuse vierge Marie
» et monsieur saint Denis qui apporta la foy en
» France qu'ils voulsissent de prier à Nostre-Sei-
» gneur qu'il ostat toutte la fureur devant nommez
» et de leur compaignie, et vrayment fust apparant
» que monsieur saint Denis avoit été advocat de la
» cité, par devers la glorieuse vierge Marie, et la
» glorieuse vierge Marie par devers Nostre-Sei-
» gneur Jesus-Christ ; car quant ils furent entrer
» dedens, et qu'ils virent qu'on avoit rompu à

» force la porte Saint-Jacques, pour leur donner
» entrée, ils furent si meus de pitié et de joie,
» qu'ils ne se porent oncques tenir de larmoyer, et
» disoit le connestable aussitost qu'il se veit dedens
» la ville aux bons habitants de Paris, mes bons
» amys, le bon roy Charles vous remercie cent
» mille fois, et moy de par luy, de ce que si doul-
» cement vous lui avez rendu sa maistresse cité de
» son royaulme, et s'acun (si aucun) de quelque
» estat qu'il soit a mesprins par devers monsieur
» le roy, soit absent ou aultrement, lui est tout
» pardonné, et tantost sans descendre fit crier à
» son de trompe que nul ne fust si hardy sur peine
» d'estre pendu par la gorge de soy loger en l'ostel
» des bourgeois, ne demesnaiger oultre sa volonté,
» ne de reproucher, ne de faire quelque desplaisir,
» ou piller personne de quelque estat, non s'il n'es-
» toit natif d'Angleterre et souldoyer, dont les
» peuples de Paris le print en si grant amour, que
» avant qu'il fust landemain n'y avoit celui qui
» n'eust mis son corps et sa chevance pour des-
» truire les Angloys (1). »

Le jour d'après, Arthur de Bretagne voulait en-

(1) *Journal d'un Bourgeois de Paris sous le règne de Charles VII.*

treprendre le siége de la Bastille, où un corps de troupes anglaises s'était réfugié; mais les bourgeois lui dirent : — « Monseigneur, s'ils se veulent » rendre, ne les refusez pas. Ce vous est belle chose » d'avoir recouvré Paris : maints connestables et » maints mareschaulx ont esté autresfois chasser » de Paris; prenez en gré ce que Dieu vous a » donné (1). » Arthur de Bretagne renonça à son projet et « tous ceux se boutèrent en la porte Sainct-» Anthoine, quand ils se virent enfermez là-dedens, » si parlerent au connestable, et finerent (*obtinrent*) » avec par finance qu'ils s'en iroient sains et saufx » par sauf-conduit... et pour certain oncques gens » ne furent autant mocquez ne huyez (*hués*) comme » ils furent, spécialement le chancelier, le lieute-» nant du prévost, le maistre des Bouchers, et » tous ceulx qui avaient été coupables de l'oppres-» sion qu'on faisoit au pouvre commun; car en vé-» rité oncques les Juifs qui furent menez en Caldée, » en Chetivoison (*captivité*), ne furent pis menez » que le pouvre peuple de Paris (2). »

(1) *Histoire d'Artus III, duc de Bretagne, comte de Richemont, et connestable de France, contenant ses mémorables faicts, depuis l'an* 1413, *jusques à l'an* 1457, *mise en lumière par* Th. Godefroy.
(2) *Journal d'un Bourgeois de Paris.*

Nous avons cité longuement les chroniqueurs de l'époque, parce qu'on trouve, dans leurs écrits, la physionomie des mœurs, le génie réel du siècle, et l'expression des souffrances profondes de cette humanité. Un seul jour suffit pour opérer la réconciliation de tous les partis, guérir toutes les plaies du corps social, et ramener le bien-être universel, que l'on dut à la restauration nationale de la monarchie! Les perturbateurs et les révolutionnaires, qui étaient sortis de la ville avec les Anglais; les Écorcheurs, les Cabochiens, les Bouchers, Saint-Yon lui-même, leur chef sanguinaire, et les vils restes de la génération politique de Jean-sans-Peur qui s'était épuisée à produire des discordes, rentrèrent dans Paris ; « tout leur fut pardonné très-» doulcement, sans reproche et sans mal mettre eux » ni leurs biens : » loin d'être mis hors la loi, ils furent condamnés à mourir dans l'impuissance, au milieu de l'ordre public.

Quelques mois plus tard, *le quatrième jour de novembre,* Charles VII, vainqueur des Anglais, entrait solennellement, dans sa capitale, avec toute sa cour. « Ceulx de Paris vindrent au devant du roy » jusques à la Chapelle-Saint-Denis. » Le prévôt des marchands et les échevins lui présentèrent les clés

de la ville; on distinguait dans le cortége « grant
» foison de notables bourgeois de la dicte ville de
» Paris qui estoient en grands et riches habille-
» mens; et pareillement l'évesque de Paris accom-
» pagné grandement des gens d'église de la dicte
» cité; après vint le grand président de Parlement,
» et avecques luy tous les seigneurs de Parlement.
» Et après vindrent les recteur, docteurs et mais-
» tres en théologie, et plusieurs autres étudians et
» clercs de l'Université de Paris et la Chambre des
» comptes et grant foison du peuple. »

Le recteur de l'Université harangua Charles VII
devant le parvis Notre-Dame; l'évêque de Paris
lui fit jurer qu'il « tiendroit loyaument tout ce que
» bon roy faire devoit, et le lendemain ceulx de
» Paris, du Parlement et de l'Université luy vindrent
» présenter plusieurs requestes, lesquelles il oc-
» troya benignement. On lui fist aussi grande fête,
» comme on pouvait faire à un Dieu (1). »

Nous sommes déjà loin de cette civilisation dis-
solvante qui niait toute législation politique et
sociale; qui anéantissait le droit de propriété, base
immuable de la sociabilité humaine, et qui ne reconnaissait enfin d'autre légitimité que celle de la

(1) Alain Chartier, *Chronique de Charles VII*.

force brutale et des lances anglaises. La France ne ressemble plus, comme disait Alain Chartier, à la maison d'un prodigue, *sacrifiant l'avenir au présent, tout y étant au pillage* (1). L'anarchie des esprits et l'anarchie des mœurs sont mortes à la fois le jour où les véritables idées nationales ont pu ressusciter; et l'humanité, naguère en proie aux plus douloureuses épreuves, se relève forte, vigoureuse, perfectible et perfectionnée, car elle obéit aux lois générales qui régissent l'ordre dans l'univers.

Mais les hommes de *haults siéges* qui ont excité dans Paris tant de « folles esmeutes parmy les me-»nus populaires » pourront-ils oublier « qu'ils sont »les livres du peuple et que c'est en eulx qu'il »prend enseignement de vie? » N'y aura-t-il plus de « ces nourrisseurs de mal qui rendent honneur »aux estats usurpés et aux richesses rapinées? (2)» Pour répondre à ces questions d'Alain Chartier, il suffisait d'étudier la situation de la société. Tous les partis étaient éteints: mais la noblesse de France présidait elle-même à une restauration conquérante. Chaque jour l'armée nationale, conduite

(1) *Le quadrilogue invectif.*
(2) Alain Chartier, *Livre des Trois Vertus.*

par le connétable, par Dunois, par La Hire, par Xaintrailles, par La Trémouille, par Fontenay, par le comte de Saint-Pol, par le comte de Nevers, par le comte de Clermont, par Juvénal des Ursins que la Prévôté des marchands avait anobli, brisait les portes d'une ville rebelle; et tous ces succès étaient obtenus malgré l'épuisement complet des finances. En effet, les impositions ne se percevaient qu'avec une extrême difficulté; la détresse était si grande, que les conseillers du Parlement ne pouvaient pas souvent acheter le parchemin où ils devaient écrire leurs arrêts.

En présence de tant de misères, bien des gens désespéraient de la fortune de la France. Fallait-il renoncer à la libération du territoire?

C'était là peut-être la pensée de Charles VII, qu'on appelait encore *le petit roi de Bourges,* avant que le fils d'un orfèvre de cette ville et qu'une villageoise, Jacques et Jeanne d'Arc vinssent à lui. Jacques Cœur, de simple employé dans les monnaies, était devenu, en peu d'années, le négociant le plus riche et le plus considérable de toute l'Europe ; Jeanne d'Arc ne possédait plus rien depuis qu'elle avait quitté son troupeau; mais elle avait une épée, celle de Charlemagne ! Les nombreux vaisseaux de

Jacques Cœur parcouraient les mers, traversaient l'Égypte, stationnaient sur les rives lointaines et revenaient, dans les bassins de l'Océan et de la Méditerranée, déposer toutes les richesses du monde. Le génie de cet homme pour l'exploitation des grandes affaires était si prodigieux, que plus de deux cents facteurs suffisaient à peine à l'entretien de son commerce. Jeanne d'Arc, au contraire, n'avait de relations qu'avec « une voix et grande » lumière et sainct Michiel, *lui apparaissant* soubs » la forme d'un ange très vray et n'estant pas seul, » mais bien accompagné de angels du ciel. » Le soudan d'Égypte et autres princes mahométans avaient recherché l'amitié de Jacques Cœur, et cet homme extraordinaire pouvait seul combler le vide qui existait dans les coffres de l'État; tandis que la même voix, la même lumière, le même ange visitaient souvent Jeanne d'Arc, « luy disant la pitié » qui estoit au royaulme de France; qu'il falloit » qu'elle allast devers le gentil roy; que saincte Ka- » therine et saincte Marguerite viendroient à elle; » qu'elle fist par leur conseil, car estoient ordonnées » de Dieu pour la conduire et conseiller. » De sorte que si Jacques Cœur pouvait offrir à Charles VII, le monarque le plus pauvre et le plus faible du monde, toutes les richesses humaines, Jeanne d'Arc pouvait dire à ce prince indolent et le moins confiant dans la destinée : « Maintenez-vous bien ; » il y a au livre de Dieu des choses qui ne se trou-» vent point aux livres des hommes. »

Que représentaient donc Jeanne d'Arc et Jacques Cœur?... La foi, la nationalité, l'aspiration vers un avenir de bien-être moral, politique et industriel ; car le génie commercial et le patriotisme s'étaient incarnés dans ces deux grandes et mystérieuses personnalités, révélations vivantes de tout ce qui manquait à la France.

Nous l'avons dit : Jeanne d'Arc devient généralissime des armées nationales; les Anglais perdent soudain leurs forces lorsqu'ils entendent seulement retentir le nom de la Pucelle ou lorsqu'ils aperçoivent son étendard (1). Jacques Cœur, négociant et homme d'État, tour-à-tour maître des monnaies de Bourges, maître des monnaies de Paris, argentier du roi et ambassadeur, réforme le système monétaire, établit une juste répartition des impôts dans tout le royaume, crée une marine française, donne au commerce les relations les plus

(1) Anulgard, *De rebus gestis Caroli VII, Francorum regis, historiarum libri V.*

vastes, et traite à lui seul plus d'affaires que tous les marchands de l'Europe.

Rien ne manqua à Jeanne d'Arc ni à Jacques Cœur, pas même le solennel baptême du malheur, cette consécration que Dieu semble n'accorder qu'aux plus hautes destinées humaines. Blessée à deux reprises différentes durant l'assaut qui fut livré à Compiègne, le 24 mai 1430, Lionel a la triste gloire de faire Jeanne d'Arc prisonnière. Un tribunal s'organise pour la juger; un prêtre, Pierre Cauchon, évêque de Beauvais, Français et ministre de paix, se fait l'instrument des vengeances anglaises; il préside à Rouen le tribunal qui doit condamner la Pucelle, déclarée coupable d'avoir voulu sauver la France! et Charles VII reste auprès d'Agnès Sorel; et l'armée royale ne vient point la secourir; et des feux de joie sont allumés à Paris pendant que l'on prépare à Rouen le bûcher funèbre où doit mourir la captive.

Jeanne d'Arc grandit encore dans les tortures. Pierre Cauchon lui fait subir l'interrogatoire suivant, où elle révéla toute la blancheur de son âme :

« — Dictes-vous point aux gens d'armes du roy
» que les pannonceaux qui estoient en la semblance

» de votre estandart seroient heureux? — Je leur
» disois aucunes fois, répond Jeanne : Entrez har-
» diement parmy les Anglois ; et j'y entrois moi-
» même. Adonc, portois mon estandart pour ne
» occire, car je n'ay jamais tué personne.

» — Qui aidoit plus, vous à l'estandart, ou l'es-
» tandart à vous? — De la victoire de l'estandart
» ou de moy, c'est à Nostre-Seigneur, tout.

» — L'espoir de la victoire estoit-elle fondée en
» vostre estandart ou en vous? — Elle estoit fondée
» en Nostre-Seigneur, et non ailleurs.

» — Pourquoy vostre estandart fust-il plus porté
» en l'église de Rheims, au sacre, que ceulx des
» aultres cappitaines? — Il avoit esté à la peine,
» c'estoit bien raison qu'il fust à l'honneur. »

L'arrêt de mort étant prononcé, Jeanne d'Arc fut conduite au bûcher que les habitants de Rouen virent s'allumer sur la place du Vieux-Marché. *Elle y monta,* s'écrie l'illustre poète qui a vengé sa mémoire :

> Elle y monta... sa cendre au fleuve fut jetée,
> Et trois siècles après Voltaire l'a chantée! (1)

Tel fut le sort de Jeanne d'Arc; celui de Jacques Cœur ne devait pas être meilleur. La fortune de

(1) Alexandre Soumet, *Jeanne d'Arc, trilogie nationale.*

cet homme était prodigieuse; premier conseiller de Charles VII, comme Jeanne d'Arc en avait été le premier capitaine, il possédait les seigneuries de Lamotte, de Boissy, de Saint-Aon, de Roanne, de Menetan-Salon, de Marmaigne, de Maubranche, de Barlieue-en-Berry, de Saint-Fargeau, de Lavau, de Lecoudrai, de Champiguelles, de Messeraie, de Fontenouille et autres lieux; les baronnies de Touci et de Péreuse, qui renfermaient près de trente paroisses; des maisons richement ornées à Bourges, à Sancerre, à Saint-Pourçain, à Lyon, à Montpellier, à Béziers et en d'autres villes; enfin, deux hôtels à Paris, l'un situé à la place actuelle du Palais-Royal, et l'autre que l'on voit encore dans la rue de l'*Homme-Armé,* demeures splendides qui provoquaient à la fois, et l'envie des grands, et l'admiration du peuple.

Charles VII avait accordé à Jacques Cœur, outre l'évêché de Luçon et l'archevêché de Bourges donnés à ses deux frères, des lettres de noblesse ordinairement octroyées aux familles illustrées dans les fonctions judiciaires, administratives et municipales; mais Jacques Cœur avait prêté au roi quatre cent mille écus d'or pour libérer la Normandie toujours occupée par les Anglais. Le succès de nos armes ayant été complet, Charles VII, en entrant à Rouen, voulut que son argentier eût la première place dans son cortége; le roi ni le ministre ne craignaient point de se heurter contre les fagots qui avaient brûlé Jeanne d'Arc.

Coïncidence remarquable! C'est dans Rouen même, à deux pas de la place du Vieux-Marché, que se forma contre Jacques Cœur, la coalition aristocratique qui entraîna sa ruine. L'homme qui avait su résister pendant vingt ans à la haine des Génois, des Vénitiens et de toutes les principautés italiennes, dont il anéantissait le commerce en le concentrant dans sa main, ne put résister à une misérable intrigue de cour. Agnès Sorel venait de mourir subitement; les ennemis de Jacques Cœur dirent que cette mort était un crime, et l'en accusèrent. Il s'était rencontré des juges pour condamner Jeanne d'Arc comme sorcière; il s'en trouva aussi pour déclarer coupable, non d'un lâche empoisonnement, mais de *concussion, d'exaction, de transport d'argent hors du royaume, de billonnement de monnaie, de fabrication de faux sceaux et de vendition d'armes aux Sarrasins* (1), le bourgeois qui avait ouvert à la mi-

(1) Mezerai, tome VI, pag. 369.

sère publique toutes les grandes sources de la fortune.

Jacques Cœur aurait porté sa tête aux piliers des Halles sans l'intervention du pape qui fit commuer la peine capitale en une amende extraordinaire, ainsi répartie : trois cent mille écus d'or pour le roi, et cent mille écus d'or pour le peuple. Or, l'écu valait 70 1/2 au marc; le marc valait 97 livres, 15 sols ; la totalité de l'amende représentait donc une somme de 4,537,500 livres.

On le voit : si Jacques Cœur ne partagea pas entièrement le destin de Jeanne d'Arc, ses malheurs furent aussi éclatants que ses prospérités. Transporté à Poitiers cinq jours après sa condamnation, l'évêque de cette ville le revendiqua, parce qu'il était *clerc solu,* et le commerçant qui avait marché l'égal du connétable de France, fit amende honorable, une torche au poing, sans ceinture et sans chaperon; c'est ainsi que se transfigure, pour l'histoire, comme Jeanne d'Arc sur son bûcher funèbre, ce héros de la Bourgeoisie.

Coupables, l'un et l'autre, d'avoir sauvé la patrie, leur double supplice reste comme une tache ineffaçable sur le front de la royauté, qui ne songea pas même à les sauver ! Tant d'ingratitude ne porta pas bonheur à Charles VII, car il eut à lutter avec des douleurs d'autant plus grandes, qu'il souffrit dans sa propre famille en expiation des calamités publiques auxquelles ils ne sut pas remédier.

Assis sur un trône restauré par l'Aristocratie et par la Bourgeoisie, à la suite d'une noble alliance entre ces deux classes rivales, au lieu d'effacer, dans l'État, toutes les traces de leurs anciennes divisions, ce prince, favorisant une réaction féodale, devint un obstacle au développement régulier des institutions qui tendaient à l'unité. La monarchie, en suivant le penchant irrésistible des choses, pouvait, à l'aide des armées permanentes, fortifier son influence morale et garantir les destinées matérielles des classes populaires ; mais Charles VII n'employa son sceptre qu'à effaroucher la liberté dans la conscience des Bourgeois et qu'à protéger, en quelque sorte, la tyrannie des hauts-barons. Le but suprême de la royauté française se trouvait étrangement compromis, parce que le monarque subissait les événements, et ne les dirigeait pas.

Sous ce rapport, Charles VII, mauvais père envers son peuple, mérita bien ce mauvais fils qui s'appela Louis XI et qui raviva la monarchie, ou mieux, le principe gouvernemental, *sur le cadavre palpitant de la féodalité,* selon l'expression de Châteaubriand.

La royauté absolue paraît. Elle trouve les éléments de sa force dans les désordres révolutionnaires du passé, qu'elle veut faire oublier, et dans les tendances de l'esprit moderne qui doit modifier l'existence intellectuelle et physique de l'humanité. Le Moyen-Âge est à son couchant, et la Renaissance à son aurore. La liberté politique diminue en fait; mais la pensée publique se développe avec l'entendement humain; et la Bourgeoisie, conduite par le despotisme, va prendre possession du monde nouveau pour y consacrer son indépendance morale.

FIN DU PREMIER VOLUME.

DE LA GRANDEUR POSSIBLE DE LA FRANCE, faisant suite à la Décadence de la France, par M. RAUDOT, membre de l'Assemblée nationale. 1 vol. in-8.. 5 fr.

Du même auteur : De la Décadence de la France. 4ᵉ édition. in-8. 2 fr. 50 c. — La France avant la révolution. 2ᵉ édition. 1 vol. in-8. 5 fr.

DES MOYENS D'ACQUÉRIR LE DOMAINE INTERNATIONAL, ou propriété d'état entre les nations d'après le droit des gens public, comparés aux moyens d'acquérir la propriété entre particuliers, d'après le droit privé; et suivis de l'examen des principes de l'équilibre politique, par M. E. ORTOLAN. 1 v. gr. in-8. 4 fr.

HISTOIRE GÉNÉRALE DES TRAITÉS DE PAIX et autres transactions principales entre toutes les puissances de l'Europe, depuis la paix de Westphalie jusqu'à nos jours, par le comte de GARDEN, ancien ministre plénipotentiaire. Environ 20 vol. in-8 à.. 7 fr. 50 c.

Cet ouvrage est le manuel indispensable de tous ceux qui se destinent à la diplomatie ou aux affaires publiques; on l'a déjà surnommé le Bréviaire des hommes d'État, des diplomates et agents politiques et consulaires. Il s'adresse aussi aux membres des assemblées et états, auxquels il est de toute nécessité pour les discussions sur les affaires étrangères; le barreau et la magistrature devront également l'avoir toujours sous la main pour les questions épineuses du droit international. Enfin les classes éclairées de la société pourront avec son secours suivre dans les journaux et comprendre plus aisément le mouvement des affaires européennes.

HISTOIRE DES ÉTATS ITALIENS depuis le congrès de Vienne jusqu'en 1850, par le vicomte de BEAUMONT-VASSY. 1 vol. in-8.................. 7 fr. 50 c.

Cet ouvrage fait partie de l'histoire des États européens depuis le congrès de Vienne, dont les volumes suivants sont en vente : Belgique et Hollande. 1 vol. — Suède et Norvège, Danemark et Prusse. 1 vol. — Grande-Bretagne. 2 vol.

Du même auteur : Les Suédois depuis Charles XII jusqu'à Oscar Iᵉʳ. 1 vol. in-18. 3 fr. 50 c. — Swedenborg ou Stockholm en 1756. 1 vol. in-8. 7 fr. 50 c.

COUP D'ŒIL HISTORIQUE SUR LE RÈGNE DE LOUIS XVI, par le comte de TOCQUEVILLE. 1 vol. in-8.................... 7 fr. 50 c.

Pour faire suite à l'Histoire philosophique du règne de Louis XV. 2ᵉ édition. 2 vol. in-8. 15 fr.

LES PRINCES MILITAIRES DE LA MAISON DE FRANCE depuis Robert le Fort jusqu'à la révolution française, par A. RENÉE, continuateur de l'Histoire de Sismondi. 1 beau vol. grand in-8............ 15 fr.

DE L'ÉTAT MORAL, POLITIQUE ET LITTÉRAIRE DE L'ALLEMAGNE, par M. MATTER. 2 vol. in-8. 10 fr.

Du même : Lettres et Pièces rares ou inédites du IVᵉ au XVIIIᵉ siècle. 1 vol. in-8. 5 fr.

L'IMPROVISATORE ou la vie en Italie, par ANDERSEN, traduit du danois. 2 vol. in-18 jésus.......... 7 fr.

DEVOIRS ET CONDITION SOCIALE DES FEMMES DANS LE MARIAGE, traduit de l'anglais de Mᵐᵉ ELLIS. 1 vol. in-18 jésus................... 3 fr. 50 c.

LES CONTES DE DICKENS, traduits de l'anglais et précédés d'une notice, par M. AMÉDÉE PICHOT. 3 vol. in-18 jésus..................... 7 fr.

EOTHEN, souvenirs d'un voyage en Orient, traduit de l'anglais de la 5ᵉ édition. 1 vol. in-8...... 5 fr.

LA GUERRE DES PAYSANS, par ALEXANDRE WEILL. 1 vol. in-18 jésus.................. 3 fr. 50 c.

CLARISSE HARLOWE, par J. JANIN. 2 vol. in-18. 7 fr.

Du même auteur : Le Gâteau des Rois, in-18. 1 fr. Pline le jeune et Quintilien. 1 vol. in-8. 5 fr.

MES LOISIRS, par Mᵐᵉ de MONTARAN. 1 vol. in-8. 15 fr.

DES ALLEMANDS par un Français. In-8......... 4 fr.

LES QUATRE PREMIERS SIÈCLES DE L'ÉGLISE CHRÉTIENNE, par M. CAPEFIGUE, 4 vol. in-8. 20 fr.

Du même auteur : La Société et les Gouvernements de l'Europe depuis la chute de Louis-Philippe jusqu'à la Présidence. 4 vol. in-8. 20 fr. — La Présidence du Conseil de M. Guizot. 1 vol. in-8. 5 fr. — François Iᵉʳ et la Renaissance. 4 vol. in-8. 20 fr. — Les Diplomates et Hommes d'État européens. 4 vol. in-8. 30 fr.

ÉTUDES SUR LA LITTÉRATURE ET LES MŒURS DES ANGLO-AMÉRICAINS au XIXᵉ siècle, par M. PHILARÈTE CHASLES, professeur au Collège de France. 1 vol. in-18 jésus.............. 3 fr. 50 c.

Du même auteur : Études sur l'Antiquité. 1 vol. 3 fr. 50 c. — Études sur le Moyen Âge. 1 vol. 3 fr. 50 c. — Études sur le XVIᵉ siècle en France. 1 vol. 3 fr. 50 c. — Études sur l'Espagne. 1 vol. 3 fr. 50 c. — Études sur la Révolution d'Angleterre au XVIIᵉ siècle (Cromwell). 1 vol. 3 fr. 50 c. — Études sur le XVIIIᵉ siècle en Angleterre. 2 vol. 7 fr. — Études sur les hommes et les mœurs au XIXᵉ siècle. 1 vol. 3 fr. 50 c. — Études sur la littérature et les mœurs de l'Angleterre au XIXᵉ siècle. 1 vol. 3 fr. 50 c.

ÉTUDES DIPLOMATIQUES ET LITTÉRAIRES, par le comte ALEXIS DE SAINT-PRIEST, de l'Académie française. 2 vol. in-8................. 10 fr.

Du même auteur : Histoire de la Conquête de Naples. 4 vol. in-8. 20 fr. — Histoire de la Royauté. 2 vol. in-8 10 fr. — Histoire de la Chute des Jésuites au XVIIIᵉ siècle. 1 vol. in-18 jésus. 3 fr. 50 c.

HISTOIRE DES DUCS DE GUISE, par le marquis de BOUILLÉ. 4 vol. in-8................. 24 fr.

CRITIQUE ET LITTÉRATURE MUSICALE, par M. SCUDO. 1 vol. in-8.............. 7 fr. 50 c.

DES VICISSITUDES DE L'ITALIE dans ses rapports avec la France, par M. ANATOLE DE LAFORGE. 2 vol. in-8...................... 10 fr.

JEANNE DE VAUDREUIL. 1 vol. in-8...... 5 fr.

INSURRECTION DE NAPLES EN 1647, par le duc de RIVAS, traduit de l'espagnol par le baron LÉON D'HERVEY DE SAINT-DENYS. 2 vol. in-8............. 10 fr.

UN HÉROS, histoire contemporaine. 1 vol. in-18 jésus..................... 3 fr. 50 c.

ROMUALD ou la vocation, par le marquis de CUSTINE. 4 vol. in-8.................... 20 fr.

Du même auteur : LA RUSSIE EN 1839. 4 vol. in-18 jésus. 14 fr.

DANTE ou la poésie amoureuse, par M. DELÉCLUZE. 2 vol. in-18 jésus................... 7 fr.

L'ÉGYPTE, les Turcs et les Arabes, par M. GISQUET. 2 vol. in-8................... 10 fr.

LETTRES DE MADEMOISELLE DE LESPINASSE, avec une préface par M. JULES JANIN. 1 vol. in-18 jésus....................... 3 fr. 50 c.

Ce volume contient la matière de 4 vol. in-8.

DE L'AUTRICHE et de son avenir, 1 v. in-8. 7 f. 50

DE L'ITALIE dans ses rapports avec la liberté et civilisation modernes, par A. L. MAZZINI. 2 v. in-8. 1

LES DEUX NATIONS, traduit de l'anglais de D'ISRAELI. 2 vol. in-8..................... 10 fr.

Du même auteur : La jeune Angleterre. 2 v. in-8. 10 f.

ESSAI SUR LA LIBERTÉ considérée comme principe et fin de l'activité humaine, par STERN. 1 v. 6 fr.

Du même auteur : Nél... o. 7 f. 50 c.

LES POËTES RUSSES, ELIM MESTSCHERSKI. 2 vol. in-8...... ..... 10 fr.

Du même auteur : ...oses noires. in-8. 5 fr.

HISTOIRE DE LA SI... sous la domination des Normands, depuis la conquête de l'île jusqu'à l'établissement de la monarchie, par le baron de BAZANCOURT. 2 vol. in-8.................... 15 fr.

LETTRES DE RANCÉ, recueillies et publiées par M. GONOD. In-8.................. 5 fr.

LETTRES DE LOUIS XVIII à M. de SAINT-PRIEST, éditées par M. de BARANTE, in-8.......... 5 fr.

www.ingramcontent.com/pod-product-compliance
Lightning Source LLC
Chambersburg PA
CBHW050419170426
43201CB00008B/472